W0316737

TSUNAMIS

Yennenga HELIAS-KABORE

Tsunamis

Éditions Baudelaire

Envois de manuscrits :
Éditions Baudelaire – 11, cours Vitton – 69452 Lyon Cedex 06

À ma mère pour sa tragique destinée.
À celle qui a toujours su donner
sans rien attendre en retour
et qui s'en est allée sans bruit,
dans l'ombre et le silence de la résignation,
comme fut toute sa vie.

Avant que le destin ne me donne
le bonheur de lui offrir
un peu du rêve qu'elle ne pouvait trouver
que dans la lecture des romans
dans lesquels elle s'évadait…

Chapitre I

— Comment n'ai-je pas vu qu'il faisait partie de la pire espèce d'homme qui puisse exister sur terre durant ces deux années passées avec lui. Je n'en reviens pas d'avoir été aussi stupide et naïve.

C'est ainsi que pestait Claudia, une ravissante jeune femme d'une trentaine d'années, du haut de ses 1m70, les épaules recouvertes d'une longue et abondante chevelure auburn.

La colère faisait étinceler ses magnifiques yeux verts. Elle aurait voulu à cet instant être une prêtresse vaudou tenant d'une main une statuette représentant Adrien et, de l'autre, une longue et fine aiguille bien pointue pour piquer à volonté sur toutes les parties de son corps, aussi souvent qu'elle en aurait eu envie, et de se délecter de sa souffrance chaque fois qu'il aurait hurlé de douleur.

Depuis son lever, après une nuit blanche, Claudia était d'une humeur massacrante pour s'être remémorée les deux années passées avec Adrien.

C'était pourtant la première fois qu'elle s'était sentie aussi bien avec un homme. Ils partageaient tout. C'était l'osmose, du moins, c'est ce qu'elle avait cru jusqu'à la nuit dernière avant de lui annoncer sa grossesse surprise.

— Quelle impression ça te ferait si tu voyais la Statue de la Liberté avec à la main, au lieu d'une torche, un énorme stérilet ?

Il avait ri et lui avait dit :

— Quelle idée ! C'est encore une de tes pensées féministes ? Pourquoi tu me poses cette question ?

— Je ne sais pas pourquoi, mais c'est cette image qui m'est apparue ce matin quand j'ai découvert que mon test de grossesse était positif.

Le lourd silence qui s'installa étonna la jeune femme. Elle le sentit s'éloigner d'elle. Il se leva sans lui dire un mot et sans lui jeter un seul regard. Il se passa nerveusement les doigts dans les cheveux avant de se rhabiller et de quitter la chambre.

Claudia fut choquée par la réaction inattendue de son compagnon. Pendant ce laps de temps qui lui parut une éternité, elle s'était redressée, le corps enveloppé dans un drap de satin bleu nuit.

La jeune femme l'avait suivi du regard et fut interloquée lorsqu'il quitta la chambre silencieusement sans lui accorder le moindre regard.

Elle s'était levée à son tour pour le rejoindre dans le salon après s'être rhabillée. Claudia le retrouva arrêté devant la fenêtre, le regard perdu dans le vide. Elle ne pouvait pas voir l'expression de son visage. Elle s'approcha alors de lui et voulut poser sa main sur son bras. Il se déroba avec violence et laissa libre cours à sa colère :

— Ne me touche pas. Comment as-tu pu me faire une chose pareille ? Qu'est-ce que tu t'étais imaginé, que j'allais sauter de joie ? Mais… mais qu'est-ce qui t'est passé par la tête ? Je ne peux pas croire que durant ces deux années passées ensemble tu n'avais pas compris que notre relation était juste une relation de plaisir, de bons moments passés ensemble, quand et où ça nous plaisait, sans prise de tête ni obligations, juste une relation de loisir.

Et comme pour se justifier, il rétorqua :

— Je ne t'avais jamais rien promis.

Il la fixait avec mépris et colère. Elle se tenait devant lui complètement déstabilisée, incapable de réagir, comme si elle était devenue une poupée de chiffon.

Alors, tout d'un coup, la colère commença à monter en elle. Les battements rapides de son cœur lui envoyaient des décharges électriques pour la faire réagir, comme si sa survie en dépendait.

Elle se redressa de tout son long, releva la tête d'une manière hautaine en le fixant avec mépris et dégoût et lui dit :

— Visiblement je m'étais trompée sur ton compte. Je croyais avoir une relation avec un homme qui avait le sens du respect, des responsabilités, et qui savait ce qu'il voulait dans la vie. Mais, malheureusement, je n'ai pas su voir que ce n'était qu'une façade destinée à me tromper. Comment peux-tu me rendre responsable de ça ? Si j'avais oublié mes pilules, ou mal calculé mon cycle, je peux comprendre que tu m'en veuilles, mais là, que tu oses m'en rendre responsable, c'est d'une bassesse immonde qui, à tout bien réfléchir, te ressemble finalement, lui avait-elle lancé avec colère.

Elle poursuivit sur le même ton de mépris :

— Tout compte fait, je suis soulagée de découvrir grâce à cette grossesse surprise quel personnage infect se cachait sous ton masque. Cela m'évite de perdre davantage de temps avec toi. Excuse-moi, dit-elle, il faut que j'aille prendre une longue douche. Tout d'un coup je me sens sale, comme jamais je ne me suis sentie sale. C'est étrange, pendant un certain temps, j'ai eu la sensation bizarre et désagréable de patauger dans la boue puante comme si je vivais avec un cochon. Je me suis longtemps demandé pourquoi j'avais cette impression. J'en étais même venue à penser que je devenais folle. Aujourd'hui, je suis soulagée de savoir pourquoi. Mais à partir de ce soir, lorsque je sortirai de la douche après ton départ, je me sentirai aussi bien qu'avant la seconde où je venais de te rencontrer.

Ébahi, Adrien n'en croyait pas ses oreilles. Elle se retourna pour le désarçonner encore plus :

— Surtout n'oublie rien qui t'appartienne. Je tiens, pour mon bien-être, à tout désinfecter après ton départ. Bonne soirée, et au plaisir de ne plus jamais te revoir.

Elle se dirigea vers la table basse, prit dans son sac les clés de l'appartement d'Adrien et les jeta à ses pieds, avant de lui dire avec un sourire narquois :

— Tu seras gentil de laisser ma clé sur la porte en partant. Avec dignité, elle tourna les talons en direction de sa chambre. Une fois la porte refermée derrière elle, la jeune femme resta immobile au milieu de la chambre, comme figée. On aurait dit une statue de marbre, les nerfs à fleur de peau, épuisée par toute la tension accumulée.

Quelques minutes plus tard, elle entendit la porte d'entrée s'ouvrir et se refermer. Alors elle se jeta sur son lit et sanglota une bonne partie de la nuit.

Les propos d'Adrien l'avaient tellement blessée qu'elle avait préféré mettre un terme à leur discussion, sans même chercher à s'expliquer d'avantage. La jeune femme avait été la première surprise lorsqu'elle avait découvert qu'elle était enceinte. Elle était à mille lieues d'imaginer une chose pareille, parce qu'elle faisait entièrement confiance au stérilet qu'elle portait depuis deux ans environ.

Claudia s'endormit en se demandant comment cela avait bien pu arriver.

Depuis ce jour, tous les week-ends elle traînait dans son appartement comme une âme en peine et se tuait à la tâche pour éviter de penser à son avenir. Pendant sa pause en semaine, elle faisait ses courses, cela lui évitait de les faire en fin de semaine, le week-end étant réservé à ses lamentations.

Puis, les jours s'écoulèrent sans qu'elle prenne de décision concernant sa grossesse. Elle n'arrivait pas à se décider. Un certain nombre de questions la tourmentait. C'est d'ailleurs pourquoi elle n'en avait toujours pas parlé à qui que ce soit.

Pourtant, un matin, elle se décida à prendre par téléphone un rendez-vous dans un cabinet de gynécologie.

En temps normal, il lui aurait fallu attendre au moins trois à six mois pour obtenir un rendez-vous, mais, comme il s'agissait d'une grossesse, elle en eut un pour le vendredi suivant.

Une semaine s'était écoulée lorsqu'elle s'apprêta à stationner sa petite Opel noire devant le nouvel immeuble d'un quartier du centre-ville de Nantes.

L'un des accès donnant sur la route était occupé par des employés de la ville qui travaillaient. Ils étaient facilement reconnaissables à leur tenue jaune fluo avec des bandes blanches.

L'immeuble était tout neuf. À l'arrière-plan, on pouvait voir de grands pins. Ces grands arbres cachaient l'autre côté de la route. Le rez-de-chaussée était occupé par un café très moderne, une boulangerie-pâtisserie, un marchand de primeurs et une pharmacie.

Claudia se résigna à sortir de la voiture sous la pluie fine et glacée du mois de novembre. Elle remonta le col de son manteau et se dirigea précipitamment vers l'entrée du bâtiment.

Le vent et l'humidité ambiante donnaient l'impression d'un froid intense. Pourtant, le thermomètre affichait neuf degrés. Le vent la fit frissonner. Elle gravit les quatre marches du perron et pénétra dans le hall de l'immeuble. Les murs étaient peints en blanc crème et ocre. Ces couleurs donnaient une impression de chaleur dans la grisaille ambiante. Un grand escalier moderne de couleur noire permettait d'accéder au premier étage. À sa droite se trouvaient les portes de l'ascenseur de couleur grise.

Une fois au premier, l'ambiance changeait. On avait l'impression d'être dans les coursives d'un bateau. Les portes étaient en bois avec des plaques dorées sur lesquelles étaient inscrits les noms et les professions. Au-dessus de chaque porte à hublot était accrochée une sorte de bouée, ainsi qu'une ancre bleue et blanche. La jeune femme aperçut, inscrits en lettre d'or sur la porte du cabinet, les noms des deux gynécologues.

Claudia sonna et entra.

Elle fut reçue par la secrétaire. C'était une jolie jeune femme brune aux magnifiques yeux d'un bleu intense qui donnaient envie à Claudia d'y plonger tant ils avaient la couleur des mers tropicales. C'est d'ailleurs ce qu'il lui fallait en ce moment, se disait-elle intérieurement.

Après les questions habituelles pour remplir la fiche de son dossier, la secrétaire la fit patienter dans la salle d'attente avec d'autres patientes. Quatre personnes attendaient déjà, pourtant il n'était que huit heures du matin. L'attente risquait d'être longue, pensait-elle tout en espérant que les deux gynécologues seraient présentes.

Deux couples donnant l'impression d'être très heureux mirent la jeune femme mal à l'aise. Tout d'un coup, elle ne se sentit pas à sa place. Depuis sa rupture d'avec Adrien, elle était quelque peu indécise concernant sa grossesse.

Une partie d'elle-même refusait cet enfant qui était en train de se développer en elle. C'était pour cette raison qu'elle n'en avait pas encore parlé à son entourage. Personne n'était au courant, pas même ses deux copines avec qui elle partageait presque tout depuis des années.

Amanda et Stéphanie étaient ses deux meilleures amies. Elles avaient toutes les trois une trentaine d'années. Amanda s'était mariée il y avait de cela cinq ans. Deux ans plus tard elle avait divorcé. Elle vivait seule désormais, cependant il lui arrivait très souvent de garder sa nièce et son neveu de six et cinq ans, afin de permettre à sa grande sœur Alice de prendre ses gardes certains soirs à l'hôpital.

Alice était infirmière. Parce que ce n'était pas évident d'élever seule deux enfants, Amanda la dépannait pour lui éviter de payer une nounou.

Stéphanie, c'était le genre de fille qui croyait que l'amour d'un homme ne pouvait rimer qu'avec fortune. Chaque été, elle en trouvait un pour un voyage de luxe, mais hélas, à la fin de l'été, elle se retrouvait à nouveau toujours aussi seule et toujours à la recherche de l'homme idéal selon ses codes à elle.

Elles aimaient se retrouver toutes les trois, chez l'une ou chez l'autre, pour passer une bonne soirée à grignoter, à discuter de tout et de rien et à refaire les hommes à leur image, ou, tout simplement, à regarder un film.

Le départ du dernier couple fut vite remplacé par d'autres femmes, la ramenant ainsi à la réalité de la salle d'attente.

Comme la plupart des gens, Claudia n'aimait pas les salles d'attente. On n'y venait que lorsqu'on n'avait pas le choix. C'était également l'un des endroits où on ne culpabilisait pas quand on y passait de longues heures, assis tranquillement, laissant ses pensées divaguer en regardant toutes sortes de personnes défiler qui font des têtes de circonstance selon l'intensité du mal qu'elles ont.

C'était enfin l'endroit où, pour se donner une contenance et essayer de cacher sa gêne aux autres en attendant son tour, on accordait plus d'attention à ses pieds, à ses mains, aux murs, au plafond, ou tout simplement en faisant semblant de s'intéresser aux vieux ou nouveaux magazines people dans le but de tuer le temps.

Lorsque son tour fut enfin arrivé, elle fut soulagée. Elle déposa le magazine et suivit le docteur dans la salle de consultation qu'elle trouva tout aussi impersonnelle que la salle d'attente. Les seules choses qui donnaient un semblant de vie à cet univers froid étaient les photos d'enfants et de chiens posées sur un coin du bureau.

Le docteur Anne Le Stum était une femme d'une quarantaine d'années, très coquette. Elle portait un tailleur bleu roi, très près du corps, qui soulignait une silhouette bien proportionnée. Des escarpins à talons hauts lui donnaient une allure très élancée malgré sa taille moyenne. De longs cheveux très sombres faisaient ressortir ses yeux gris.

— Asseyez-vous, je vous prie, dit-elle d'une voix grave et posée en ouvrant une chemise verte afin d'y prendre des notes. Vous avez pris rendez-vous après avoir découvert avec surprise que vous étiez enceinte malgré le stérilet que vous portiez ?

— Oui.

— Voulez-vous poursuivre votre grossesse ?

Claudia, qui s'était préparée mentalement à répondre à cette question, se trouva désarmée lorsqu'elle lui fut posée. Elle s'entendit répondre par l'affirmative, malgré elle.

— D'accord, je vais vous examiner pour voir si le stérilet est toujours en place, afin de l'extraire si c'est le cas. Auparavant, je vais vous poser quelques questions.

Claudia resta silencieuse. Elle s'en voulait de n'avoir pas eu le courage de dire qu'elle souhaitait interrompre sa grossesse.

— Quelle est votre date de naissance ?

— Le vingt-et-un novembre mille neuf cent soixante-dix-neuf.

— À quand remontent vos dernières règles ?

— À deux mois et demi.
— Avez-vous un cycle régulier ?
— Oui.
— Comment vous sentez-vous ?
— Je me sens très fatiguée en ce moment. Je n'ai pas d'appétit et j'ai des nausées très souvent, à n'importe quel moment de la journée.
— C'est normal. C'est généralement le cas pour un grand nombre de femmes au début de la grossesse. Les malaises diminuent au fur et à mesure de la grossesse. Déshabillez-vous et allongez-vous. Je vais vous examiner.

Pendant que Claudia se déshabillait, la gynécologue alla se laver les mains et porter des gants. Allongée sur le divan d'examen, les pieds dans les étriers, Claudia se sentait mal à l'aise. Aucune femme au monde n'aime ces moments où son intimité est exposée, observée, fouillée par un inconnu, même si cet examen est pratiqué par une professionnelle de santé.

Une fois l'examen de son appareil génital terminé, le docteur lui apprit que le stérilet n'était plus en place et qu'elle l'avait sans doute perdu sans s'en rendre compte, comme la plupart des femmes à qui cela arrive.

Elle tâta ensuite les seins de la jeune femme, prit sa tension et la fit monter sur la balance. Enfin, elle la fit passer dans la petite pièce d'échographie. À aucun moment Claudia ne ressentit d'émotion, même en sachant qu'elle allait bientôt voir l'image de son bébé. La seule chose qu'elle retenait, c'était le désagrément que tout cela lui causait.

Le contact du gel sur son bas-ventre la fit frissonner et l'irrita encore plus. Elle pesta intérieurement contre tous les chimistes du monde, se demandant comment aucun d'entre eux n'avait encore trouvé la formule d'un gel tiède ou chaud.

Machinalement, elle tourna la tête vers l'écran au moment où le docteur posait la sonde sur son ventre et commençait à décrire des cercles pour étaler le gel.

La vue de ce petit être en forme de haricot avec ses petits membres ne lui fit aucun effet. Elle n'éprouva aucune émotion particulière. Le docteur s'en rendit compte mais continua néanmoins à lui parler en lui montrant les différentes parties du corps de l'embryon.

Lorsqu'elle mit le son et que Claudia put enfin entendre battre le cœur de son enfant, quelque chose se passa en elle. À cet instant, elle prit réellement conscience qu'elle portait une autre vie en elle, et que cette vie dépendait entièrement d'elle.

Sa propre vie ne lui appartenait plus. Ce fut alors que la jeune femme comprit vraiment qu'elle allait devenir mère. Ce fut également la première fois qu'elle s'entendit dire « mon bébé ». Cela fit sourire la gynécologue, qui lui dit :

— Tout à l'air d'aller bien pour le moment. Je ne vois aucune anomalie, ce qui signifie que ce début de grossesse se passe bien. Vous ne pouvez pas le sentir bouger parce qu'il est encore trop petit. Il faudra attendre quelques mois pour percevoir les premiers mouvements.

Submergée par les émotions contenues depuis un certain temps, ses yeux se remplirent de larmes. Elle était incapable de prononcer un seul mot. La seule chose qu'elle souhaitait à cet instant, c'était de se retrouver seule pour laisser libre cours à son émotion. Elle réprima une irrésistible envie de pleurer.

Vingt minutes plus tard, elle regagnait sa voiture après avoir pris rendez-vous pour le mois suivant, ainsi que l'ordonnance pour les différentes prises de sang qui garantiraient le bon suivi de sa grossesse.

Les quinze minutes de trajet pour arriver chez elle se passèrent sans qu'elle ne s'en rende compte. Elle était dans une sorte de léthargie. Une fois chez elle, Claudia se jeta sur le canapé tout en se détestant d'être devenue une fontaine ces derniers temps. Perdue dans ses pensées, elle repensa à sa décision.

Le matin même, avant de se rendre chez le docteur, elle était certaine de régler le problème avant qu'il ne chamboule son existence, tout simplement en disant à la gynécologue qu'elle ne souhaitait pas voir sa grossesse évoluer.

Elle pensait à ce moment-là que sa vie était bien réglée et qu'elle n'avait pas besoin de tout le chamboulement qu'un enfant allait apporter, d'autant plus qu'elle serait seule pour s'en occuper.

C'était la raison pour laquelle elle n'en avait pas parlé autour d'elle. Mais, une fois devant le docteur, elle n'avait pas eu le courage de lui avouer ce qu'elle souhaitait. Inconsciemment, elle avait peur de ne pas pouvoir assumer psychologiquement les conséquences d'un avortement. Sa conscience la tourmentait depuis des jours, sans qu'elle ne veuille l'admettre. Lorsqu'elle accepta finalement sa grossesse, elle se sentit soulagée et apaisée, comme elle ne l'avait pas été depuis longtemps.

Elle finit par s'assoupir, l'esprit plus tranquille. Ce fut la sonnerie du téléphone qui la réveilla en sursaut. Sur l'écran du combiné, apparut le nom de sa mère. Elle laissa échapper un soupir car, pour tout dire, c'était la dernière personne à qui elle avait envie de parler. Elle décrocha le combiné malgré elle.

— Allô, Maman ?

— Bonjour, Claudia. Comment vas-tu ? Ça fait au moins deux mois que ton père et moi n'avons pas eu de tes nouvelles.

— Oui, je sais, mais je n'ai pas un moment à moi. Tout se passe bien à la maison ?

— Oui, tout va bien. Quand est-ce que tu passes nous voir ? J'espère que nous vous verrons tous les deux à Noël. Au fait, comment va Adrien ? Vous êtes toujours ensemble au moins, parce que de nos jours, vous les jeunes, vous changez à chaque saison de partenaire, comme si c'était un concours à qui en changerait le plus vite !

Claudia était mal à l'aise. Elle hésita un bref moment, se demandant si elle devait dire la vérité à sa mère. Dans ce cas, elle devait s'attendre à être questionnée pour savoir les raisons de leur séparation. Elle préféra ne rien dire parce qu'elle ne se sentait pas encore prête pour en discuter. Elle préféra remettre cela à plus tard.

— Adrien va bien, répondit-elle, et on se voit à Noël, ou peut-être avant, si j'arrive à me dégager un peu de mes obligations.

— Tu sais que je vais être de nouveau grand-mère ?

Le cœur de Claudia se mit à battre un peu plus vite, même si elle savait que ce n'était pas d'elle qu'il s'agissait. Elle reprit sa voix la plus joyeuse et demanda :

— Ah oui ? Qui va avoir un bébé ?

— Mélodie. L'arrivée du bébé est prévue pour le mois de mai. Tu vois que tu ne t'intéresses à personne, si ce n'est à ton travail. Je me demande comment Adrien fait pour te supporter. J'espère que vous m'offrirez comme cadeau de Noël l'annonce de votre mariage et un futur bébé un peu plus tard.

— Maman, chaque chose en son temps ! Chaque vie est différente. Je suis contente de savoir que je serai de nouveau tata. Je les appellerai. C'est une bonne nouvelle et je suis très heureuse pour eux. Ton coup de fil m'a fait très plaisir. Embrasse papa de ma part. Je passe vous voir dès que possible avant Noël.

— Oui, j'espère qu'une fois que tu auras raccroché, tu ne nous mettras pas de nouveau aux oubliettes !

— Non, maman, tu exagères ! Bonne soirée. Je t'embrasse.

— Moi aussi. Prends bien soin de toi, Claudia.

— Toi aussi, maman.

Ellc ressentit un grand soulagement lorsqu'elle posa le combiné, mais la minute d'après, elle se sentit mal. Elle avait l'impression de porter un fardeau trop lourd pour ses épaules, même si elle avait accepté d'être bientôt mère. Psychologiquement, elle ne se sentait pas encore assez forte pour élever seule un enfant.

En proie à une forte émotion, elle laissa couler ses larmes le long de ses joues et fut prise de nausées. Elle eut juste le temps de traverser le salon et le petit couloir qui menait à la salle de bain pour aller vomir dans les toilettes. L'instant d'après, elle se sentit vidée et lasse. Elle alla s'allonger sur son lit pour se détendre.

Le lundi matin, la sonnerie du réveil la tira du sommeil. Elle se sentait fatiguée et n'avait aucune envie de sortir de son lit, surtout pour aller travailler. Lorsque la sonnerie retentit une seconde fois, elle fit un énorme effort pour s'extirper du lit, la mort dans l'âme. Elle voulut prendre une bonne douche très chaude afin de se réveiller. Malheureusement, ce fut le contraire qui se produisit. L'eau chaude l'engourdissait. Elle décida d'employer les grands moyens pour sortir de cette torpeur.

Elle serra les dents et les fesses, puis ferma les yeux. Ensuite, elle ouvrit l'eau froide à fond. Le résultat fut instantané. Elle hurla, le corps parcouru par de longs frissons, mais, cette fois-ci, elle était parfaitement réveillée.

La jeune femme sortit vite de la douche, s'essuya, et se frictionna avec une crème hydratante qui laissa une vague odeur de fleurs des îles très agréable dans son sillage. Elle se maquilla très légèrement comme à son habitude et peigna ses beaux cheveux auburn. Elle se parfuma avant d'aller prendre son petit-déjeuner.

Claudia mangea avec appétit une tartelette au citron meringué et but une tasse de thé bien chaud pour se réchauffer avant de partir à son travail.

Une demi-heure plus tard, elle était au laboratoire. Elle se mit à la tâche. Le responsable du laboratoire, le professeur Lemercier, arriva dix minutes plus tard, comme chaque jour. Il lui arrivait de venir plus tôt lorsqu'il avait beaucoup de choses à régler. Il avait une cinquantaine d'années. C'était un homme de taille moyenne. Des cheveux grisonnants complétaient une allure de père de famille accompli. Il souriait très rarement, cependant il était très sympathique. Il était toujours habillé d'une manière très discrète et quelconque et ne se séparait jamais de son attaché-case noir, comme s'il renfermait un trésor ou des secrets d'État.

Claudia l'appréciait beaucoup pour son humanité et pour sa discrétion. Elle n'avait jamais eu de problème avec lui depuis qu'ils travaillaient ensemble.

La jeune femme n'eut pas le temps de lever le nez de son travail avant midi. Le lundi matin était généralement très chargé.

À l'heure du déjeuner, elle put aller s'acheter un sandwich au thon, une tartelette aux fraises et une bouteille d'eau pétillante. Elle revint manger tranquillement, dans le calme, à demi allongée sur le canapé de la salle d'attente du laboratoire.

À quatorze heures, elle reprit le travail, et, lorsque dix-huit heures arrivèrent, elle fut contente de pouvoir enfin rentrer chez elle. Il faisait déjà nuit noire lorsqu'elle quitta son travail. C'était le mois de novembre. Les journées étaient courtes, les nuits bien longues.

Dix minutes plus tard, elle arriva chez elle avec soulagement. Elle prit son courrier au rez-de-chaussée avant de prendre l'ascenseur. Son appartement était situé au quatrième étage.

Après s'être débarrassée de son manteau, de son sac et de son courrier sur la table à manger, elle libéra ses jambes et ses pieds en enlevant bas et chaussures. Claudia se dirigea ensuite vers le réfrigérateur pour prendre un pot de crème au caramel, et un autre à la vanille. Elle revint allumer la chaîne hi-fi pour écouter du blues. Elle se mit ensuite sur le canapé et étendit ses jambes sur la table basse pour mieux savourer, l'un après l'autre, ses petits pots de crème.

Un peu plus tard, elle se leva pour s'occuper de son dîner. Elle fit cuire du riz blanc avec une sauce aux oignons, ail, persil et cocktail de fruits de mer, le tout revenu dans une cuillerée d'huile et une noix de beurre, salé et poivré.

Les effluves de son repas venus de la cuisine à moitié ouverte sur le salon envahissaient tout l'espace et invitaient à la gourmandise. Un comptoir séparait le salon de la cuisine. Quatre tabourets en acier étaient disposés juste devant. Sa cuisine avait été bien équipée, de haut en bas. Les placards étaient de couleur argent, comme le frigo qui, blanc à l'origine, avait été « customisé » en argent. Pour donner plus de chaleur à cet univers froid de l'acier, elle avait peint les murs en orange et terre brûlée. C'était une petite cuisine très moderne.

Lorsque son repas fut prêt, elle se servit et s'installa dans la salle à manger tout en lisant son courrier. C'était un petit espace surélevé de deux marches, recouvert d'un tapis couleur prune et encadré de deux bandes claires à l'autre bout du salon. Elle adorait son appartement. Elle l'avait entièrement décoré avec l'aide de ses copines.

Trois jours plus tard, allongée sur son lit après une longue journée de travail, Claudia lisait un livre sur les médecines traditionnelles à travers le monde. Elle avait décoré sa chambre avec des couleurs chaudes. Le rose poudré et la couleur taupe dominaient. Un lit façon fer forgé trônait au centre de la pièce en face de l'armoire et à côté d'une coiffeuse. Tous les meubles étaient de couleur blanche.

Claudia aimait beaucoup l'atmosphère de douceur que l'ensemble dégageait. Elle lut un long moment, puis marqua la page et reposa le livre sur sa table de chevet. Elle n'avait pas encore sommeil. Elle avait hâte d'être au week-end parce qu'elle se sentait fatiguée et peu motivée pour travailler. En ce moment, son activité préférée était de faire la grasse matinée, chose qu'elle ne pouvait faire qu'en fin de semaine.

Tout d'un coup, elle eut envie de passer autrement que toute seule son samedi soir, ainsi qu'elle avait pris l'habitude de le faire depuis un moment. Elle se décida donc à appeler Stéphanie. Elle savait qu'elle ne risquait pas de la déranger. Au bout de la deuxième sonnerie, Stéphanie décrocha :

— Allô, bonsoir la Belle au bois dormant ! Il était temps que tu te réveilles, vu le nombre de messages qu'Amanda et moi avons laissés sur ton répondeur. Je suis certaine qu'il doit être plein. On avait fini par croire que les extra-terrestres t'avaient enlevée ou que tu étais devenue amnésique, sourde et muette, attendant d'être momifiée par le temps… comme la Belle au bois dormant.

— Bonsoir, Stéphanie ! Merci, je vais bien et je me réjouis de savoir que vous allez toutes bien. Je suis vraiment désolée pour ce long silence. Pour info, je ne sais pas si tu as vraiment lu la véritable et unique version de la Belle au bois dormant, mais elle n'était ni sourde ni muette, et encore moins amnésique. Elle n'attendait pas d'être momifiée non plus. Elle attendait juste son prince charmant afin que son baiser rompe le charme et qu'elle puisse revenir du long et profond sommeil dans lequel la méchante sorcière l'avait plongée.

— Oui, bon, c'est tout comme ! Il faut vraiment ne pas être normale, ou être gourde, pour faire ça, parce que, des princes charmants, si ça existait, ça se saurait. Les princes et les rois, ça a toujours existé, mais les mots qui y étaient associés étaient généralement mariage de raison, stratégie, grosse dote de la princesse pour renflouer les caisses du royaume de son futur époux, exil à vie, et de nombreuses cornes que lui plantait son prince ou roi de mari avant et après le mariage. Et, parfois, si elle ne fournissait pas d'héritier au trône, elle vivait dans la crainte d'être répudiée par annulation du mariage, le tout avec la bénédiction du pape du moment. Tu le places où, le romantisme ? De toute façon, il n'a plus sa place. Alors, la Belle au bois dormant, si elle avait existé, elle aurait toujours été en train de dormir, ou aurait été complètement momifiée.

Je me suis toujours demandé pourquoi on fait croire de telles sornettes de princesses stupides qui ont pour seul loisir que d'attendre naïvement un éventuel prince charmant.

Qu'est-ce que tu deviens et pourquoi ce long silence ? Tu es enceinte ?

Claudia eut le souffle coupé par cette entrée en matière. Au moins elle constatait que Stéphanie n'avait pas changé. Elle était toujours aussi directe et bavarde.

— Mon Dieu, Stéphanie, laisse-moi souffler ! Tu ne changeras jamais, un vrai moulin à paroles. Pourquoi tu me demandes si je suis enceinte ? Je ne vois pas où est le rapport avec mon silence. Il pourrait être dû à autre chose, comme un voyage, une maladie, un déménagement… Bref, c'est vrai que j'aurais dû vous appeler plus tôt. Pour me faire pardonner, je vous invite toutes les deux samedi pour qu'on passe une bonne soirée entre filles, comme avant. C'est pour cela que je t'appelle.

Comme tu vois Amanda presque tout le temps, tu pourrais le lui dire de ma part. Si vous êtes d'accord, je préparerai tout ce qu'il faut pour qu'on se régale samedi soir. On papotera aussi longtemps que possible et on se couchera très tard. Je n'ai pas voulu appeler Amanda à cette heure-ci. Je me suis dit qu'elle devait être au lit après sa longue journée de travail et sa soirée de mère de famille d'occasion.

Qu'en penses-tu ?

— Super ! Cette perspective me plaît. Je suis contente de savoir qu'on passera la soirée de samedi ensemble. Je commençais à me lasser des soirées en solitaire, ou d'être obligée d'aller à la chasse aux potentiels princes charmants, entre griffes, à la recherche d'un peu de chaleur masculine par ce temps froid. Écoute, c'est super, tu as eu une bonne idée pour te faire pardonner. J'en parlerai à Amanda demain à l'heure du déjeuner. Comme tu sais, on déjeune aussi souvent que possible à la cafétéria, non loin de nos lieux de travail. Je suis sûre qu'elle sera d'accord, sauf si l'un des enfants est malade. Avec les enfants, il faut toujours s'attendre au pire. Je suis contente de savoir que tu vas bien. J'ai hâte d'être à samedi soir. De toute façon, si Amanda ne peut pas venir, elle te rappellera, et, même si elle ne peut pas être là, ce dont je doute, moi j'y serai et on passera la soirée à deux. Ce sera super aussi.

— OK, bon week-end, à samedi soir alors. Ça nous fera du bien à toutes les trois de se retrouver comme au bon vieux temps. Passe une bonne nuit. Je t'embrasse.

— Bonne nuit à toi aussi, et à samedi. Bisous.

Après avoir raccroché, elle se sentit soulagée et contente d'avoir parlé à Stéphanie. C'était une jeune femme pleine d'énergie et de joie de vivre, un vrai cachet contre la déprime.

Elle se leva pour aller boire un grand verre de jus d'ananas avant d'aller se recoucher. La perspective de leur soirée entre filles la réjouissait. Tout d'un coup, cela rendait la vie plus facile.

Elle s'endormit en se disant qu'il était temps que les choses redeviennent comme avant avec ses copines. Elle se sentirait beaucoup moins seule.

La journée du vendredi passa très vite. Le soir, en rentrant, elle fit quelques emplettes pour la soirée du lendemain, sachant qu'elle voulait passer la matinée du samedi tranquillement avant de s'occuper l'après-midi de la préparation de l'apéritif.

Elle savait à présent qu'elles seraient toutes là puisque Amanda l'avait appelée à l'heure du déjeuner pour le lui dire. Elle était d'ailleurs avec Stéphanie au moment où elle avait appelé et avait proposé d'apporter le dessert.

Claudia en était contente parce qu'elle savait qu'Amanda était bonne pâtissière. Elles allaient se régaler. Les hormones ayant chamboulé son comportement alimentaire à cause de la grossesse, elle se gavait littéralement de sucreries. En ce moment d'ailleurs, son frigo en était plein. Heureusement que son corps n'avait pas encore changé. Cependant, elle se dit qu'il fallait quand même commencer à faire attention pour ne pas se retrouver avec trop de kilos à perdre après l'accouchement.

Samedi matin, elle se réveilla très tard. Ce fut la faim qui la tira du lit. Elle prit un bon petit-déjeuner. La vue du ciel gris et maussade ne lui donna pas envie de se mettre au balcon. Elle se mit devant l'ordinateur. Elle souhaitait visiter des boutiques de vêtements de maternité et de bébé en ligne. Avec le temps qu'il faisait, elle préférait cette solution plus tranquille plutôt que de courir les boutiques.

De toute façon, se dit-elle, je n'ai pas le temps pour le shopping aujourd'hui. J'ai trop de choses à faire afin que tout soit prêt ce soir avant l'arrivée des filles.

Elle en était à son troisième mois de grossesse. Pour le moment, ça ne se voyait pas encore, mais il était temps qu'elle commence à envisager de changer sa garde-robe si elle voulait se sentir à l'aise dans ses vêtements et bien dans son corps.

Pour se rebooster, tout comptait. Elle était décidée à aborder la vie du bon côté. Faire des achats sur la toile était reposant, sans stress, et lui remontait le moral. C'était l'outil idéal pour ceux qui n'avaient pas le temps et pour ceux qui ne voulaient pas être confrontés à la foule et au bruit. Il lui arrivait de faire des achats en ligne à n'importe quelle heure, quel que soit le temps, assise confortablement au chaud et au sec devant son ordinateur.

En général, les prix pratiqués en ligne étaient assez bas, ce qui lui permettait de faire des économies presque toute l'année. Un grand nombre de boutiques en ligne pouvaient se permettre une politique de prix bas parce qu'elles n'avaient pas pignon sur rue, la plupart des articles venant de régions comme la Chine, le Maghreb, ou l'Europe de l'est où le coût de la main-d'œuvre était moins cher. C'était vrai qu'elle y gagnait côté prix, même si la sécurité et la qualité des produits n'étaient pas garanties.

Son attention fut attirée par une publicité très colorée qui clignotait dans un coin de la page. Elle cliqua sur l'image et alla y jeter un coup d'œil. C'était une offre pour un voyage en Thaïlande.

Les cocotiers et les plages de sable fin lui donnèrent envie, et, surtout, le voyage tombait en pleine période des fêtes de fin d'année, ce qui lui éviterait de passer le réveillon de Noël en famille.

Claudia resta un bon moment devant la page, se demandant si elle allait se laisser tenter ou pas. Elle avait envie de soleil pour se donner du courage et affronter les changements à venir dans sa vie. La grisaille et le froid rendaient les épreuves plus difficiles à surmonter.

Un avantage non négligeable de ce voyage, c'était de n'être pas obligée d'assister au réveillon en famille, sans compagnon et enceinte. Ses deux frères, ainsi que sa jeune sœur, étaient mariés et parents.

Claudia était la seule à n'avoir toujours pas de stabilité dans sa vie amoureuse. Elle ne souhaitait donc pas entendre sa mère lui faire des reproches.

Bien sûr, comme tout le monde, elle aurait aimé rencontrer l'homme de sa vie, se marier et avoir des enfants, mais malheureusement, les désirs ne s'accomplissent pas sur commande comme dans les magasins ou au restaurant.

Ils restent des souhaits laissés à l'appréciation et au désir de Dieu ou du hasard, selon les convictions religieuses de chacun. Nous sommes si différents, à l'image de nos vies, tout en espérant à peu près les mêmes choses.

Elle décida donc de s'inscrire et les appela pour avoir plus d'informations et faire la réservation. L'agence lui demanda de lui faire parvenir son passeport la semaine suivante pour la demande de visa.

En début d'après-midi, la jeune femme fit son ménage avant de se mettre à la préparation de ses amuse-bouches constitués de madeleines et de cakes salés.

En fin d'après-midi, satisfaite de son travail, elle courut prendre une douche et vint s'installer dans le canapé pour écouter de la musique classique. Elle sirota un jus de raisin en attendant l'arrivée de ses amies.

L'ombre d'un doute traversa son esprit. Elle se demanda si elle n'avait pas pris une décision trop hâtive concernant une destination si lointaine sans avoir consulté d'abord ses amies.

Mais elle choisit finalement d'en sourire en se disant : tant qu'à avoir du chamboulement dans sa vie, il valait mieux y aller à fond. Au moins, pour leurs retrouvailles, elles auraient un large choix de discussions.

Entre sa séparation d'avec Adrien, sa grossesse, et son voyage en Thaïlande, la soirée risquait sans aucun doute d'être pleine de surprises pour ses amies.

À dix-huit heures, la sonnerie de la porte d'entrée retentit. En ouvrant, elle découvrit Amanda, toujours aussi élégante et souriante, le visage rayonnant.

C'était une jeune femme qui vivait avec son temps. Intelligente, jolie, sérieuse, elle n'était pas une « fashion victim » comme Stéphanie. Malgré tout, elle était très coquette et aimait prendre soin d'elle.

Elle avait une coupe très courte, faite de mèches noires en dégradé qui encadraient son long visage. C'était une belle jeune femme élancée et bien proportionnée. De ses origines sahéliennes, elle avait hérité d'une jolie chute de reins accentuée par sa cambrure, une belle peau satinée et lumineuse, couleur cacao, et de beaux yeux noirs de biche qui donnaient de la profondeur et du mystère à son regard.

Ses parents étaient originaires du Burkina Faso en Afrique de l'Ouest. Ils s'étaient rencontrés pendant leurs études à Paris. Ils s'étaient mariés et avaient fini par s'installer à Paris où ils travaillaient désormais. Amanda y avait fait, quelques années plus tard, des études de droit. Aujourd'hui elle travaillait dans un cabinet d'avocats à Nantes, depuis cinq ans. C'est d'ailleurs à cette époque qu'elle avait fait la connaissance des deux jeunes femmes.

Afin de passer un agréable moment avec ses copines, elle portait une tenue très décontractée : un long manteau noir entrouvert, sous lequel un jean moulait ses longues jambes, et une petite veste marron sur un chemisier blanc.

Une paire de bottines marron finissait l'ensemble, ainsi qu'un grand sac fourre-tout en cuir blanc à franges, façon indienne, à son épaule. La jeune femme tenait un plateau sous cloche à bout de bras. Tout en se souriant, elles se firent la bise. Claudia lui prit le plateau des mains en s'exclamant :

— Je suis contente que tu n'aies pas oublié le dessert. Je suis certaine qu'on va se régaler. Ça ne t'a pas pris trop de temps j'espère ?

— Non, ça n'a pas d'importance, du moment que je fais ce que j'aime. C'est un choco-café. Le cœur est fait d'une mousse au café sur un croquant et un biscuit au chocolat, le tout entouré de mousse au chocolat et enrobé d'un glaçage, au chocolat également. J'espère que ça vous plaira.

— Supeeer ! On va se régaler, je t'adore ! Je t'adore, je t'adore ! Viens que je t'embrasse. Je vais le mettre au frais en attendant l'heure du dessert.

— Eh bien ! Si je m'étais attendue à une telle explosion de joie, je t'en aurais apporté d'autres. Du coup, tu me mets la pression. J'espère qu'il sera à la mesure de tes attentes.

— Je n'ai aucun doute là-dessus. Viens, on va se servir à boire et discuter en attendant Stéphanie.

Juste à cet instant, la sonnerie retentit de nouveau.

— Ah ! C'est sans doute Stéphanie. Peux-tu sortir les plateaux du premier placard de gauche, le temps que j'aille lui ouvrir ? Ensuite je viendrai les garnir pendant que vous vous occuperez de sortir les boissons. On disposera le tout au salon pour se détendre et se goinfrer, dit Claudia avant d'aller ouvrir, laissant Amanda sortir les plateaux du placard.

Lorsqu'elle ouvrit la porte, Stéphanie lui sauta littéralement dessus, toujours aussi exubérante, comme à son habitude, avant de s'exclamer :

— Quelle mine affreuse tu as ! Même si l'été est fini, il y a plein de moyens que la science met à notre disposition pour nous permettre de nous embellir quels que soient nos problèmes. Qu'est-ce que tu as ? Tu as l'air fatiguée et tu as perdu du poids. C'est vrai qu'en général on préfère s'entendre dire qu'on a perdu du poids plutôt que l'inverse, mais là, tu frôles l'anorexie ! Tu n'avais pas besoin de perdre du poids, tu étais parfaite. Es-tu malade ? Tu as découvert qu'Adrien te trompait ?

Arrêtée devant la cuisine, la main sur un tabouret, Amanda souriait d'un air amusé tout en regardant Stéphanie, à peine arrivée, inonder Claudia de paroles.

— Stéphanie ! Stéphanie ! dit Claudia en remuant la tête avec un sourire mi-moqueur, mi-amusé. Entre ! Amanda est arrivée cinq minutes avant toi avec un magnifique gâteau pour le dessert.

Amanda se mit à rire, vint à sa rencontre et lui fit la bise.

— Bonjour, Amanda. Tu ne trouves pas, toi, qu'elle a une mine affreuse ?

— Affreuse, je ne dirais pas, répondit Amanda, mais c'est vrai qu'elle a une petite mine. C'est pas pour autant qu'il faut lui sauter dessus à peine arrivée. Je suis persuadée que tout à l'heure elle nous dira pourquoi elle a l'air si fatiguée, si tu lui en laisses le temps, bien sûr.

Stéphanie était une pétillante petite rousse à la Betty Boop. Mais, contrairement à Betty Boop, Stéphanie, elle, était rousse aux yeux verts. Elle aimait les vêtements très sexy et très près du corps, mais, ce soir, comme Amanda, elle avait opté pour une tenue décontractée : un jean, un top vert olive, une petite veste blanche, et des ballerines noires à talons mi hauts.

— J'ai passé l'après-midi à cuisiner, dit Claudia. Alors ! Au menu, vous avez deux cakes, un au saumon, mozzarella, poireaux et mascarpone, l'autre à l'emmental, saucisses et oignons, puis deux madeleines salées, une au chorizo, carottes et chèvre, et l'autre au thon et aux oignons confits. Ensuite, poulet rôti aux épices et, pour la digestion, une salade iceberg avec tomates et vinaigrette allégée au yaourt. J'espère qu'on va se régaler. Je propose qu'on dispose tout sur la table du salon pour ensuite fondre dessus et tout dévorer… ou déguster si vous préférez.

Après avoir tout disposé sur la table, elles s'installèrent sur le divan et levèrent leur verre pour trinquer à leurs retrouvailles. Stéphanie s'étonna de voir Claudia trinquer avec du jus de fruit.

— Tu es inscrite aux Alcooliques Anonymes depuis quand ?

— Depuis que je suis enceinte !

Elles répétèrent toutes les deux d'une même voix, les yeux braqués sur Claudia.

— Enceinte ?

La jeune femme éclata de rire.

— Oui, enceinte ! C'est la raison pour laquelle j'ai l'air si fatiguée et que j'ai perdu du poids. Si vous pouviez voir la tête que vous faites, c'est à mourir de rire.

Amanda et Stéphanie échangèrent un regard de stupéfaction, sous l'effet de la surprise. Et Amanda de lui demander :

— De combien de mois ?

— De trois mois.

— Comment est-ce possible ? Tu portais pourtant un stérilet, poursuivit-elle.

— Oui ! C'est pourquoi je fus la première surprise quand je l'ai découvert. À l'examen, il s'est avéré que je l'avais perdu sans m'en rendre compte, comme cela peut arriver.

— C'est dingue, ça ! s'exclama Stéphanie. Si le stérilet est si peu fiable, pourquoi ne pas le supprimer comme moyen de contraception, tout simplement ? Ca éviterait de telles catastrophes.

— Qu'en pense Adrien ? demanda de nouveau Amanda.

— Rien, il ne fait plus partie de ma vie depuis l'annonce de ma grossesse.

Claudia leur raconta comment Adrien avait réagi lorsqu'elle le lui avait annoncé.

— Mais alors, pourquoi as-tu décidé de poursuivre ta grossesse ? dit Stéphanie.

— Au début, je voulais faire une IVG. J'étais décidée à m'en débarrasser. Puis, les jours passant, je commençais à me sentir désemparée, à ne plus savoir quoi faire. J'avais peur de passer le reste de ma vie à culpabiliser après l'avoir fait. Lorsque j'ai entendu le cœur de ce petit être battre lors de la première échographie, j'ai décidé de le garder, quels que soient les changements qui n'allaient pas manquer d'avoir lieu dans ma vie.

— Pourquoi tu ne nous as pas appelées ? demanda Amanda.

— Parce que je me sentais perdue. Je suis passée par plusieurs stades émotionnels. Je me suis repliée sur moi-même. J'étais complètement perturbée. Je n'arrivais pas à prendre de décision. Voilà pourquoi je ne vous ai plus donné signe de vie. Je sais que j'ai eu tort, mais j'étais dans un tel état psychologique que tout me paraissait insurmontable. J'avais du mal à en parler. C'est aussi pour cette raison que je n'ai encore rien dit à mes parents. Je le ferai, mais pas maintenant. J'ai besoin de temps et de solitude pour me préparer à affronter l'avenir. C'est d'ailleurs pourquoi je m'envole pour deux semaines en Thaïlande pendant la période des fêtes. Ainsi, je n'aurai pas à en discuter pendant le réveillon de Noël avec mes parents.

— En Thaïlande ? Rien que ça ! Tu en as encore des comme ça sous le coude ? J'espère que c'est la dernière surprise de la soirée. Mais ça n'a pas de sens. Tu n'as pas besoin d'aller si loin pour éviter de parler à tes parents.

— Je sais, Stéphanie. Ce n'est pas la seule raison. Même si j'avais envie d'évasion, le voyage n'était pas prévu. Je suis tombée sur une superbe offre qui tombait à point nommé et j'ai donc sauté dessus sans réfléchir.

— Ah oui ? C'est sûr que tu n'as pas réfléchi avant.

— Mais laisse-la tranquille, elle a le droit de faire ce qu'elle veut du moment que ça lui fait du bien. C'est quand même une grande fille, tu ne penses pas, Stéphanie ?

— Bien sûr, ça n'empêche que je ne suis pas d'accord avec elle. Mais tu as raison, c'est sa vie, et elle en fait ce qu'elle veut.

— Je vous assure, les filles, j'ai vraiment besoin de ces vacances au soleil pour recharger mes batteries. Je pourrai repartir ensuite du bon pied et faire face à mes responsabilités à venir. Ce n'est peut-être pas la bonne solution, mais c'est ma manière à moi de surmonter le chamboulement à venir.

— Bon ben, j'ai l'impression que tout est dit. Sache qu'on sera là pour toi, quoi qu'il arrive.

— Oui, Stéphanie a raison. N'oublie jamais qu'on est là les unes pour les autres.

— Merci les filles, cela me touche et me fait plaisir.

Elles continuèrent à discuter pendant une bonne partie de la nuit, tout en mangeant et en buvant. Puis finalement, fatiguées de manger, elles allèrent se coucher très tard.

Le lendemain matin, Claudia fut la première à sortir du lit, vers dix heures. Elle fit son petit-déjeuner : du thé et une part du savoureux gâteau de la veille. Elle fut vite rejointe quelques minutes plus tard par Amanda et Stéphanie qui avaient réussi à s'extirper du lit.

Elles se servirent du café et prirent également une part de gâteau qu'elles dégustèrent ensemble au salon, appréciant chaque moment passé à discuter de tout et de rien.

Le reste de la journée se passa tranquillement à grignoter les restes du repas de la veille. Le soir venu, Amanda et Stéphanie prirent congé de leur amie en lui souhaitant bon courage et en lui disant de ne pas hésiter à les appeler si elle avait le moindre souci.

Les deux semaines qui suivirent, Claudia s'occupa des préparatifs de son voyage : envoyer son passeport à l'agence pour la demande de visa, demander un congé de deux semaines à son patron, passer une visite médicale conformément aux exigences sanitaires pour la

Thaïlande, sortir des vêtements légers qu'elle avait rangés à la fin de l'été.

Le plus difficile et pénible fut d'appeler ses parents pour leur expliquer qu'elle ne serait pas avec eux pour le réveillon de Noël. Évidemment, ses parents n'étaient pas contents. Ils essayèrent de la convaincre tour à tour de reporter son voyage.

Finalement, ils comprirent qu'ils n'arriveraient pas à lui faire changer d'avis. Ils lui souhaitèrent un bon voyage tout en espérant qu'elle finirait par revenir sur sa décision. Claudia leur promit de les appeler le soir du réveillon de Noël et de venir leur rendre visite dès son retour.

Les deux derniers week-ends, les trois jeunes femmes dînèrent toutes ensemble. Le matin du dix-sept décembre, jour du départ, les filles vinrent la chercher.

C'est à bord de la voiture de Stéphanie qu'elles prirent la direction de l'aéroport de Nantes. Quand vint le moment de se quitter, elles lui firent promettre de les appeler aussi souvent que possible pour leur donner de ses nouvelles. Puis, elles lui souhaitèrent bon voyage et surtout un bon séjour sans trop se prendre la tête. Ne plus songer qu'à une chose : se reposer et se détendre.

Elles s'embrassèrent et se dirent au revoir. Une heure plus tard l'avion atterrissait à Paris où elle devait prendre sa correspondance pour Bangkok.

La jeune femme fit enregistrer ses bagages, se soumit aux vérifications d'usage à la douane et put enfin rejoindre la zone d'embarquement pour attendre son vol.

Absorbé par la lecture de son journal, Tom essayait d'oublier son ennui. De temps en temps, il jetait un coup d'œil sur sa Rolex. L'impatience commençait à le gagner.

Il attendait déjà depuis un long moment sa correspondance pour Djakarta, lorsque son regard fut attiré par l'arrivée d'une jeune femme. Il n'arrivait plus à la quitter des yeux. Elle semblait fatiguée et vulnérable.

La vue de cette jeune inconnue le troublait profondément. Elle avait l'air de chercher quelque chose lorsqu'elle croisa le regard de Tom.

Ils se sentirent tous les deux submergés d'une émotion si forte qu'ils sentirent une douce chaleur les envahir. À cet instant, plus rien n'existait. Il leur semblait qu'ils étaient seuls au monde. Puis une immense fatigue la ramena vite à la réalité ; cependant, cette rencontre l'avait énormément perturbée.

Pendant une fraction de seconde elle eut voulu s'enfuir, comme si elle s'était sentie en danger. Mais elle se ressaisit tant bien que mal, et marcha droit devant elle vers la seule chaise de libre, qui se trouvait comme par hasard près de lui.

Malgré lui, le regard de Tom courut sur tout le long du corps de Claudia avant de se fixer sur le visage de la jeune femme au moment où elle arrivait à son niveau. Elle avait parcouru la courte distance qui les séparait sans montrer la moindre émotion. Elle le salua et s'assit sans lui accorder plus d'attention.

Elle posa près d'elle son bagage en cuir noir et, sur ses genoux, son sac à main bleu nuit. La proximité de la jeune femme le perturbait mais il ne laissait rien paraître. L'odeur sensuelle de son parfum l'empêchait de détacher son attention de cette jeune et troublante inconnue. La mélodie du portable de la jeune femme retentit et, sans le vouloir, il entendit toute sa conversation. Il trouva sa voix douce et chaleureuse.

— Bonjour, maman.

Je vais bien, je suis juste un peu fatiguée. Ne t'inquiète pas pour moi, tout va bien se passer. Je serai de retour début janvier et je passerai vous voir. Oui, je sais que Noël est dans moins de deux semaines et que c'est une fête familiale, mais en ce moment j'ai besoin d'être seule pour faire le point sur un certain nombre de choses. De toute façon, on en parlera dès mon retour. Je vous appellerai le soir de Noël.

Je sais que la Thaïlande est à l'autre bout du monde, mais j'ai envie de m'éloigner un peu. Arrête, maman, on ne va pas revenir là-dessus.

Je serai sur l'île de Kho Phi Phi le vingt-cinq décembre. Je vous enverrai des photos. Embrasse papa pour moi, et, surtout, passez un bon réveillon de Noël. Je vous appellerai, c'est promis. Je t'embrasse, à bientôt.

Promis, dès que j'arrive à mon hôtel, je t'appelle. Oui ! Quelle que soit l'heure. Oui ! À bientôt, maman.

Tom se demanda pourquoi cette jeune femme avait besoin de prendre de la distance avec sa famille à ce moment précis de l'année, où tout le monde s'apprêtait à fêter Noël, une fête que l'on passe en général entouré de sa famille lorsqu'on a le bonheur d'en avoir une.

Lui, c'était pour son travail qu'il partait si loin, même si la dernière des choses qu'il souhaitait au monde, c'était de passer le réveillon en famille.

Tom se demandait pourquoi elle avait l'air si triste et fatigué. Pendant qu'il se posait toutes ces questions sur elle, il vit la jeune femme se lever, prendre ses bagages à main, et comme un certain nombre de passagers, se diriger vers la porte d'embarquement. Il était désemparé. Il aurait voulu la retenir, savoir son nom, lui dire quelque chose. Mais que pouvait-il bien lui dire ? Lui-même avait l'esprit un peu confus depuis qu'il l'avait vue.

Avant de franchir la porte, elle se retourna et le regarda un bref instant, aussi court qu'un battement de cil. Puis elle disparut dans le bus qui l'emmena vers son destin.

Chacun se demanda si l'autre avait été aussi troublé par cette rencontre, ou si toute cette émotion ressentie n'était qu'un fantasme.

Après le départ de la jeune inconnue, quelques minutes plus tard, la correspondance de Tom arriva. Il put embarquer à son tour.

Tom était venu à Paris pour quelques jours dans le cadre de son travail. Maintenant, il se rendait à Djakarta en Indonésie pour une autre réunion de travail avant de pouvoir rentrer chez lui à New-York pour Noël.

Sans le savoir, cette rencontre était en train de changer le cours de leur vie en donnant un sens à l'un des chemins tracés par le destin.

CHAPITRE II

Claudia ne se sentait pas bien. Elle détestait les voyages en avion. Dès qu'elle monta à bord de l'appareil, son deuxième vol de la journée, elle sentit la crise d'angoisse monter en elle.

Elle avait l'estomac noué et avait du mal à respirer. Ses mains étaient glacées. Incapable de raisonner, elle luttait contre l'envie de redescendre de l'appareil. Heureusement qu'elle parvint de nouveau au bout d'un moment à se ressaisir en se raisonnant intérieurement pour ne pas céder à la panique qui risquait de la rendre ridicule aux yeux des autres et d'elle-même.

Elle ferma les yeux, posa les mains sur ses cuisses et commença à contrôler son rythme respiratoire en inspirant et en expirant lentement et très profondément, ce qui lui permit de faire le vide dans sa tête en se focalisant sur sa respiration.

Le reste du vol se passa sans problème majeur. Même si de savoir qu'elle était suspendue à plus de dix milles mètres d'altitude et que la température extérieure était de moins cinquante degrés ne la rassurait pas, elle arrivait à maîtriser néanmoins sa peur.

Elle se laissa distraire en regardant les clips, puis les films, qui passaient sur l'écran en face d'elle. De temps à autres, elle essayait de concentrer son attention sur des magazines qu'elle avait emportés se rapportant à la Thaïlande.

Mentalement, elle mettait tout en œuvre pour supporter les onze heures de vol Paris-Bangkok, ponctuées par les passages des hôtesses et des stewards pour les collations.

Elle finit par s'endormir et rêva de l'inconnu de l'aéroport. Dans son rêve, il l'appelait et lui tendait la main, mais quelque chose les empêchait de se rejoindre. Puis, au bout d'un moment, ils s'éloignèrent l'un de l'autre au point de ne plus se voir. La seule chose qui les reliait encore était l'écho de leur voix qui faiblissait à mesure qu'ils s'éloignaient.

Claudia se réveilla en sursaut. Les souvenirs de cette rencontre étrange défilèrent dans son esprit et la perturbèrent. Sans savoir pourquoi, elle avait la certitude que l'inconnu avait été aussi perturbé qu'elle de cette rencontre inattendue.

Claudia se demandait qui pouvait être cet inconnu, d'où il venait, comment il s'appelait. Elle se demandait également s'il pensait à elle et s'ils se reverraient un jour.

Toutes ces questions n'auraient sans doute jamais de réponse car la probabilité qu'ils puissent se revoir restait infime. Finalement, se dit-elle, c'est sans doute mieux ainsi. Pour le moment, je ne dois penser qu'à mon bébé. Quand j'aurai mis de l'ordre dans ma vie, plus tard, je pourrai envisager de vivre une autre histoire avec un homme, et, cette fois-ci, j'espère que ce sera enfin l'homme de ma vie.

Je préfère éviter les désillusions et me concentrer avec sérénité sur ma vie de future mère et donner à mon bébé toute la place qu'il mérite.

Après ces réflexions, elle s'endormit d'un sommeil plus calme.

La voix du commandant de bord la réveilla un long moment plus tard. L'avion était en train d'amorcer sa descente sur l'aéroport international de Bangkok, au grand soulagement de Claudia et des autres passagers composés au trois-quarts de touristes qui fuyaient l'hiver à la recherche de soleil, de ciel bleu, de mer turquoise et de palmiers. En quatre mots : la recherche du rêve. Le dernier quart, c'était des Thaïlandais qui rentraient chez eux à la recherche de chaleur humaine, de l'amour et du bien-être que l'on ne peut ressentir que chez soi.

C'est là aussi, chez soi, que la souffrance paraît plus supportable et le bonheur plus grand, car on les partage avec ceux qui nous sont proches et qui pensent à nous, où que nous soyons.

Un peu plus d'une heure plus tard, elle récupéra ses bagages et passa à la douane, le visa n'était pas payant pour un séjour de moins d'un mois.

Claudia partit à la recherche d'un taxi. L'aéroport de Bangkok, comme la plupart des aéroports internationaux, était grand et imposant, un véritable monstre de béton, d'acier et de verre, grouillant de monde de tous horizons.

Les taxis attendaient à la sortie du terminal. Très vite, la jeune femme en trouva un, ce qui ne lui déplut pas. Elle croyait devoir poireauter plusieurs dizaines de minutes comme il peut arriver dans certaines grandes villes, comme Paris où il faut s'armer de patience pour trouver enfin un taxi.

Elle remit au conducteur l'adresse de son hôtel écrite sur une feuille et s'assit confortablement à l'arrière. Elle se laissa distraire par les scènes de rues. Les couleurs flash des taxis l'amusèrent.

Certains étaient roses, d'autres rouges et bleus. Le sien était vert-jaune. Elle les avait déjà vus dans un magazine, mais de les voir en temps réel était bien plus attrayant.

L'article du magazine expliquait que leur différence de couleur était uniquement due au fait qu'ils appartenaient à diverses compagnies, bien que les prix pratiqués fussent les mêmes, ainsi que le confort à bord.

Le trajet se passa sans encombre. Son hôtel se situait entre l'aéroport international et le quartier des affaires.

Avant de quitter l'aéroport, Claudia avait pris le temps de retirer de l'argent avec sa carte de crédit dans l'un des distributeurs de billets, afin d'éviter les désagréments d'ordre monétaire.

Il y avait pas mal de voitures, de tricycles, communément appelés *tuck-tuck*, et des motos qui circulaient dans un dangereux désordre. Après un si long voyage, elle avait hâte d'arriver à l'hôtel, de se rafraîchir à l'aide un bon bain, de prendre ensuite un bon repas et de dormir. C'était le plus long voyage qu'elle ait jamais fait.

Le taxi la déposa à son hôtel. À l'accueil, une fois les formalités terminées, munie de sa clé, elle prit l'ascenseur pour le cinquième étage et s'engouffra dans sa chambre avec soulagement.

Claudia aspirait à un peu de solitude et à un grand repos après onze interminables heures de voyage à lutter contre sa peur du vide. Elle avait vraiment envie d'intimité pour organiser la suite de son voyage. D'abord, aller à la conquête de Bangkok pendant quelques jours. Ensuite, prendre l'avion pour Krabie, où elle embarquerait sur un ferry à destination de Phuket afin d'y passer quelques jours. Puis, continuer sur Ko Phi Phi, la seconde île. Elle espérait bien profiter des plages paradisiaques et des paysages de rêve qu'offraient ces îles. Elle se réjouissait à l'avance à l'idée des bons moments qu'elle allait y passer.

Elle prit une douche, puis appela la réception pour commander un repas. Elle n'oublia pas de signaler qu'elle voulait un repas sans piment. Elle préférait prendre ses précautions. Elle l'avait lu précédemment dans un magazine touristique qui expliquait que la cuisine thaïlandaise était très épicée et qu'il ne fallait pas hésiter à demander un repas sans piment pour ne pas avoir la bouche en feu à la première bouchée. Cependant, elle se promit de commander un repas épicé la prochaine fois. Elle ne voulait pas partir sans avoir essayé au moins une fois de manger typiquement thaïlandais.

Cette première expérience fut un vrai régal : des fruits de mer au lait de coco, aux épices douces, et un sublime dessert de fruits exotiques.

Il était vingt heures à Bangkok lorsqu'elle finit de manger. Avec le décalage horaire, il était deux heures du matin en France. Elle décida d'attendre une heure plus raisonnable pour appeler ses parents et ses amies, évitant ainsi de les réveiller à une heure si tardive.

Épuisée, elle s'endormit le cœur léger, la tête pleine de nouvelles images. Elle était satisfaite du début de son voyage décidé à la dernière minute, comme si le destin, ou une force inconnue, l'avait poussée à prendre cette décision, sans réfléchir ni consulter qui que ce soit.

En temps normal, elle aurait demandé l'avis de ses amies et, après en avoir discuté, elle aurait pris sa décision. Mais là, les choses s'étaient passées comme si son départ était déjà programmé quelque part et qu'elle n'avait pu faire autrement que d'y aller. C'était peut-être ce qu'on appelle la voix du destin qui, à un moment crucial de nos vies, prend le contrôle sur nos décisions en influençant la manière de raisonner, sans qu'on puisse faire autrement que de la suivre.

Lorsqu'elle se réveilla, très tard après un long sommeil, elle appela ses parents pour les rassurer. Elle appela aussi ses amies, histoire de discuter et de leur faire envie de la chance qu'elle avait d'être au soleil tandis qu'elles étaient dans la grisaille de l'hiver.

Elle prit son petit-déjeuner dans le cadre agréable du restaurant de l'hôtel, mélange de décoration moderne et thaïlandaise. La plupart des touristes étaient déjà attablés. Elle commanda du thé et un gâteau au chocolat, aux framboises et à la chantilly. Elle savoura son petit-déjeuner tout en regardant la décoration qu'elle trouva de bon goût, s'arrêtant sur de superbes tableaux représentant l'art et la danse traditionnelle thaïlandaise. Sur chaque table étaient dressées deux nappes ivoire et bordeaux. Les murs étaient en bois sombre sculpté et les parties non sculptées étaient peintes en ivoire. Une douce mélodie thaïlandaise finissait de rendre l'atmosphère apaisante et exotique.

— Bonjour !

Plongée dans ses rêveries, Claudia ne s'était pas aperçue de l'arrivée d'une jeune femme au sourire sympathique.

— Bonjour !

— Vous attendez quelqu'un peut-être ?

— Non !

— Ça ne vous dérange pas si je m'assois avec vous ?

— Pas du tout, je vous en prie.

— Merci !

Pendant qu'elle prenait place, Claudia l'observa en se demandant pourquoi cette jeune femme s'intéressait à elle. C'était une grande et jolie blonde d'une trentaine d'années. Ses yeux violets et pétillants éclairaient un ravissant visage ovale aux traits fins légèrement maquillés. Elle avait de longs cheveux blonds ondulés qui étaient retenus en arrière en queue-de-cheval. La jeune femme était vêtue d'un pantalon et d'une tunique ample en coton blanc. À son cou, elle portait deux colliers, l'un fait de perles en bois sombre, l'autre un peu plus long, de couleur turquoise, et, enfin, à ses poignets tintaient à chacun de ses mouvements plusieurs bracelets de métal doré.

Elle posa son grand sac à main en cuir sur ses genoux, puis se présenta :

— Je m'appelle Kelly Johnson. Je viens de New-York. Arrivée à Bangkok hier matin pour quinze jours, je me donne une semaine pour visiter le plus de choses possibles dans la ville. Ensuite, si tout se passe bien, j'irai passer quelques jours sur les îles de Phuket et de Kho Phi Phi.

— Nous avons le même programme pour les jours à venir, sauf que moi, je suis arrivée hier soir.

— Oui, j'étais à la réception quand vous êtes arrivée. J'ai entendu votre nom. Vous venez de Bretagne, je crois.

— C'est exact, je m'appelle Claudia Kerloeguen. Je suis Nantaise. Si vous ne me l'aviez pas dit, je n'aurais pas deviné que vous êtes Américaine tant vous parlez correctement le français. Comment se fait-il que vous n'ayez pas ce charmant et amusant accent de vos compatriotes ?

Kelly éclata de rire. Ça l'amusait toujours de voir l'étonnement des Français lorsqu'ils s'apercevaient qu'elle n'avait pas le fameux accent propre à ses compatriotes.

— Ma grand-mère maternelle était Française. Mon grand-père et elle se sont rencontrés à la fin de la guerre en Normandie. Lui, faisait partie des marins qui ont débarqué sur les plages normandes en juin de l'année 1944. À la fin de la guerre, mon grand-père est reparti aux USA. Ma grand-mère l'y a rejoint un peu plus tard. Ils s'y sont mariés. Cependant, ils sont souvent venus en Normandie pour les vacances. Entre-temps, le frère aîné de ma grand-mère était également venu s'y installer après le mariage de mes grands-parents.

Par la suite, tous s'établirent à New-York. Ils conservèrent un esprit convivial en habitant non loin les uns des autres. Les vacances se passaient en groupe chez des parents restés en France, en Normandie et en Bretagne d'où était originaire une partie de la famille de ma grand-mère. Sa mère était Bretonne.

Je parle aussi bien l'anglais que le français parce que j'ai grandi avec les deux langues. C'est l'une des raisons qui font que je suis venue vers vous en me disant qu'il serait plus facile et agréable d'échanger en français et de faire les touristes ensemble sans avoir la barrière de la langue. Je me disais que je pourrais jouer à la traductrice. C'est plus sympathique de partager cette expérience avec une amie. Bien sûr, il ne faut pas que ça vous dérange. Je ne voudrais surtout pas vous imposer ma compagnie.

— Vous ne me dérangez pas du tout, et je pense qu'entre amies, on peut se tutoyer, n'est-ce pas ?

— Tout à fait d'accord. Qu'est-ce que tu as prévu de faire aujourd'hui, Claudia ?

— Pour tout te dire, je ne sais pas par où commencer. Il y a tant de choses à voir. Tout compte fait, si, j'ai bien envie de visiter Chinatown. Et toi, quel est ton programme, Kelly ?

— Tu as raison, ce pays est plein de paradoxes, comme ces magnifiques palais et temples de l'architecture bouddhiste, vieux de plusieurs siècles, qui côtoient des gratte-ciel issus de l'architecture moderne. Je crois que je vais me laisser tenter par Chinatown, comme toi.

Quelques minutes plus tard, elles s'engouffraient dans un taxi, munies d'une carte de la ville, d'un chapeau et de lunettes de soleil. Le taxi les déposa à l'ouest de la ville, dans le quartier chinois situé autour de Yaowarat Road et Ratchawong Road. En y arrivant, elles eurent l'impression que le temps s'était arrêté. Les couleurs qui dominaient étaient le rouge et l'or. Les enseignes étaient en idéogrammes et les lanternes en papier huilé. Les magasins étaient côte à côte, et chacun vendait des produits complètement différents. Des pièces détachées de motos et de voitures pouvaient côtoyer des produits de beauté. Suivait un magasin de vêtements qui, à son tour, était à côté d'un étal de sauterelles, de mygales et d'écrevisses frites, ou encore de crapauds et de placentas d'animaux séchés.

Tout en discutant, les deux jeunes femmes s'arrêtaient de temps en temps devant une échoppe pour poser des questions au vendeur et en apprendre un peu plus sur certaines choses, dans cet environnement si différent du leur.

Kelly jouait à la traductrice, même si elle s'efforçait de comprendre l'anglais parlé par certains commerçants et certaines personnes. C'était un mélange d'anglais et de thaïlandais.

Il y avait çà et là un certain nombre de fumeries d'opium, d'établissements de jeux, de maisons de passe, d'échoppes d'usuriers, de journaux en chinois. On se serait cru dans *Tintin et le Lotus Bleu*, ou dans un de ces vieux films chinois. Cela ne devait pas étonner puisque c'était le plus vieux quartier de la ville. Pourtant, on ne pouvait pas s'en empêcher.

— C'est extraordinaire, dit Kelly, si tout d'un coup une bande surgissait, coiffée de longues nattes, vêtue de kimono, et commençait à se battre, je n'en serais pas surprise. J'ai l'impression d'être dans un décor de film chinois.

— C'est aussi mon impression. Cependant, ce décor me fait penser à *Tintin et le Lotus Bleu*.

Elles arrivèrent dans une rue qui ressemblait à la caverne d'Ali Baba où étaient exposés des montagnes d'or, des colliers, des bagues, des pendentifs nakhons. Dans une autre rue, un peu plus loin, se trouvaient les spécialistes en porcelaine et en statuettes de bronze.

Claudia et Kelly achetèrent quelques souvenirs pour elles, ainsi que pour leurs proches et leurs amies. C'était l'endroit idéal pour faire des économies. Tout était à prix défiant toute concurrence. C'était le lieu des bonnes affaires, surtout qu'il était possible de marchander, exercice qu'adoraient les commerçants.

Beaucoup plus tard, après le départ du taxi qui les avait ramenées de Chinatown à l'heure du déjeuner, les deux jeunes femmes se rafraîchirent dans leurs chambres avant de descendre se restaurer, heureuses de leur première sortie découverte. Le repas était une œuvre d'art richement décorée de fruits sculptés et de fleurs. Le plateau était composé de plusieurs mets qui dégageaient des effluves d'herbes aromatiques : de la citronnelle, du curry vert, plus doux, utilisé à Bangkok, et du lait de coco. De quoi émerveiller et nourrir les cinq sens.

L'après-midi, après ce magnifique et succulent repas, Claudia préféra faire une longue sieste et laisser Kelly courir les rues de la ville.

Claudia n'avait pas encore révélé à sa nouvelle amie qu'elle était enceinte. Elle décida donc de le lui dire, le soir au moment du dîner lorsqu'elles se retrouveraient et décideraient à l'aide du guide touristique du lieu de leur prochaine visite.

La jeune femme voulait que Kelly comprenne pourquoi elle préférait une longue sieste l'après-midi après avoir visité, durant de longues heures de marche, un site touristique bondé, plutôt que de courir de nouveau les rues.

De plus, elle voulait qu'elle sache que, pour elle, ce voyage en Thaïlande était l'occasion de se reposer, de déstresser en prenant son temps et de profiter également du soleil, assise sur une terrasse à s'imprégner du spectacle de la rue tout en sirotant une boisson exotique et en grignotant des friandises. Elle ne souhaitait faire des visites que quand elle en aurait envie, sans que ce soit un but à atteindre, ni une obligation. Elle était uniquement là pour se laisser vivre, tout simplement, avant le retour en France.

— Je devrais le dire à Kelly. Elle déborde tellement d'énergie et voudrait m'entraîner toute la journée avec elle à courir çà et là, comme si pour elle le mot vacances rimait avec marathon, se dit-elle le lendemain matin avant de la rejoindre pour le petit-déjeuner, juste avant le départ en taxi pour le palais royal.

Une heure plus tard, le taxi déposait les deux jeunes femmes devant le Wat Phra Kaeo, le temple royal, qui est le temple du Bouddha émeraude. L'édifice était pris d'assaut par les touristes. Certains groupes avaient un traducteur qui leur racontait l'histoire du temple et leur donnait des conseils concernant certaines règles liées à leurs traditions qu'il fallait respecter par politesse.

Situé sur Sanam Luang, à l'ouest de Bangkok, près de la rivière Chao Phraya, le palais royal était l'ancienne résidence de la dynastie Chakri.

C'était une cité intérieure de cinq hectares, ceinte d'une muraille austère sur laquelle de très belles fresques retraçaient la vie du Bouddha. Elle renfermait, dans ses jardins, temples et palais, dont les toits comprenaient de multiples ponts, des tuiles vertes et orange et des chedis recouverts de feuilles d'or scintillantes. Les piliers étaient incrustés de mosaïques multicolores qui donnaient de la magie à ce lieu. La coutume voulait qu'on se déchausse avant de pénétrer dans les temples et les habitations. C'était une marque de respect et d'hygiène, les pieds étant la partie la moins noble du corps. C'est aussi pourquoi les sandales étaient très pratiques car faciles à retirer et à chausser. Il fallait aussi être correctement vêtu. Les mini-robes, jupes, bermudas, shorts, débardeurs… n'étaient pas admis dans les temples.

Une fois à l'intérieur, elles furent émerveillées par le Bouddha d'émeraude de soixante-quinze centimètres qui trônait au milieu d'un magnifique temple recouvert de marbre et d'or. Elles continuèrent la visite du palais royal en suivant un groupe de touristes et leur guide.

C'était un très beau monument, chargé de l'histoire politique du pays. À la fin de la visite, Claudia et Kelly retournèrent à l'hôtel pour déjeuner. L'après-midi se passa tranquillement et dans le repos pour Claudia tandis que Kelly, comme tous les après-midi, partit se promener tout en regrettant que Claudia ne se joignît pas à elle, d'autant plus qu'il faisait un temps magnifique. Les températures étaient douces, le ciel d'un bleu lumineux, sans l'ombre d'un nuage.

Le soir venu, elles se retrouvèrent autour d'un repas pour discuter. Kelly entreprit de lui raconter sa promenade.

— C'est dommage que tu sois fatiguée tous les après-midi. Je suis certaine que tu aurais apprécié de te laisser bercer, confortablement installée dans un bateau bus au fil de l'eau sur la rivière Chao Phraya qui divise Bangkok en deux.

— Je n'en doute pas, vu comment tu as l'air tout excité. Raconte-moi comment c'était. Je suis certaine que tu arriveras à m'émerveiller à mon tour par ton récit. Vas-y, je suis toute ouïe, dit-elle en souriant et en joignant les deux mains sous son menton, au-dessus de la table, afin de lui accorder toute son attention.

— Figure-toi que cet après-midi en te quittant, je partais pour me promener dans les rues. Comme tu le sais, c'est un spectacle que j'apprécie. C'est si différent de ce que l'on peut voir chez nous. Dans une de ces rues, j'ai croisé par hasard un jeune Anglais devant l'échoppe d'un vendeur de sacs à main. Lorsqu'il vit mon intérêt pour les sacs, il vint vers moi et m'en déconseilla l'achat, sauf si je ne comptais pas les ramener avec moi. Je risquais, me disait-il, de me faire chopper à la douane pour avoir acheté des contrefaçons et d'être obligée de payer une forte amende.

Il se présenta. Il était sympathique et au courant de tellement de choses que nous avons continué la visite ensemble tout en discutant. C'est là qu'il me parla d'une promenade au fil de l'eau et je finis par me laisser tenter.

— Je vois que tu ne t'es pas laissée séduire seulement par cette proposition. Comment était-il ? demanda Claudia en souriant.

— Que vas-tu imaginer ? J'admets qu'il n'était pas dépourvu de charme, mais je t'assure que c'est plutôt la visite qui m'a charmée, dit Kelly en riant, l'air espiègle. Bon, bref, je continue mon récit. J'en arrive au plus intéressant.

— Si tu le dis, je veux bien te croire, même si je n'en mettrais pas ma main au feu.

Elles éclatèrent de rire après avoir échangé un regard où les sous-entendus planaient.

— Comme je te le disais, ça a été un spectacle rafraîchissant, étonnant et agréable. J'ai été étonnée, au fil de l'eau, de voir ces innombrables canaux, écluses, ainsi que des commerces, des temples, des palais et des habitations se juxtaposer. Des baraquements de plusieurs couleurs, qui avaient l'air si fragile, avaient pourtant traversé le temps tout en gardant leur authenticité et leur charme. Ils empiétaient sur les bras d'eau, juchés sur pilotis.

J'avais l'impression de voir un de ces documentaires tournés au bout du monde et faisant rêver la plupart des gens lorsque ça passe à la télévision. Sauf que là, je le vivais réellement. J'avais les images, les bruits, les odeurs. J'étais un acteur de la scène, comme les autres, et pas seulement spectateur.

Je voyais des barques remplies de produits divers, légumes, fruits, vêtements, produits artisanaux, ainsi que des restaurants flottants. Des vendeurs discutaient bruyamment avec de potentiels acheteurs qui essayaient de marchander d'une barque à l'autre.

On y croisait aussi des animaux morts ou vivants qui dérivaient au gré du courant. Il y avait des gens qui s'y baignaient. Je les ai trouvés très chaleureux et sympathiques. Ils semblaient se laisser vivre sans que, comme chez nous, le stress ne prenne le dessus sur leur vie.

— Tu m'as donné envie d'y faire un tour. Tu devrais te faire engager par l'office du tourisme de la ville. Je suis certaine que tu leur ferais gagner pas mal d'argent, avec toute la passion que tu mets à raconter ce que tu as vu, dit Claudia avec enthousiasme.

— Merci du compliment, dit-elle avec emphase, satisfaite de l'effet que son récit avait produit sur Claudia.

— Et tu le revois quand, ton jeune Anglais ? demanda Claudia avec un sourire en coin.

— Ce n'est pas prévu. D'ailleurs, il s'envole ce soir pour l'Indonésie.

— Dommage, dit Claudia, il ne sait pas ce qu'il rate.

— Toi alors ! Qu'est-ce qui te prend ? Ce qui m'intéresse, moi, c'est de courir la ville tous les jours.

— En parlant de courir la ville, tu sais, kelly, j'aurais voulu avoir autant d'énergie que toi pour aller toute la journée d'une découverte à l'autre. La prochaine fois, je te promets de tout faire pour éviter d'être enceinte, et pour qu'on puisse vivre toutes les découvertes à cent à l'heure… et même draguer quelques touristes. J'en ai vu qui étaient tout à fait à mon goût, mais dans mon état actuel, je crains, hélas, qu'ils ne partent en courant. Comme tu dois sans doute le savoir, les hommes sentent généralement ces choses à mille lieues.

Claudia avait dit tout cela avec un air mi-sérieux, mi-moqueur. Kelly la regarda d'un air ahuri, comme si elle la voyait pour la première fois.

— C'est dingue ça ! J'en suis toute retournée. Dire qu'on est presque tout le temps ensemble depuis deux jours et que je ne m'en étais même pas doutée. Tu en es à combien ?

— À mon quatrième mois. Il parait que le plus dur est fait, mais je n'y crois pas. C'est vrai que pendant les trois premiers mois, on a en cadeau les nausées, la fatigue, les sautes d'humeur, les changements du goût et de l'odorat, l'impression d'avoir tout le temps faim. Cadeau de nos chères hormones ! Tout ça, ce n'est qu'au début. Ensuite, pour les autres mois, on supprime juste la nausée, et on ajoute la prise de poids, que je considère comme un dégât collatéral : une partie du poids pour moi, une autre partie pour bébé. Et puis, il y a toute la garde-robe à changer à cause du ventre qui devient énorme. Et toutes les conséquences : douleurs du dos, des reins. Ensuite, les jambes lourdes. Si on n'a pas la chance, on écope de belles varices douloureuses, de seins lourds traversés de grosses veines, sans compter les visites chez la gynécologue tous les mois, ce qui veut dire qu'on ravale sa pudeur… Bref, je m'arrête là, sinon je vais finir par déprimer. Et c'est pour éviter la déprime que je me suis payé ce voyage, afin de me donner du courage pour la suite.

— Eh ben, moi qui rêve d'avoir des enfants ! Avec tout ce que tu viens de me dire, ça ne me donne plus envie d'être enceinte. Dommage, je croyais que c'était le pied !

— Le pied, c'est au moment où tu fais l'amour, juste avant d'être enceinte. Et même là, c'est parce que tu ne t'en doutes pas. C'est seulement quelques jours plus tard que tu t'en rends compte et qu'il faut que tu payes la facture. C'est à ce moment que tu trouves que c'est chèrement payé, et tu te demandes alors si ça valait vraiment le coup.

— Pourtant, il paraît que le père rend tous les inconvénients supportables et qu'une relation particulière naît dans le couple, rendant extraordinaire l'attente du bébé.

— Sans doute, mais moi, vois-tu, je ne le jurerais pas. Puisque je ne l'ai jamais vécue, cette fameuse relation à trois. Le père est parti avant de savoir qu'on allait vivre une nouvelle relation extraordinaire. Le pauvre, je le plains, il ne sait pas ce qu'il rate, dit-elle avec de l'amertume et du regret dans la voix.

— Je suis vraiment navrée, Claudia. J'imagine que ça ne doit pas être facile à vivre. J'espère vraiment que tu vas repartir du bon pied et qu'au final, tu auras un adorable petit bébé qui te fera oublier tous ces désagréments.

— Ne t'inquiète pas pour moi, Kelly. C'est vrai que le fait d'en parler a fait remonter des souvenirs assez douloureux. Au début, j'étais un peu perdue, je ne savais pas quelle décision prendre, j'étais déchirée entre la morale et mon bien-être, mais maintenant, j'ai trouvé mon chemin, je me sens beaucoup mieux, et prête à assumer ma nouvelle vie.

— Lorsqu'il naîtra, appelle-moi. Je serai très contente de venir vous rendre visite et de t'inviter à venir te reposer chez moi, aux États-Unis, si tu le désires. Ça sera l'occasion pour toi de visiter New-York. Qu'est-ce que tu en dis ?

— Pourquoi pas ! C'est une bonne idée. On en reparlera en temps voulu.

Les jours suivants, elles visitèrent le Wat Pho, ou temple du Bouddha couché. C'était le plus ancien, et incontestablement le plus vaste temple de la ville, étant donné les proportions du Bouddha qu'il portait en son sein. Un Bouddha géant, couché, d'une largeur de quinze mètres et d'une longueur de quarante-six mètres ; son corps était recouvert de feuilles d'or, et ses sandales, ornées de nacre.

Un autre jour, elles visitèrent le marché Pak Khlong Talat, le principal marché aux fleurs et aux légumes de la ville. Ce fut une visite agréable sur le plan visuel et olfactif tant il y avait de couleurs et de parfums partout, à en perdre les sens. Elles firent cette visite l'après-midi pour éviter les bousculades.

Une autre fois, elles firent une balade sur la rivière Chao Phraya, à bord d'un bateau bus. Claudia put voir le passé de Bangkok, celui d'avant le béton et les embouteillages. Comme Kelly le lui avait dit, elle trouva également la traversée extraordinaire, reposante et rafraîchissante.

Le dernier jour dans la ville, avant le départ pour la province de Krabi le lendemain matin, Claudia et Kelly firent une dernière balade dans les rues de Bangkok.

Bien que ce soit une ville bouddhiste, en cette période, la ville s'était mise à sa manière aux couleurs de Noël. Il y avait des décorations extravagantes, un peu bling-bling. Les charmantes caissières des centres commerciaux arboraient de jolis bonnets rouges à pompon blanc. On entendait des chansons de Noël à la manière américaine, et, à chaque coin de rue, il y avait de faux sapins décorés.

Malgré tous les efforts déployés par la ville pour recréer l'ambiance de Noël, les deux jeunes femmes avaient du mal à se laisser entraîner dans cette ambiance, à cause du climat chaud et du beau ciel bleu qui faisait que tout le monde était habillé en sandales et en vêtements d'été.

Elles se sentaient plus en été qu'en hiver. Cependant, toute cette ambiance leur faisait penser à leurs familles restées à l'autre bout du monde. Elles finirent la balade avec un peu de vague à l'âme.

Au dîner, ce soir-là, elles commandèrent des menus spécial Noël, du foie gras, du champagne et du vin. Claudia se contenta de boissons sans alcool et elles écoutèrent en fond sonore des airs de Noël.

Le lendemain matin, après le petit-déjeuner, elles prirent un taxi pour l'aéroport afin de rallier la province de Krabi. Le vol était si court que Claudia n'eut pas le temps d'en pâtir. Elles purent admirer la beauté du paysage par le hublot, peu avant l'atterrissage.

Située sur la côte sud de la Thaïlande, la province de Krabi faisait face à la mer d'Andaman. Il y avait cent cinquante îles magnifiques couvertes d'une végétation luxuriante sur d'immenses formations calcaires.

Toute la côte en était parsemée. Elles offraient un incroyable spectacle. Les plages de sable fin et une eau cristalline s'étendaient à perte de vue.

Leur hôtel était un joli petit bijou entre terre et mer. Pendant les deux jours qu'elles passèrent à Krabi, elles partirent à la découverte de la ville et des plages. Claudia et Kelly trouvèrent la petite ville charmante et apprécièrent sa douceur de vivre. Elle avait gardé son authenticité et n'avait pas encore succombé à la tentation d'être défigurée par les immeubles. Malgré le flux et le reflux des touristes, elle avait su garder sa part de rêve.

Les habitants avaient conservé eux aussi leur simplicité, leur liberté, et leur jovialité. Ils prenaient la vie comme elle venait.

Elles partirent pour la visite du temple de la Caverne du Tigre et durent monter à l'assaut des mille deux cent trente-sept marches en pierre afin de contempler l'empreinte du Bouddha et la statue érigée en son honneur.

Les deux jeunes femmes finirent par atteindre le sommet après plusieurs arrêts. Le spectacle qui s'offrait à elles leur fit oublier la dure montée. Le spectacle valait son pesant d'or.

Elles profitèrent également plus tard de la douceur de l'eau cristalline en s'y baignant, et des plages au sable fin en s'y prélassant. Elles admirèrent les falaises de calcaire recouvertes de végétation luxuriante au milieu de l'eau turquoise et firent aussi une plongée sous-marine.

Au fil du temps, Claudia et Kelly étaient devenues très complices. Elles avaient appris à mieux se connaître en partageant un certain nombre de choses. Les deux jours à Krabi passèrent comme le vol d'un magnifique papillon : légers, spectaculaires et inoubliables.

Voilà une semaine que Tom Maxwell était arrivé à Djakarta. Pendant tous ces jours, il n'avait pensé qu'à son travail, enchaînant les rendez-vous dans la journée et des dîners d'affaire le soir. Dans l'ensemble, il était plutôt satisfait des résultats de ses rencontres à la fin de sa semaine de travail.

Le 23 décembre au soir, il était libre. Ses rendez-vous de travail s'étaient achevés en milieu d'après-midi. En principe, il devait se préparer pour repartir. Son vol était prévu pour le lendemain matin.

Debout devant la large baie vitrée de sa chambre d'hôtel, Tom avait le regard lointain. Il repensait à la jeune inconnue de Paris qui avait fait naître en lui quelque chose de nouveau, le poussant à vouloir la revoir. Il avait l'impression qu'il passerait à côté de quelque chose de très important s'il n'essayait pas de la retrouver. Il était mélancolique, comme chaque fois que Noël se profilait.

Cette période le ramenait toujours à son enfance, à des Noëls tristes et sans chaleur familiale. Aujourd'hui, Tom rêvait de fonder une famille complètement différente de la sienne, où tout résidait dans le paraître, où les enfants étaient des figurants.

Lui, rêvait d'autre chose pour sa future famille. Son esprit le ramena de nouveau vers la jeune inconnue. Il savait où elle serait dans deux jours parce qu'il l'avait entendu le dire de son portable à sa mère. Il se doutait que s'il y avait un espoir de la revoir un jour, c'était maintenant ou jamais.

Tom décida de saisir cette chance au vol. Il ne voulut pas réfléchir davantage de peur que sa raison ne le ramène à la dure réalité des personnes sensées. Il appela l'aéroport et fit une réservation. Le 24 dans la journée, son avion se posa à Bangkok, et, en fin d'après-midi, il prit de nouveau un vol qui le déposa à Krabi où il passa la nuit. Il ne profita pas vraiment de ces escales car, pour lui, il n'était pas là pour du tourisme. Il courait après une émotion.

Au même moment, dans l'après-midi du 24 décembre, les deux jeunes femmes embarquèrent à bord du ferry et arrivèrent en vue des rivages de l'archipel de Koh Phi Phi.

Les falaises calcaires recouvertes de forêt tropicale offraient une vision à couper le souffle. Elles apparaissaient comme par magie en donnant l'impression de surgir des profondeurs des eaux turquoise et limpides de la mer d'Andaman, au large de la Thaïlande, entre l'île de Phuket et le continent.

L'archipel de Kho Phi Phi faisait partie de la province de Krabi.

Kho Phi Phi Don était la plus grande île de l'archipel. Elle était très touristique. C'était un lieu très convoité pour la plongée grâce à l'extraordinaire beauté de sa faune et de sa flore sous-marine. La deuxième plus grande île était Koh Phi Phi Lee, plus célèbre en raison des films qui y ont été tournés. Malheureusement, bien qu'inhabitée, elle n'était pas protégée de la pollution due au tourisme. Malgré tout, l'archipel était considéré comme l'un des plus beaux au monde.

D'un kilomètre de long, Ton Sai était le centre de la vie de l'île. Le village se trouvait sur la bande de sable entre les deux masses rocheuses qui les reliaient l'une à l'autre. Les bateaux accostaient sans arrêt à Bon Ton Sai sur un ponton en bois, déversant des hordes de touristes.

Tous les hôtels, bungalow, commerces, cyber-cafés, et aussi des salons de massage thaïlandais, longeaient la côte. Après avoir déposé leurs bagages dans l'un de ces hôtels, les deux jeunes femmes profitèrent pour aller se relaxer dans un salon de massage thaï.

La nuit du réveillon de Noël, l'orchestre de l'hôtel joua des airs de Noël. Les menus étaient adaptés à l'évènement : foie gras, champagne, vins français, fruits de mer, saumon fumé. La plupart des gens s'amusèrent jusqu'au petit matin. Claudia et Kelly allèrent se mettre au lit très tard dans la nuit, mais auparavant, Claudia prit le temps d'appeler ses parents pour leur souhaiter un joyeux Noël, comme promis.

Le matin du 25 décembre, un ferry accosta sur l'île de Koh Phi Phi avec à son bord plusieurs touristes. Certains donnaient l'impression d'avoir passé une bonne partie de la nuit à boire et à faire la fête.

Tom faisait partie des passagers. Tout son corps respirait la sérénité. La beauté du spectacle de la nature paradisiaque illuminait son visage. Durant presque toute la traversée, il pensa à sa jeune inconnue, lorsque le doute s'immisça dans son esprit, l'obligeant à se poser certaines questions qu'il ne voulait pas se poser.

Il finit par se demander s'il parviendrait à la retrouver et s'il ne faisait pas une énorme bêtise en courant après une jeune inconnue rencontrée à l'autre bout de la terre et qui allait peut-être rejoindre un homme qui l'attendait quelque part sur cette île.

Malgré ses doutes, il préféra suivre son instinct, qui lui disait de foncer sans réfléchir. Lorsque le bateau accosta aux environs de dix heures du matin, il prit une chambre dans un hôtel et partit à la découverte de l'île pour essayer de retrouver la trace de la jeune femme. Il savait que l'île était petite et que, si la jeune femme y était, il ne pouvait pas ne pas l'y rencontrer.

À dix heures du matin également, le même jour, Claudia s'extirpa du lit et descendit au restaurant rejoindre Kelly qui était déjà attablée devant une grande tasse de café et des viennoiseries. Claudia se joignit à elle et commanda du thé et un gâteau. Peu après, elles quittèrent l'hôtel en portant un panier de pique-nique commandé au restaurant et leur sac de plage. Elles suivirent un sentier le long de la mer pour rejoindre la plage de Hat Yao qui se trouvait à une heure de marche.

Marchant nonchalamment dans l'air frais du matin, accompagnées du doux bourdonnement de la mer, elles arrivèrent en vue de la sublime plage blanche de sable fin, aux airs de paradis terrestre qu'une eau émeraude et cristalline venait lécher.

Elles y passèrent toute la journée, se baignant, se prélassant tout en rêvassant, grignotant, ou profitant tout simplement des bienfaits d'un massage thaïlandais sous leur parasol.

Les massages pouvaient se pratiquer directement sur la plage, dans le calme. C'était une plage pas très fréquentée. À la fin de la journée, elles plièrent bagage et reprirent tranquillement le chemin du retour, profitant du magnifique coucher de soleil. Après une douche délassante, elles passèrent la soirée assises au bord de la piscine, profitant du spectacle qu'offraient quelques touristes faisant la fête, puis elles allèrent se coucher assez tôt, fatiguées de leur journée et un peu nostalgiques, car le lendemain était déjà l'avant-dernier jour de leur séjour sur l'île.

Le matin du 26 décembre, Claudia était étendue, épuisée par l'affreuse nuit qu'elle venait de passer. Elle n'avait pas pu fermer l'œil. Dès qu'elle avait cru enfin trouver le sommeil, elle s'était retrouvée à nouveau plongée dans des cauchemars terribles qui l'avaient réveillée brutalement.

Finalement, elle avait préféré rester éveillée, sa lampe de chevet allumée pour ne plus ressentir l'angoisse permanente qu'elle éprouvait dans le noir et qu'elle ne parvenait pas à comprendre.

Ce n'est qu'aux premières lueurs de l'aube qu'elle s'était endormie, épuisée de sa longue nuit agitée.

Ce fut Kelly qui la fit sortir de son sommeil en tambourinant à la porte dans la matinée, l'obligeant à s'extirper de son lit pour lui ouvrir. Claudia était de mauvaise humeur. Par contre, Kelly avait un visage rayonnant et détendu, les cheveux blonds coiffés en queue-de-cheval. Elle était vêtue d'une tenue de sport très près du corps. Un short noir, un top rose, son sac de plage et ses lunettes de soleil à la main, elle arborait un joli sourire. Lorsqu'elle vit la tête que faisait Claudia, elle comprit qu'elle avait passé une mauvaise nuit.

— Bonjour, Claudia, ça n'a pas l'air d'aller, qu'est-ce que tu as ?

— Bonjour, j'ai passé une nuit blanche, je ne sais pas pourquoi. Je ne suis pas parvenue à trouver le sommeil. Je suis fatiguée. Je n'ai qu'une envie, retourner me coucher, dit-elle avec un léger sourire en allant s'asseoir sur le bord de son lit.

— Je suis désolée pour toi. Je comprends que tu veuilles retourner au lit, mais je ne te le conseille pas, si tu veux profiter pleinement de notre dernière journée sur l'île. Le mieux, pour toi, c'est de te faire violence et de venir prendre ton petit-déjeuner avec moi. Ensuite, nous irons marcher le long de la plage pour que tu puisses te détendre et prendre un bon bain de mer qui te remettra d'aplomb. Tu pourras ensuite, si tu le veux, t'endormir au soleil sous les palmiers. Qu'en penses-tu ?

Claudia lutta quelques secondes entre l'envie de se remettre tout de suite au lit et celle d'aller déjeuner, car elle sentait que son estomac sonnait l'heure du repas. La faim eut raison de sa fatigue.

— Tu as sans doute raison. Laisse-moi quelques minutes, le temps de me préparer, et je te rejoins sur la terrasse. Un peu plus tard, elle retrouva Kelly devant la piscine. Les lunettes de soleil sur le nez, elles partirent marcher sur la plage après avoir déjeuné. Au bout d'un moment, Kelly confia à Claudia son sac pour aller courir le long de la plage, laissant Claudia marcher tranquillement et profiter de la fraîcheur matinale. Elle s'était vêtue d'un pantalon et d'une chemise de lin blanc, et aux pieds, de sandales fermées. La tenue idéale pour se sentir légère et libre.

Tom s'était levé de bonne heure pour prendre son déjeuner dans le calme. Puis, vêtu d'un polo bleu ciel, d'un jean blanc et de mocassins, il partit vers la plage avec la quasi-certitude de retrouver cette fois-ci la jeune femme.

Il fit une longue promenade. Le temps était comme on en rêve quand on vient d'un pays froid. Tout portait à la rêverie. Au fur et à mesure que le temps passait, de plus en plus de monde venait profiter des bienfaits de la plage et des caresses du doux soleil.

Il faisait très beau. C'était une magnifique journée calme. L'air était doux, la mer extraordinairement calme et belle. Les rayons du soleil recouvraient tout d'un film brillant, rehaussant les couleurs et donnant une impression d'irréel.

Partout autour d'elle, sur tout le long de la plage, les touristes étaient allongés sous des parasols. Certains avaient un verre de cocktail exotique en main, qu'ils sirotaient, d'autres discutaient et riaient aux éclats.

Les enfants couraient çà et là. Certains barbotaient au bord de l'eau ou faisaient au loin du jet-ski, du hors-bord ou encore de la planche. C'était la joie de vivre et la liberté du rêve. Rien dans ce paysage idyllique ne présageait de l'horreur qui se préparait et allait faire basculer ce paradis terrestre en enfer.

Tout d'un coup, l'eau se retira, laissant les baigneurs et les bateaux échoués sur le sable. La mer s'était retirée brusquement et si loin qu'on pouvait voir des rochers qui n'étaient pas visibles auparavant. La majorité des gens ne paraissaient pas inquiets de ce brusque changement inhabituel.

Le bonheur rendait les gens insouciants. Cette insouciance diluait la notion de danger et banalisait celle de prudence. Claudia s'était immobilisée. Tout d'un coup, au-delà du bruit des touristes, la nature paraissait étrangement silencieuse, rendant ce calme angoissant. Aucun oiseau ne chantait, comme s'ils avaient tous disparu.

Sur toute la ligne de l'horizon, la jeune femme vit se former un gigantesque mur d'eau. Elle comprit tout de suite qu'un danger planait au-dessus de la plage et qu'il fallait s'éloigner le plus vite possible de la mer. Les yeux remplis d'effroi, elle chercha Kelly du regard, mais ne la vit pas. Elle se mit à l'appeler en hurlant tout en courant désespérément vers l'hôtel. À ce moment précis, ce fut la panique sur la plage.

La plupart des gens avaient vu le mur d'eau qui avançait vers eux. Ils se mirent à courir dans tous les sens en hurlant, en cherchant à s'éloigner le plus possible de la mer.

Au même moment, lorsque la mer se fut retirée très loin de la plage, inconsciemment Tom se doutait que quelque chose d'anormal se préparait, mais comme un certain nombre de personnes, il ne savait pas comment interpréter ces signes. Puis, il vit lui aussi le mur d'eau se former tout le long de la ligne que formait l'horizon et s'abattre sur un immense bateau de croisière, qui disparut, comme englouti. Tom comprit à cet instant ce qui allait arriver, il se mit à courir en hurlant :

— Sauvez-vous ! Allez, courez ! Vite, vite !

Ceux qui avaient vu le bateau disparaître dans les profondeurs de la vague couraient déjà en hurlant. Ils venaient de comprendre ce qui se passait. C'était la panique, mais, malheureusement pour ceux qui étaient très loin derrière, c'était déjà trop tard. Tom courait aussi vite qu'il pouvait, mais à chaque pas il entendait le bruit assourdissant de la vague, de plus en plus proche. La puissance de celle-ci faisait trembler le sol. Lorsqu'il sentit son souffle, il comprit qu'il était trop tard pour lui. Il eut juste le temps de se retourner pour voir l'immensité du mur d'eau qui allait déferler sur lui et l'engloutir.

Il lui était impossible de lutter contre la force de la puissante vague dont le courant le poussait vers le fond. L'eau bouillonnait autour de lui. Il savait qu'à la première inspiration, ses poumons allaient se remplir d'eau, alors, dans sa tête, les choses se précipitèrent. Son instinct de survie se réveilla. Il comprit qu'il ne devait pas se débattre contre la force du courant, mais se laisser emporter et tenir aussi longtemps que possible sans respirer.

Tom savait que céder à la panique, c'était condamner la plus petite chance de survie qui pouvait s'offrir à lui. Ce fut à ce moment que les remous le projetèrent hors de l'eau. Il put enfin respirer de nouveau, mais le courant était si fort qu'il dut se battre de toutes ses forces pour rester à la surface. Heureusement pour lui, le courant l'entraînait vers un passage où il y avait des palmiers à moitié immergés. Il se projeta avec les dernières forces qui lui restaient et se cramponna à un palmier, tout en priant que ses forces ne l'abandonnent pas.

Sans se retourner, Claudia entendait le bruit puissant de cette immense vague qui déferlait sur la plage et engloutissait tout sur son passage. Elle courait de toutes ses forces. C'est alors qu'elle vit une jeune femme qui essayait de courir, tenant d'une main un petit garçon d'environ deux ans qui hurlait en voyant la terreur dans les yeux de sa mère, et de l'autre elle soutenait, plaqué contre sa poitrine, un bébé. Claudia savait qu'ils n'avaient aucune chance de s'en sortir si elle ne faisait pas quelque chose.

Alors, sans réfléchir, tel un aigle fonçant sur sa proie, elle se dirigea droit sur eux aussi vite que ses jambes pouvaient la propulser. Elle enleva du sol le petit garçon, sans s'arrêter, fonçant tout droit vers l'hôtel, tout en hurlant à la mère du petit :

— Courez ! Courez !

Elles arrivèrent, comme beaucoup de personnes, dans le hall de l'hôtel, et s'engouffrèrent dans la cage de l'escalier dans une bousculade effrayante. Claudia monta en courant les escaliers en même temps que les autres, jusqu'au dernier étage, où elle se laissa choir par terre en reprenant péniblement son souffle, l'enfant dans les bras. La maman de l'enfant arriva à son tour, portant son bébé à bout de bras. Le souffle court, en larmes, elle prit son fils dans ses bras et serra très fort ses deux enfants contre sa poitrine, tout en remerciant la jeune femme de les avoir sauvés.

Dehors, c'était le chaos. Les cris de détresse attirèrent tout le monde sur les balcons. Là, tous ceux qui avaient pu se réfugier en hauteur purent voir l'horreur de ce qui se passait. Il y avait de l'eau partout. Ce n'était pas le flux et le reflux de la mer mais un flux constant. Le flux du courant entraînait tout ce qui ne pouvait pas résister à sa puissance destructrice.

Toutes sortes de débris flottaient sur l'eau. Les maisons effondrées, leur contenu, des bateaux, des voitures, des motos, des corps à la dérive… Certaines personnes essayaient de s'accrocher aux palmiers qui donnaient, comme toute chose, l'impression d'être au milieu de la mer. D'autres s'agrippaient à tout ce qui pouvait les soutenir et flotter. Certains se faisaient percuter par des débris projetés par la force du courant. Assommés, ils disparaissaient sous l'eau. Des cris d'agonie et de désespoir s'élevaient, aussi terrifiants que le bruit des vagues. Ils vous glaçaient le sang d'effroi.

Le bâtiment sur lequel Claudia et les autres rescapés s'étaient réfugiés commençait à trembler. Ils entendaient les vitres exploser littéralement les unes après les autres. Ils avaient l'impression d'être sur un bateau en haute mer tant l'hôtel tanguait, entourés de toute part par cette puissante vague qui continuait à avancer en détruisant tout sur son passage.

Tous savaient que leur vie ne tenait qu'à un fil. Alors, ils se mirent à prier frénétiquement, chacun dans sa langue et selon sa religion, le même et unique Dieu. Certains vomissaient puis perdaient connaissance, d'autres pleuraient ou tremblaient si fort qu'ils ne pouvaient plus tenir sur leurs jambes. Ceux qui se connaissaient se serraient les uns contre les autres. Tout le monde était terrifié. Chacun priait pour qu'enfin cesse le cauchemar. Personne n'avait la notion du temps qui passait. Dans la souffrance et l'attente, chaque seconde pèse aussi lourd qu'une heure et une heure aussi lourd que l'éternité.

Quand enfin ils virent que l'eau se retirait, laissant derrière elle la désolation la plus totale, pendant un temps qui parut infini, personne ne trouva le courage de bouger, par peur de voir l'eau revenir. Mais bientôt, les gens commencèrent à descendre prudemment, les sens en alerte. Une fois dehors, ce fut un spectacle de destruction. Plus ils avançaient, plus ils découvraient l'ampleur de la dévastation.

Presque tout avait été détruit. Des corps jonchaient le sol. Il y avait des enfants, des femmes, des hommes, des personnes âgées. Sous les débris, on pouvait voir apparaître un bras, un pied ou une tête. Certains corps étaient ensanglantés, couverts de multiples blessures très profondes. Certains membres n'avaient plus un angle normal.

Partout ce n'était que gémissements de douleur et lamentations de désespoir. Les arbres étaient arrachés et on voyait également des corps d'animaux. Quand la nature marche avec la mort, elle ne choisit pas ses victimes. Choisir serait offenser la puissance qui a créé toute chose, toute vie étant égale à une autre.

Accroché au palmier, les bras et les jambes tétanisés de douleur, Tom commençait à croire qu'il vivait ses dernières minutes. Quand il s'aperçut, soulagé, que la vague n'avançait plus mais reculait, il commença à reprendre espoir. Il vit alors l'eau se retirer aussi vite qu'elle était venue. Il put enfin se laisser glisser le long du tronc jusqu'au sol.

Il resta allongé, le cœur battant à tout rompre, la respiration saccadée, les larmes lui coulant des yeux. Il remercia Dieu dans sa miséricorde de l'avoir épargné.

Lorsqu'il reprit ses esprits, il se leva et se joignit à ceux qui avaient pu échapper à la mort, afin d'essayer autant que possible d'apporter du secours aux blessés qui en avaient le plus besoin, en attendant l'aide extérieure. Toutes ses pensées allaient à la jeune inconnue qu'il ne pouvait pas même appeler comme le faisaient les gens qui cherchaient un parent. Il ne connaissait pas son nom. Chaque fois qu'il voyait un corps de femme, son cœur tremblait de peur. Il espérait que Dieu ne l'avait pas envoyé jusque-là pour qu'il voie le corps sans vie de la femme que son cœur avait choisie, ce corps plein de vie qu'il avait tant désiré dans ses rêves dès l'instant où il l'avait vu. Il se refusait à croire à ce jeu sinistre et funeste que voulait lui jouer le destin.

Il ne restait presque plus rien du village de Ton Saï. Ce paradis sur Terre d'il y a moins d'une heure, où tous les rêves étaient permis, n'était plus maintenant qu'un vaste amoncellement de débris et de corps. Il régnait un silence de mort troublé par les gémissements des blessés et la voix de ceux qui appelaient désespérément le nom d'un être cher dans l'espoir de le retrouver vivant dans ce chaos.

Tom était allé chercher des draps dans l'hôtel avec d'autres rescapés pour essayer de donner un peu de réconfort aux personnes qui en avaient le plus besoin. Au moment où il était en train d'aider un homme d'un certain âge, il leva la tête machinalement et reconnut Claudia qui hurlait le nom de Kelly. Il crut un instant à une hallucination due à sa très grande fatigue, mais il l'entendit de nouveau hurler le nom de Kelly. Il était si heureux et soulagé de la savoir en vie qu'il eut envie de courir vers elle et de la prendre dans ses bras.

Sans se douter de la présence de Tom, Claudia continuait sans cesse d'appeler Kelly. Allant d'un corps à l'autre, allant d'une vision d'horreur à une autre, elle était à bout, avec le sentiment douloureux d'être seule au monde. Tout d'un coup, elle vacilla. Prise d'un vertige, elle tomba à genoux et commença à vomir toutes ses tripes avec l'impression de suffoquer.

Elle resta quelques minutes assise, se sentant sans aucune force, complètement vidée et désorientée. Mais, le courage lui revint en pensant à Kelly, l'obligeant à se ressaisir et à poursuivre sa recherche.

Quand elle voulut se relever, une vive douleur au niveau du bas-ventre la plia en deux. Elle laissa échapper un cri de douleur et retomba par terre en se tenant le bas du ventre tout en haletant. Elle resta assise quelques secondes afin de laisser passer la douleur. Puis, elle se redressa et continua à appeler encore et encore, jusqu'à ce que la douleur la pliât de nouveau en deux. Le souffle court, elle haletait encore quand elle sentit une présence qui essayait de la soutenir. Elle leva la tête et reconnut l'inconnu de l'aéroport.

En effet, Tom s'était aperçu que la jeune femme n'allait pas bien. Il s'était précipité à son secours au moment où elle commençait à paniquer. Malgré le drame de l'instant, le regard qu'ils échangèrent confirma la force des liens invisibles qui étaient en train de se tisser entre eux. La jeune femme lui demanda de l'aider à retrouver sa copine. Peu après, Claudia reconnut Kelly allongée par terre. Elle courut vers elle, Tom à ses talons. Ils se penchèrent tous les deux au-dessus d'elle avec inquiétude. Elle constata avec soulagement que Kelly était en vie, malgré son corps couvert de blessures et son visage tuméfié. Kelly lui sourit et lui dit d'une voix faible son soulagement de la voir et de la savoir en vie. Elles se mirent à pleurer toutes les deux. La minute qui suivit trouva Claudia haletante, foudroyée par une nouvelle douleur qui vint irradier tout son corps, lui rappelant ce qui se passait en elle.

Claudia essaya de cacher à son amie qu'elle était en pleine souffrance, mais celle-ci s'en rendit compte et comprit ce qui lui arrivait.

Tom était inquiet. Il voyait que la jeune femme n'allait pas bien. Elle était assise au sol, et lui à genoux près d'elle, la tenant contre lui en la soutenant par la taille. Claudia avait compris ce qui était en train de lui arriver. Elle éclata en sanglot en criant de désespoir.

— Non, mon Dieu, non pas ça, je ne veux pas perdre mon bébé, non ! Non ! disait-elle en se tordant dans tous les sens.

Tom comprit enfin ce qui arrivait à la jeune femme. Il essaya de l'aider à surmonter ses violentes douleurs comme il pouvait, mais d'heures en heures, sa souffrance augmentait.

Tom n'en pouvait plus de la voir autant souffrir. Il pria pour que les secours arrivent enfin. C'est pendant cette attente qu'ils purent mesurer la gentillesse des Thaïlandais. Eux qui avaient tout perdu, venaient au secours des touristes, aidant à dégager des corps, apportant des couvertures trouvées dans les hôtels éventrés, donnant leurs vêtements pour couvrir la nudité de ceux dont la force du courant avait arraché les maillots de bain. Même dans leur détresse, Claudia, Kelly et Tom furent touchés par la générosité des Thaïlandais.

Kelly était allongée, les larmes lui coulant des yeux, incapable de bouger. Tom était allé leur chercher des couvertures et un peu d'eau pour les désaltérer. Il avait pu parler avec elles chaque fois que c'était possible. Il sut comment elles s'appelaient et apprit que Kelly venait de New-York, comme lui. Finalement, ils virent avec soulagement les secours arriver, tard dans la soirée, par les airs. Petit à petit, les blessés purent enfin être héliportés à Bangkok pour y recevoir les premiers soins.

Les contractions devenant de plus en plus fortes et rapprochées, Claudia avait perdu le contact avec le monde extérieur. Elle n'entendait plus que la souffrance de son corps meurtri. Elle ne pouvait donc voir l'inquiétude de Tom. Elle avait une sensation de froid extrême qui la faisait trembler et claquer des dents. Ses lèvres étaient blanches et sèches. Elle était dans cet état lorsqu'elle arriva à l'hôpital.

La jeune femme fut prise rapidement en charge. Des heures plus tard, lorsqu'elle se réveilla au milieu des autres malades, elle se sentit mieux, même si elle savait qu'elle avait perdu son bébé. Elle sut qu'elle pouvait sortir le lendemain dans l'après-midi et qu'elle devait prendre contact avec sa gynécologue une fois rentrée chez elle, à cause du curetage qu'elle avait subi sous anesthésie générale. Elle souhaita alors joindre sa famille pour les rassurer.

C'est avec tristesse et soulagement que Tom se résolut à voir partir la jeune femme, puisque ceux qui n'étaient pas blessés étaient transférés à Krabi. Personne ne dormit cette nuit-là. Dès le lendemain matin, Tom se mit en route pour Bangkok, à pied, parce qu'il n'avait pas pu trouver un moyen de transport dans le chaos qui régnait dans la ville. Au bout de plus d'une demi-journée de marche forcée sur une route encombrée par toutes sortes de véhicules bondés de touristes et de Thaïlandais cherchant à fuir la désolation que le tsunami avait causée, au début de l'après-midi, épuisé, il vit avec soulagement un 4x4 plein de monde s'arrêter pour qu'il puisse monter à bord.

Tom put enfin atteindre Bangkok dans la soirée. Malheureusement pour lui, lorsqu'il arriva à l'hôpital, fatigué et à moitié mort de faim, il apprit que la jeune femme venait de s'en aller sans laisser d'adresse. Il repartit, complètement démoralisé, rageant contre le sort qui s'acharnait sur lui.

Quand le taxi s'immobilisa devant son hôtel, Claudia descendit péniblement de la voiture en se redressant tout doucement, mettant ainsi un point d'honneur à marcher aussi normalement que possible, malgré la douleur à chacun de ses pas, afin d'éviter les regards indiscrets.

Un peu plus tard, allongée sur son lit, elle repensa aux dernières quarante-huit heures, les plus terribles de sa courte vie. À son réveil à l'hôpital, au milieu des blessés, elle avait appris le rapatriement de Kelly vers les États-Unis pour y être soignée, comme un grand nombre de blessés étrangers. Cela permettait également de désengorger les hôpitaux locaux, compte tenu du très grand nombre de blessés qui continuaient d'y affluer.

Claudia eut de la peine de n'avoir pas pu dire au revoir à son amie. Elle pensait beaucoup à elle en souhaitant qu'elle s'en sorte malgré toutes ses blessures. Elle se promit d'essayer de prendre contact avec Kelly dès son retour en France.

La pression de sa vessie qui se remplissait contre son utérus la sortit de ses souvenirs. Cette pression la faisait souffrir, l'obligeant à se lever doucement, le corps plié en deux afin de diminuer les tiraillements douloureux de son bas-ventre. Elle fit énormément d'efforts pour arriver à s'asseoir sur les toilettes.

Lorsqu'elle commença à uriner, la douleur était si vive qu'elle gémissait de souffrance, avec l'impression que son utérus était une plaie béante et qu'on était en train de lui arracher les organes génitaux.

L'intérieur de la cuvette était rouge, comme si elle s'était vidée de son sang. Elle parvint enfin à se remettre debout en criant de douleur, et retourna aussi péniblement s'allonger de nouveau sur son lit, le cœur et les tempes battant à tout rompre.

Claudia endurait cette torture chaque fois qu'elle se rendait aux toilettes ou se mettait debout, depuis son curetage, la veille. Elle finit par s'endormir, recroquevillée sur elle-même, le cœur lourd et l'âme en peine.

Tom resta encore deux jours, sans savoir où et comment retrouver la jeune femme. Finalement, il se résolut à rentrer à New-York, se disant qu'il lui serait plus facile de retrouver d'abord la jeune Américaine, puisqu'elle vivait dans la même ville que lui. Ensuite, il pourrait retrouver Claudia. S'il le fallait, il était prêt à engager un détective privé.

Les douleurs diminuèrent au fur et à mesure que les jours passaient. Les derniers jours, elle les passa dans sa chambre à pleurer, en se refusant de voir la télé pour ne plus revivre les images atroces du tsunami. Il n'y eut pas de festivités de fin d'année. Le pays était en deuil et pleurait ses morts. Claudia non plus n'avait pas le cœur à la fête, mais se demandait comment elle allait faire pour arriver à oublier ces images d'horreur et ces cris d'agonie de toutes les personnes qu'elle avait vu mourir, et qui la hantaient désormais. Elle se demanda comment recommencer à vivre après avoir traversé une si terrible catastrophe.

À certains moments, elle pensait à Tom avec tristesse, se disant qu'en d'autres circonstances, elle aurait aimé vivre une grande histoire d'amour avec lui, et que c'était le genre d'homme qu'elle aurait souhaité épouser. Mais en ce moment, il y avait trop de peine dans son cœur pour qu'il y ait la place pour autre chose que la souffrance et les remords.

La jeune femme acheva son voyage en Thaïlande dans la tristesse, la souffrance physique et psychologique. Pourtant, en venant dans ce pays qui évoquait le paradis, elle avait cru venir y puiser du courage et de l'espoir afin de repartir du bon pied. Malheureusement, elle repartait plus meurtrie qu'à son arrivée, deux semaines plus tôt.

La gorge nouée, les yeux pleins de larmes, le cœur plein de remords et de regrets, Claudia prit place dans l'avion qui la ramenait vers Paris, avec l'impression d'abandonner un peuple formidable à son sort. Elle s'en voulait d'avoir survécu alors que tant de personnes étaient mortes.

À ses yeux, elle n'avait été qu'une spectatrice, qui s'enfuyait maintenant pour retrouver une vie tranquille, tandis qu'eux, vivraient toujours dans le cauchemar des ruines, des morts et des blessés. Sa détresse était telle qu'elle éclata en sanglot, recroquevillée sur elle-même dans son coin, contre le hublot, sous l'œil compréhensif de son voisin qui portait dans son regard à peu près la même chose.

Chapitre III

Dès son retour, Tom avait essayé de savoir dans quel hôpital de New-York la jeune Kelly Johnson avait été admise. Sans succès. C'était comme si elle s'était évanouie dans la nature. Il se décida alors à prendre rendez-vous par téléphone avec un détective privé de renom.

Tom arriva le lendemain dans la journée devant un vieil immeuble de Soho. L'ascenseur était en panne, ce qui ne l'étonna pas. Il monta donc au deuxième étage à pied. Lorsqu'il arriva devant la porte, il sonna et entra. À l'intérieur, il y avait, assise à son ordinateur, derrière un petit bureau, une plantureuse jeune femme blonde dans le genre Pamela Anderson. La pièce donnait l'impression d'être celle d'un jeu où il fallait trouver l'intrus.

C'était comme si la jeune femme avait été une poupée oubliée dans un vieux grenier après avoir été achetée dans un magasin chic. Elle lui fit un joli sourire. Tout en elle n'était que sensualité et séduction, elle savait qu'elle faisait généralement de l'effet aux hommes. C'était sans doute pour cela qu'elle avait été mise là, afin de donner un peu d'ampleur à cette minuscule pièce sans intérêt.

L'homme qui le reçut, après avoir été introduit par la séduisante secrétaire, était à lui seul tout un univers. Il devait avoir une cinquantaine d'années. De taille moyenne, il avait les yeux d'un bleu profond et une épaisse chevelure blanche, courte, légèrement ondulée et bien ordonnée. L'expression de son visage était sympathique. À cause de son air rassurant, il émanait de lui quelque chose de paisible qui donnait envie de lui faire confiance.

C'était sans doute pourquoi il était efficace dans son travail de fouine. Son aspect naturel était en lui-même un camouflage parfait.

Tom lui parla de ce qui lui tenait à cœur et lui signala le peu d'informations qu'il détenait. Cela fit sourire le détective qui le rassura en lui disant de ne pas s'en faire pour les détails manquants, que la plupart des gens qui faisaient appel à lui, en général, c'était parce qu'ils voulaient justement trouver la suite des informations manquantes.

Lorsqu'il quitta le cabinet de Jack Forman, Tom se sentit rassuré et satisfait de sa rencontre. Il savait qu'il aurait des informations dès que le détective retrouverait la trace de la jeune Kelly.

Tom Maxwell était réveillé depuis un bon moment. Assis dans son canapé, il écoutait une musique de jazz, un verre de Scotch à la main. Une foule de choses lui traversait l'esprit. Il se rendait bien compte que sa vie amoureuse était quasiment inexistante. Bien sûr, il avait eu quelques aventures très brèves. Pendant cette période de sa vie, il n'était pas encore prêt pour s'investir à long terme dans une relation. Durant des années, il s'était battu pour créer une entreprise basée sur la recherche, la promotion et la vente de produits écologiques, vulgarisant notamment l'utilisation des énergies renouvelables.

Il s'était associé à ses deux meilleurs amis, Nathan et Neil, qu'il avait rencontrés pendant ses études à l'université.

Nathan était responsable de la partie juridique de l'entreprise. Il venait du Bronx. C'était là qu'il avait grandi, non loin des guerres de gangs, de la violence, de la drogue et de l'alcoolisme.

Cet état de fait était dû à l'exclusion et au mépris dont les Afro-Américains étaient victimes depuis les temps de l'esclavage, leur fermant toutes les portes qui auraient pu les conduire vers une réussite et une égalité sociale.

Malgré cet univers de chaos environnant, Nathan et sa sœur Alicia avaient pu échapper au cercle infernal de la violence en puisant leur force dans cette inégalité et en s'accrochant au travail. Ils purent, avec l'aide de leurs parents, surmonter toutes les difficultés liées à un environnement dit sensible.

La corruption régnait dans ces quartiers, conséquence de l'extrême pauvreté de la population. Du fait des problèmes liés à la grande délinquance, à la prostitution et à la guerre des gangs, un rien pouvait dégénérer en émeutes difficilement maîtrisables.

Les parents de Nathan et Alicia étaient fonctionnaires dans l'administration. Ils avaient poussé leurs enfants afin qu'ils aillent le plus loin possible dans leurs études dans l'espoir d'une vie meilleure, loin de tous ces problèmes qu'ils vivaient malgré eux.

Les enfants avaient obtenu, à la fin de leurs études secondaires, une bourse qui leur avait permis de quitter cet environnement difficile et de poursuivre leurs études dans un milieu plus favorable. Son diplôme de médecine en poche, Alicia était devenue docteur, et Nathan, avocat spécialisé dans le droit des affaires. Ils purent enfin offrir une vie tranquille à leurs parents dans un quartier plus calme et stable.

Puis dans la même année, Tom fit la connaissance de Neil. Un jeune homme très simple et agréable qui cachait son mal-être dans un excès d'humour et de légèreté.

À lui seul, Neil était un cachet contre le stress et la déprime. Il était toujours prêt à rire de tout. Il dégageait une telle énergie que ça en devenait parfois épuisant pour son entourage. Malgré tout, sa gaieté naturelle rendait la vie plus légère en sa compagnie.

Neil était le contraire de Nathan. Nathan avait la plupart du temps un air sérieux et grave.

Les parents de Neil travaillaient dans le domaine médical. Tom et Neil avaient eu, à quelques détails près, une vie similaire. Ils avaient vécu dans les beaux quartiers, fréquenté du beau monde, avaient passé leur enfance presque seuls à cause de leurs parents qui étaient presque toujours absents, occupés par leur travail, leurs voyages, leurs dîners et leurs cocktails mondains où tout reposait dans le paraître et l'artifice.

Ils s'étaient forgés au fil des années une carapace à leur manière, leur permettant de surmonter la solitude, sans que leurs parents ne sachent jamais réellement qui ils étaient devenus, sans doute parce qu'ils ne voulaient voir en leurs enfants que ce qu'ils avaient souhaité.

À la fin de ses études, Neil s'était spécialisé dans la recherche. C'est donc tout naturellement que Tom lui proposa de s'occuper de la section scientifique de son entreprise.

Tom, lui, s'occupait de la partie gestion et commerciale. Âgés de 38 ans, ils étaient tous les trois de grande taille. Nathan était Afro-américain et avait une certaine ressemblance physique avec Will Smith, mais en plus sérieux. Neil était roux et avait les yeux verts, les cheveux courts et ondulés le plus souvent en désordre, avec un sourire taquin plaqué la plupart du temps au coin des lèvres.

Tom, lui, était châtain et avait les cheveux courts coiffés à la Errol Flynn. Ses yeux étaient gris clair et parfois empreints de tristesse.

Socialement, Tom et Neil avaient vécu à peu près dans le même milieu, très différent de celui de Nathan. Pourtant, malgré ces différences, tous trois avaient été blessés par la société dans laquelle ils avaient évolué. Lorsqu'ils se rencontrèrent, ils se trouvèrent des points communs. S'ils étaient devenus les meilleurs amis du monde, c'est parce qu'ils s'étaient compris, et que chacun avait eu besoin de se construire une histoire différente du milieu d'où il venait.

Tom voyageait beaucoup pour son travail. C'était aussi pour cela qu'il ne voulait pas s'engager durablement dans une relation. Il savait trop bien ce qu'était la vie d'une famille où les parents n'étaient presque jamais là. Il ne voulait pas reproduire le même schéma familial.

Mais aujourd'hui, les choses avaient énormément évolué. L'entreprise avait pris son envol et il avait engagé des collaborateurs qui leur permettaient à tous les trois d'avoir un peu plus de temps libre maintenant.

Tom se sentait prêt pour fonder une famille maintenant que toutes les conditions pour une relation stable étaient réunies. Mais, malheureusement, force était de constater que l'amour n'était pas une science exacte et logique. Maintenant qu'il était prêt à s'investir dans une vraie relation, il n'arrivait pas à trouver la femme dont il rêvait, jusqu'au jour où il avait rencontré Claudia. Malgré l'infime probabilité pour lui de vivre une vraie histoire d'amour avec elle, il s'accrochait désespérément à cet espoir, ne souhaitant plus vivre comme par le passé.

Pendant longtemps il n'était sorti qu'avec des filles sans attaches qui n'aimaient que les plaisirs et les choses futiles. Des filles qui ne cherchaient que le luxe, les sorties, les voyages, et faire les boutiques. Ce genre de relation lui avait plu un temps. Aujourd'hui, cela faisait partie d'une époque bien définie de sa vie. À présent, il attendait davantage d'une relation, et il était prêt à s'y investir.

C'est pourquoi Tom voulait retrouver Claudia. Il ressentait pour elle quelque chose qu'il n'avait jamais éprouvé pour une autre femme auparavant.

Il se leva et marcha vers la baie vitrée, tenant son verre d'une main, et l'autre main enfouie dans sa poche. Il regarda les lumières de la ville. Les décorations des fêtes de fin d'année scintillaient encore au loin et cela le ramena aux réveillons familiaux.

Pendant des années, il avait évité les réveillons de Noël en famille aussi souvent qu'il le pouvait, prétextant des voyages très importants. Il préférait passer Noël n'importe où, avec des amis ou seul, plutôt qu'avec sa famille.

Aussi loin que ses souvenirs pouvaient le porter, il ne se rappelait pas avoir ressenti du bonheur comme peuvent en ressentir les gens heureux à Noël. Il se souvenait des réveillons de Noël chez ses parents, où les enfants n'avaient pas vraiment leur place au milieu des adultes qui parlaient d'affaires, de voyages, et où tout n'était que faux-semblants. Il avait toujours trouvé que l'atmosphère qui y régnait ressemblait à tout, sauf à de vraies relations familiales.

Il n'avait jamais ressenti de vrais sentiments chaleureux se dégager de ces rencontres, de ces Noëls artificiels, entre un père et une mère qui avaient juste eu le temps de descendre de l'avion, de remarquer à peine le grand sapin qui trônait au salon, étincelant de ses mille feux, évidemment décoré par les soins d'une entreprise. Comme si Noël n'avait été qu'une décoration et un repas picoré plus que dégusté.

Durant toutes ces années, il avait envié les enfants dont les parents, malgré leur travail et leurs obligations, trouvaient du temps à accorder à leurs enfants. Il avait toujours pensé que ces enfants-là avaient beaucoup de chance d'aller, accompagnés de leurs parents, choisir et acheter le sapin ainsi que les décorations, et, ensemble, de venir décorer la maison à leur manière, dans la joie et le bonheur de voir tout s'illuminer comme par magie le soir venu.

Repenser à son enfance sans bonheur familial le rendit mélancolique. Il revint s'allonger sur le canapé après avoir posé son verre vide sur la table. Las, il finit par s'endormir. Lorsqu'il se réveilla, il resta allongé un moment dans la pénombre de son appartement. Tous ses souvenirs l'avaient rendu triste et amer. Il n'aimait pas être dans cet état de profonde mélancolie.

Il se leva, déterminé à sortir de la morosité qui le faisait souffrir. Il se dirigea vers la salle de bain, prit une douche chaude et rapide, et s'habilla chaudement. Il faisait très froid dehors. Il fallait absolument qu'il aille prendre de l'air pour se mettre les idées en place. Il monta dans sa voiture et roula au hasard dans les rues de Manhattan.

La ville avait, dès le début du mois de décembre, revêtu ses atours de fête. Partout, les rues, les magasins, ainsi que les demeures des habitants, s'étaient parés de leurs habits de lumière et de couleurs inspirées par la tradition de Noël. L'atmosphère unique et féerique invitait à l'évasion, à l'espoir et à l'amour pour ceux qui avaient le cœur en joie. Beaucoup plus tard, lorsqu'il se sentit mieux, il retourna chez lui pour enfin se reposer.

Depuis son retour de Bangkok, dès qu'il avait le temps, il suivait toutes les informations concernant le tsunami. Cette tragédie le touchait beaucoup plus parce qu'il l'avait vécue et avait même failli y mourir et ça, il ne pourrait jamais l'oublier.

Il fit un don, comme un certain nombre de personnes, pour aider du mieux qu'il pouvait. Il avait appris que le tsunami avait été provoqué par une élévation rapide du niveau des eaux due à un tremblement de terre sous-marin, ce qui avait formé des vagues de plusieurs dizaines de mètre donnant naissance à des courants très puissants qui avaient déferlé sur les terres et les îles avoisinantes.

L'épicentre du séisme se trouvait sous l'île indonésienne de Sumatra, ce qui expliquait pourquoi les îles très touristiques de la Thaïlande, notamment Phuket et Koh Phi Phi, furent presque rayées de la carte. Il apprit également que les côtes de plusieurs autres pays avaient été touchées, comme l'Indonésie et la Corne de l'Afrique.

L'année 2004 s'était achevée dans l'apothéose et par des feux d'artifice pour ceux qui étaient heureux. La fête, pour Tom, cette année, s'achevait avec une infime lueur d'espoir, celle d'accéder à la vie de famille dont il rêvait depuis un certain temps.

Tard dans la nuit du 2 janvier, fatiguée et ne souhaitant qu'une chose, retrouver le calme et la sécurité de son appartement dans le centre-ville de Nantes, Claudia monta dans le taxi, impatiente de rentrer chez elle.

La jeune femme était soulagée de ne pas être attendue. C'était pour cela d'ailleurs qu'elle n'avait prévenu personne de la date de son retour. Claudia voulait éviter de monter son extrême souffrance et, surtout, elle ne voulait pas se mettre à pleurer sans retenue à la vue de sa famille et de ses amies. Elle ne voulait pas non plus être affectée par l'émotion de ses proches qui l'aurait sans doute touchée, alors qu'en ce moment elle cherchait désespérément à surmonter l'épreuve avec autant de courage que possible.

Pour l'instant, elle ne souhaitait pas parler de ce qu'elle avait vécu. Elle remettait ça à plus tard, quand elle s'en sentirait capable. Pour le moment, c'était au-dessus de ses forces. Elle avait seulement envie d'être seule.

Lorsqu'elle se retrouva enfin dans son appartement, quelques minutes plus tard, elle alluma la lumière et resta adossée à la porte fermée. En regardant la pièce, elle lui trouva quelque chose d'anormal, comme si en trois semaines, rien n'avait vraiment changé, même le bout de biscuit à moitié mangé à la dernière minute et oublié au bord de la table avant le départ pour l'aéroport, était toujours là, posé, comme si elle venait de l'y laisser.

Tout avait l'air immuable, comme si le temps s'était figé dans l'espace vital de son appartement, attendant son retour, sans tenir compte des événements qui s'étaient déroulés à l'extérieur.

En d'autres circonstances, elle aurait trouvé cela normal. C'est le contraire qui l'aurait surprise. Mais aujourd'hui, après ce qu'elle venait de vivre, elle aurait voulu faire partie de ces objets qui étaient restés tels quels, sans aucune altération depuis qu'elle avait refermé la porte derrière elle.

Malheureusement, il lui était impossible de revenir en arrière. Le tsunami avait déjà déposé sa marque indélébile sur elle, comme sur tant de personnes. Elle devait apprendre à vivre avec.

Elle était partie deux semaines plus tôt, le cœur léger, laissant derrière elle une traînée de joie et d'espoir dans son appartement, et voilà qu'elle revenait le cœur lourd, l'âme meurtrie, retrouvant son appartement toujours imprégné du bonheur et de la sérénité qu'elle y avait laissé. Mais hélas, celle qui était revenue ne ressemblait plus à celle qui était partie. Désormais, elle ne pouvait plus voir les choses de la même manière à cause de la souffrance qu'elle avait ramenée et qui faisait maintenant partie d'elle et aveuglait son cœur en oppressant son âme, transformant ainsi à ses yeux le cocon agréable de son appartement en refuge.

Claudia était revenue différente de celle qu'elle était, après avoir vu comme tant de personnes les prémisses de la fin du monde et avoir marché à côté de la mort. Elle s'en était écartée sans savoir pourquoi, laissant les autres continuer leur marche funèbre.

Les larmes ruisselèrent malgré elle sur ses joues. Elle était contente de se réfugier dans cette atmosphère qui lui donnait l'impression de revenir à la normalité, après ce qu'elle venait de traverser.

Incontestablement, le bout de biscuit, laissé involontairement là à la dernière minute, la ramenait inconsciemment vers le passé, deux semaines plus tôt. Elle en ressentait même le goût et l'odeur. Elle se revoyait ce matin-là, pleine d'excitation, le cœur remplit d'espoir et de rêve. Tout avait si bien commencé, et finalement... Elle interrompit le cours de ses souvenirs de peur de revoir les images atroces qu'elle s'efforçait d'oublier.

La jeune femme se dirigea vers sa chambre avec ses bagages. Elle prit une douche très chaude pour se détendre et se réchauffer. Depuis qu'elle avait mis le pied sur le sol français, elle ne parvenait pas à se réchauffer et frissonnait malgré le gros pull, le manteau et les bottes qu'elle portait.

La douche lui fit du bien. Elle se sentait si fatiguée qu'elle se coucha, remettant à plus tard le moment de défaire ses bagages. Elle n'avait pas faim et s'allongea sur le lit. La minute qui suivit la trouva en train de dormir, la lampe de chevet était restée allumée. Cela la rassurait. Depuis le drame, elle n'arrivait plus à dormir dans le noir à cause des terribles cauchemars qui venaient la hanter.

Tôt le lendemain matin, Claudia se réveilla un peu apaisée. Elle se promit d'appeler ses parents et ses amies dans la soirée pour les prévenir de son retour. La journée se passa tranquillement. Elle se fit à manger avec ce qu'elle trouva au congélateur, puis fit une longue sieste. Le soir venu, elle appela ses parents. Comme elle s'en doutait, ils manifestèrent leur mécontentement quand ils apprirent qu'elle était rentrée la veille sans les avoir prévenus au préalable, pour qu'ils viennent la chercher à l'aéroport après ce qui venait de se passer.

— Allô !

— Bonsoir, papa.

— Claudia ! s'exclama-t-il avec étonnement.

— Oui, papa ! Je suis rentrée hier soir.

— Comment ça, tu es rentrée hier soir ? Attend, tu n'es pas en train de me dire que tu es rentrée sans avoir éprouvé le besoin de notre présence, après ce que tu as traversé et le sang d'encre qu'on s'est fait pour toi !

— Écoute, papa, je suis désolée, mais à cause de ce drame comme tu dis, j'avais envie d'être seule. Je suis navrée des soucis que je vous ai causés. Si j'avais pu l'éviter, je l'aurais fait.

— Excuse-moi, Claudia, je sais que ce n'est pas de ta faute, mais essaie de nous comprendre. On a failli mourir de peur pour toi. J'ai l'impression que tu ne t'es pas rendue compte de tout ce que nous avons enduré par peur de te perdre. Je pense que si tu avais su combien nous t'aimons, tu nous aurais sans doute demandé de venir te chercher.

Claudia fut touchée aux larmes par la peine contenu dans la voix de son père. Elle lui répondit, la voix déformée par les sanglots et l'émotion.

— Je suis désolée d'avoir été si égoïste en ne pensant qu'à mon seul chagrin. Papa !... Je vous aime tant, maman et toi, c'est pourquoi je ne voulais pas voir votre douleur, ni que vous voyiez la mienne… Pardon, je me suis comportée comme une parfaite égoïste.

Un peu plus tard, lorsque Claudia raccrocha le téléphone, elle se sentit soulagée et réconfortée d'avoir parlé à ses parents. Sa mère, en larmes, avait également pris le combiné pour lui parler, soulagée de la savoir enfin chez elle en bonne santé, même si elle était mécontente que Claudia n'ait pas souhaité leur présence à son arrivée. Elle la rassura cependant en lui disant qu'elle comprenait aussi son besoin de solitude après l'épreuve qu'elle venait de vivre. Elle lui annonça qu'ils allaient venir lui rendre visite le lendemain dans la journée.

Étonnamment, Claudia se réjouissait de cette visite ; contrairement à ce qu'elle pensait, elle éprouvait le besoin d'être entourée de ceux qu'elle aimait.

Ensuite, elle appela tour à tour Amanda et Stéphanie. Elles furent très contentes de l'entendre et de la savoir enfin rentrée. Toutes les deux décidèrent de venir passer le week-end avec elle afin de parler des événements de ces derniers jours.

Chacune proposa d'apporter de quoi manger et interdit à Claudia de se mettre aux fourneaux sous peine de représailles, histoire de lui faire payer toutes les angoisses qu'elle leur avait fait vivre.

La visite de ses parents lui fit énormément de bien. Sa mère s'occupa de faire à manger. Ils voulaient qu'elle leur raconte comment les choses s'étaient passées en Thaïlande, et savoir pourquoi Adrien n'était pas avec elle.

Claudia leur parla de tout, sauf d'Adrien. Ils comprirent qu'elle n'était pas encore prête à en parler. Ils n'insistèrent donc pas et se contentèrent de vivre le bonheur de l'instant présent avec leur fille qu'ils avaient craint de perdre.

La jeune femme passa une bonne nuit, rassurée et plus sereine, sachant que ses parents dormaient non loin d'elle.

Après le repas de midi le lendemain, ses parents repartirent en la priant de leur donner souvent de ses nouvelles, et surtout de ne pas hésiter à venir passer quelques jours chez eux. La jeune femme leur promit de passer leur rendre visite.

Le départ de ses parents l'attrista. Elle aurait aimé à cet instant avoir au moins un chat ou un chien pour lui tenir compagnie et lui éviter de sombrer dans le désespoir.

Dehors, il faisait gris, froid et triste. Pour se donner un semblant de compagnie, elle mit en marche la télévision afin de ne plus avoir l'impression d'être seule au monde.

Le soir venu, elle s'endormit devant la télé, incapable de supporter la solitude et le silence de sa chambre, préférant le semblant de présence que lui donnait la télévision.

Les jours suivants, Claudia fit le ménage à fond pour s'empêcher de broyer du noir. Elle essaya de joindre plusieurs fois Kelly, en vain. À chaque tentative, elle espérait que quelqu'un décrocherait et lui donnerait des nouvelles de la jeune femme. Mais le téléphone sonnait toujours dans le vide et passait en mode répondeur. Elle laissait un message et son numéro de téléphone, ne désespérant pas de recevoir un jour ou l'autre des nouvelles.

Le samedi matin, elle se leva le cœur plus léger. Elle descendit très tôt à la boulangerie se prendre un énorme gâteau et quelques friandises et revint d'un pas léger.

Elle regarda des dessins animés à la télé tout en mangeant et en buvant du thé, à demi allongée sur le canapé. Cela la détendit un moment.

En début d'après-midi, Amanda et Stéphanie arrivèrent ensemble, les bras chargés de tout ce qu'il fallait pour prendre dix kilos en un week-end. Après avoir failli périr étouffée dans leurs bras, Claudia se retrouva avec les deux jeunes femmes à la cuisine où elles déballèrent ce qu'elles avaient apporté pour passer une bonne soirée entre filles.

Lorsqu'elles furent installées au salon autour d'une superbe tarte aux fraises, chacune une tasse de boisson chaude en main, Amanda et Stéphanie, pendant un moment, fixèrent Claudia sans savoir comment aborder le sujet de son voyage dramatique. Elles voyaient bien que la jeune femme avait beaucoup changé, ses traits étaient tirés, l'expression de son visage paraissait plus grave, elle avait maigri encore plus. Elle affichait un sourire triste et mélancolique, et ne riait plus comme avant.

Même Stéphanie, qui donnait l'impression d'habitude d'être une écervelée, parla de banalités sans oser aborder le sujet. Elle n'osa même pas faire une allusion sur l'état physique de Claudia, ni parler de sa grossesse.

Toutes les deux l'observaient sans oser dire quoi que ce soit. Elles avaient peur d'être maladroites, ne sachant pas quelle allait être sa réaction, vu l'état dans lequel elle semblait être.

Claudia vit leur malaise. Elle sourit et dit :

— Quelles têtes d'enterrement vous faites, les filles ! J'espérais passer de bons moments en votre compagnie, mais je crois qu'il va falloir faire une croix là-dessus, si vous devez faire cette tête toute la soirée. Vous devriez vous détendre, les filles, même si je parais fatiguée, je vais bien.

— Excuse-nous, Claudia, dit Amanda, tu as l'air si triste qu'on ne savait pas comment se comporter, et s'il y avait des sujets à éviter ou pas.

— Ne vous inquiétez pas, il n'y a aucun sujet à éviter. Au contraire, je serais soulagée de vous parler de ce que j'ai vécu là-bas.

— Mon Dieu, Claudia, que tu as changé ! J'imagine que c'est normal après ce drame, mais te voir comme ça me fait beaucoup de peine.

— Je sais, Stéphanie, c'est un moment difficile à surmonter. Le plus important, je pense, c'est d'être revenue vivante, même si j'y ai perdu mon bébé. Je suppose que le moment n'était pas venu pour moi d'être mère, dit-elle amèrement. Surtout, arrêtez de faire cette tête. Je vais bien et je suis contente que vous soyez là. OK ?

— OK ! Raconte-nous maintenant ton voyage. Nous sommes toute ouïe, s'exclamèrent les deux jeunes femmes pour dédramatiser l'atmosphère pesante qui régnait depuis leur arrivée.

Alors, Claudia leur raconta le début de son voyage qui avait commencé merveilleusement bien, sa rencontre avec Kelly, la jeune américaine, tout ce qu'elles avaient partagé en visitant ce beau pays qu'est la Thaïlande, ses habitants si zen, serviables et aimables, et les majestueux temples aux décors incroyables, la cuisine épicée et agréable, les fruits et les fleurs incroyablement beaux, parfumés et délicieux, les taxis colorés…

Puis, elle essaya de leur décrire l'extraordinaire spectacle qu'offrait la mer d'Andaman. Elle leur parla des spectaculaires collines sombres de calcaire, recouvertes de forêt luxuriante, émergeant d'une eau cristalline et turquoise, des plages de sable blanc sur lesquelles on pouvait s'offrir les délices du massage thaïlandais.

Puis, vint l'histoire de la tragédie. Reparler de ce drame fit naître en Claudia une vive émotion. Elle dut s'interrompre plusieurs fois, submergée par la brutalité de ses souvenirs. Elles restèrent silencieuses, touchées par ce qu'elles entendaient.

Lorsqu'elle eut fini son récit, il y eut un silence que Claudia rompit, évitant qu'un malaise ne s'installe. Après tout, elles étaient toutes là pour passer un bon moment entre filles.

— S'il n'y avait pas eu le tsunami, ça aurait été mon plus beau voyage. Malgré tout, j'en garderai un très bon souvenir parce que j'aurais pu y perdre la vie, ou être gravement blessée comme Kelly. Et vous, comment avez-vous appris la nouvelle ? demanda-t-elle pour conclure.

— Par internet, dit Amanda. Figure-toi que le matin du 26, je me suis connectée pour prendre connaissance de mes mails lorsque j'ai vu afficher sur ma page l'information sur le tsunami. Alors, la peur au ventre, je me suis précipitée sur le téléphone pour te joindre. Sans succès. J'appelai donc tes parents qui, eux, étaient morts d'angoisse de ne pas avoir de tes nouvelles. Ils m'apprirent en même temps que Stéphanie venait de les appeler. Je leur promis de les contacter dès que j'aurais des nouvelles et je leur demandai de me prévenir à la moindre information.

J'eus à peine le temps de raccrocher qu'on sonnait à la porte. C'était Stéphanie qui venait d'entendre la nouvelle à la radio au moment où elle démarrait sa voiture. Elle essaya aussi de te joindre, en vain. Elle appela à son tour tes parents qui lui donnèrent la même réponse et lui promirent de l'appeler dès qu'il y aurait du nouveau. Alors, elle décida de venir chez moi. Je la trouvai tout aussi inquiète que moi. On décida d'attendre ensemble les nouvelles. Ensemble, le temps et l'attente paraîtraient moins longs.

N'y tenant plus, au bout d'un moment, on appela l'ambassade de France à Bangkok pour les entendre nous dire que certaines zones étaient inaccessibles du fait de la destruction des infrastructures. Mais ils nous assurèrent que tous les moyens étaient en train d'être mis en œuvre pour venir en aide aux personnes touchées, et que dès que possible, la liste des personnes concernées serait disponible à partir d'un numéro vert.

À partir de là, on resta à tourner en rond en essayant de ne pas penser au pire. On passa la nuit ensemble pour se donner du courage. Le lendemain, on avait des têtes affreuses à faire fuir parce qu'on avait mal dormi. Enfin, ce fut le soulagement quand tu nous appelas. On était si contentes qu'on sortit un énorme gâteau plein de crème et de chocolat que nous engloutîmes avec allégresse. Je t'assure que jamais gâteau ne fut aussi bon de mémoire d'homme.

Elles se mirent toutes à rire. Cela mit de la gaieté pour le reste de la soirée qui, pourtant, s'était annoncée très lourde.

La soirée se termina assez tard. Le lendemain, en début d'après-midi, les deux jeunes femmes prirent congé de leur amie en lui suggérant de se faire aider psychologiquement, ce qui, lui dirent-elles, était normal après avoir traversé une si terrible épreuve.

Claudia les remercia de leur soutien et de leur conseil. Elle promit d'en tenir compte. Claudia savait très bien qu'elle n'irait jamais se faire aider. Elle préférait s'en sortir seule.

La semaine qui suivit, la jeune femme se plongea dans le travail sans relâche. Tous les jours, elle allait travailler sans enthousiasme, faisant d'énormes efforts pour donner l'impression que tout allait bien, même si elle semblait très fatiguée et amaigrie.

Le professeur Lemercier lui proposa de prendre quelques jours de repos et de se faire aider, comme lui avaient conseillé ses deux copines auparavant. Mais rien n'y faisait, elle refusait obstinément de prendre un arrêt maladie, préférant se tuer à la tâche pour éviter de faire face aux remords et à la culpabilité qui la rongeaient.

Ses nuits étaient peuplées de visages inconnus aux corps meurtris et couverts de sang. Certains étaient morts, d'autres agonisaient en gémissant, et d'autres encore hurlaient de douleur. Claudia se réveillait le plus souvent brutalement, frissonnant d'effroi, le corps couvert de sueur.

En général, elle finissait ses nuits allongée sur le canapé au salon devant la télé, rassurée par son constant murmure. Elle restait longtemps réveillée, le regard perdu dans ses souvenirs, revivant les horreurs du tsunami jusqu'à la perte de son enfant dans la douleur. Elle s'en voulait de n'avoir pas été blessée, ou de n'être pas morte, et d'avoir été spectatrice du drame en regardant les autres mourir.

Plus qu'une autre, elle estimait avoir plus mérité de mourir dans ce terrible drame, parce qu'elle s'en voulait de n'avoir pas su aimer l'enfant qu'elle portait en son sein.

Claudia se reprochait de l'avoir considéré uniquement comme une gêne, un bouleversement inutile de sa vie et de son confort. Elle pleurait de désespoir une bonne partie de ses nuits. Dans son cœur meurtri, elle pensait à cet enfant qu'elle ne verrait jamais et qui s'en était allé sans jamais ressentir de sa part la moindre pensée d'amour à son égard.

Elle finissait par s'endormir au moment où le jour arrivait pour la soulager de sa terrible nuit, culpabilisant de n'avoir été qu'une spectatrice à regarder les autres mourir.

Elle n'avait presque plus d'appétit, si bien qu'elle se nourrissait très peu, au point d'avoir quelques fois des vertiges. Elle donnait l'impression de se faire souffrir volontairement comme pour expier sa faute. Plus elle souffrait, mieux elle arrivait à supporter sa peine.

Tous les week-ends, Amanda et Stéphanie lui rendaient visite individuellement, à des heures différentes de la journée. Pendant la semaine, elles s'arrangeaient pour l'appeler certains soirs.

Les parents de Claudia l'appelaient aussi souvent que possible pour savoir comment elle se portait. Elle arrivait toujours à les rassurer en mettant beaucoup de joie et d'enthousiasme dans sa voix.

Ses copines, qui lui rendaient visite régulièrement, n'étaient pas dupes. Elles savaient qu'elle n'allait pas bien. Son état les inquiétait, sans qu'elles sachent cependant quoi faire pour l'aider à s'en sortir.

Un samedi matin, Amanda passa la chercher afin de lui présenter l'une de ses cousines venue passer quelques jours chez elle.

— Je suis contente de pouvoir te présenter ma cousine Élisabeth. C'est une personne que j'apprécie énormément. Tu verras, elle est très sympathique.

— Quel âge a-t-elle ? Elle est mariée ?

— Elle a trente-cinq ans. Elle est mariée depuis à peu près quatorze ans et elle a deux enfants, un garçon de treize ans et une fille de douze ans. Elle travaille comme comptable dans une banque. Son mari est professeur de mathématiques dans un lycée. Ils vivent à Ouagadougou.

— Elle a bien de la chance d'avoir une vie professionnelle et familiale stable et bien remplie. Je l'envie. Combien de temps va-t-elle rester ?

— Juste une semaine. C'est pourquoi j'ai pris quelques jours pour passer du temps avec elle. Elle a d'abord fait une semaine à Paris chez une de mes tantes avant de venir nous rendre visite, à ma sœur et à moi. Elle retourne ensuite à Paris où elle restera encore une semaine avant de rentrer au Burkina Faso.

Tu verras, je suis sûre que tu l'apprécieras. En plus, elle a décidé de nous faire un repas typiquement sahélien. Ça te changera un peu les idées. Surtout, ne te prends pas la tête, laisse-toi vivre, dit-elle en riant.

Claudia n'était pas très bavarde, mais elle préférait passer sa matinée avec Amanda et sa cousine plutôt que de rester seule chez elle à ruminer ses soucis.

Au bout de quelques minutes, elles arrivèrent au pied de l'immeuble d'Amanda. Elle habitait au centre-ville de Nantes. Lorsqu'elles entrèrent dans l'appartement, Claudia vit arriver sa cousine, un joli sourire aux lèvres.

Amanda fit les présentations. Les jeunes femmes se saluèrent. Élisabeth était une femme de taille moyenne, plutôt pulpeuse. Elle avait le rire facile qui la rendait sympathique. Sa voix grave était agréable et chaleureuse. Elle portait, noué autour de la taille, un pagne d'un bleu lumineux avec des motifs noirs et orangers et un tee-shirt bleu nuit. Sa tenue moulait de jolies formes généreuses. Aux pieds, elle portait des tongs marron. Ses cheveux étaient retenus en arrière en un chignon simple. À la voir ainsi vêtue, on ne s'imaginait pas en plein hiver mais au beau milieu de l'été.

Tout en discutant, elles se retrouvèrent au salon. Le téléphone sonna, puis Amanda annonça qu'elle devait aller chercher les deux enfants d'Alice, sa sœur, afin qu'ils se joignent à eux pour le repas de midi.

— Je vous laisse continuer à faire connaissance, le temps d'aller les chercher et de revenir. Je serai bientôt de retour. À tout à l'heure !

— Ça tombe bien, dit Élisabeth à Claudia, je pourrai profiter de ta présence pour avoir de l'aide à la cuisine, si ça ne te dérange pas.

— Pas du tout. J'aurai le plaisir d'apprendre à faire une recette africaine. Que vas-tu préparer ?

— Du riz, accompagné d'une sauce assez commune à toute l'Afrique de l'Ouest, mais avec des variantes d'un pays à l'autre, comme d'une personne à l'autre, en gardant tout de même la pâte d'arachide comme base.

— Qu'est-ce qu'on utilise comme légumes ?

— Comme je l'ai dit, la seule chose obligatoire pour cette sauce, c'est la pâte d'arachide. Les légumes et les protéines sont selon le goût de chacun.

Viens, allons à la cuisine. Je vais te montrer les légumes que j'ai achetés. On va faire notre choix. Ainsi, la sauce sera comme on le souhaite.

— J'adore ce qui est ludique. Je sens que je vais passer un moment très agréable.

— J'en serais très contente, dit Élisabeth en riant et en se dirigeant vers la cuisine.

Dans la petite cuisine aménagée, blanc et vert anis, il y avait plusieurs sortes de légumes sur le plan de travail. Des aubergines, des épinards, des carottes, du chou pommé, des oignons, des tomates, des poircaux.

— Alors, Claudia, quels sont les légumes que tu aimerais manger ?

— Je crois que je vais te laisser les choisir comme tu le fais d'habitude. J'aimerais vraiment que tu me montres comment tu prépares cette sauce, chez toi, en Afrique. Ensuite, je pourrai faire une variante.

— D'accord. Pour commencer, je découpe grossièrement les oignons, les tomates, les carottes, les poivrons et la viande que je fais revenir dans l'huile. Puis, j'assaisonne avec du poivre, du curry et du sel. J'ajoute les aubergines et le chou coupé en grosses tranches, puis de gros cubes de manioc. Je recouvre d'eau et je termine en y mettant la pâte d'arachide et le piment. Je recouvre la marmite à moitié et je laisse le tout mijoter pendant deux heures.

Tu peux remplacer le manioc par n'importe quel féculent. Cette sauce se mange avec du riz cuit à l'eau ou à la vapeur. On peut également l'accompagner de couscous, si on veut.

— Les épices sont au choix aussi ?

— Oui, tu y mets tout ce que tu aimes, mais il faut toujours surveiller la cuisson du piment afin de le retirer à temps pour ne pas qu'il explose dans la sauce et la rende immangeable.

Viens, on va se servir de quoi siroter au salon pendant que la sauce cuit. Le riz, on le mettra à cuire trente minutes avant la fin de la cuisson de la sauce.

Les deux jeunes femmes se servirent des jus de fruits et s'installèrent au salon tout en parlant de leurs expériences culinaires.

Élisabeth était une jeune femme gaie et pleine de vie. Elle riait souvent d'un joli rire égrené. Sa joie était contagieuse et Claudia se laissa prendre au jeu.

— J'espère que le piment ne va pas exploser dans la sauce. Je vais jeter de temps à autre un coup d'œil afin de le retirer à temps. Sinon, trop de piment tue le goût et enflamme la bouche. Je ne voudrais pas te laisser un mauvais souvenir de la cuisine africaine, dit-elle en riant.

As-tu déjà mangé un repas très pimenté ?

— Oui, en Thaïlande. J'apprécie le piment, mais quand c'est subtil. J'étais obligée en Thaïlande de commander mes repas sans piment parce que c'était toujours trop pimenté pour moi.

Le visage d'Élisabeth devint sérieux. Elle fixa Claudia gravement et lui dit :

— Amanda m'a parlé du drame que tu viens de vivre en Thaïlande. Elle s'inquiète beaucoup pour toi. Elle t'apprécie beaucoup. Mais personne mieux que ceux qui ont vécu un drame ne peut mieux se comprendre et en parler ensemble.

Je sais qu'on vient de faire connaissance, Claudia, mais si tu le souhaites, tu peux partager ton histoire avec moi. Je sais que ce n'est pas toujours évident de parler de nos souffrances, mais cela fait souvent du bien de les extérioriser. Je te parlerai de mon histoire ensuite, si tu le veux.

Élisabeth était une personne qui dégageait une telle chaleur humaine que la jeune femme eut envie de partager son histoire avec elle.

Au début, elle eut du mal à se confier, mais, au fur et à mesure qu'elle parlait, tout ce qu'elle avait refoulé au fond d'elle depuis ce jour-là, commença à sortir comme des flots trop longtemps emprisonnés.

La jeune femme parla longtemps sans pouvoir s'arrêter, le visage inondé de larmes sous le regard grave et plein de compassion d'Élisabeth. Quand elle eut fini, tout son corps était secoué de sanglots.

Élisabeth ne fit aucun geste pour la consoler, mais sa distance et son silence pudique étaient aussi intenses qu'un câlin. Puis, sa voix grave et chaude s'éleva doucement, comme pour ne pas brusquer Claudia et la laisser se défaire lentement de sa souffrance.

Claudia leva alors les yeux et regarda la jeune femme. Élisabeth avait le visage grave et enveloppé d'un voile de tristesse. Sa voix résonnait comme si elle venait de très loin :

— Je devais avoir quatorze ou quinze ans dans les années quatre-vingt-dix. Je me souviens d'un matin, attirée par la conversation de mes parents, je m'approchai de la porte légèrement entrouverte du salon. J'entendis surtout mon père parler du SIDA.

Je me souviens qu'à cette époque je ne me représentais pas réellement le drame que pouvait vivre une famille lorsque la maladie s'abat sur l'un de ses membres, malgré tous les spots radio et télévisuels que l'on pouvait voir et entendre partout. C'est pourquoi, ce jour-là, j'attendais comme mes parents les résultats de leur examen de sang. Cet examen avait été pratiqué par le beau-frère de mon père, le mari de l'une de ses jeunes sœurs. Il était médecin dans l'armée.

Sans plus d'émotion, contrairement à mes parents, j'imagine, j'attendais la venue de mon oncle. Il arriva et les rassura, leur disant que les résultats étaient négatifs, que mon père ne souffrait que de la goutte et qu'il fallait contrôler sa consommation de viande rouge.

Le reste de la conversation se déroula en bavardages anodins et en rigolades. Puis, la vie reprit son cours, rythmée par les différentes maladies de mon père, que l'on mettait tantôt sur le dos du paludisme, tantôt sur celui d'une mauvaise alimentation. Ses plaies et ses fièvres étaient soignées à coup d'antibiotiques.

Au fur et à mesure que le temps passait, mon père dépérissait. La partie gauche de son corps fut paralysée et il fut finalement hospitalisé pendant deux mois. C'est lors de cette hospitalisation que ma mère apprit qu'il était atteint du SIDA.

Ma mère n'en revenait pas. Elle expliqua aux médecins qu'ils avaient tous deux fait le test il y a deux ans, et que les résultats s'étaient avérés négatifs. Le médecin lui fit comprendre que ce n'était pas possible, et que, dans l'état où était mon père, il avait dû contracter la maladie des années plus tôt.

Ma mère fut sous le choc de ce qu'elle venait d'apprendre. Ce fut ma grand-tante qui lui révéla ce qui s'était réellement passé deux ans plus tôt. Elle lui expliqua que lors de leur examen sanguin, les résultats s'étaient avérés clairement positifs. Mon oncle l'avait dit à sa femme, qui avait décidé d'en parler à la famille de mon père.

Ils décidèrent de cacher la vérité à mes parents. Voilà pourquoi les résultats furent falsifiés par mon oncle.

Cela voulait dire que toute la famille savait qu'ils étaient atteints de cette grave maladie, sans que les principaux intéressés n'aient été mis au courant.

Tout ce que je suis en train de dire, je l'ai appris le jour du décès de ma mère quatre ans plus tard. Aujourd'hui encore, j'enrage de colère après mes oncles et mes tantes, après ce médecin qui a violé le secret médical, même si c'est mon oncle. Mes parents lui avaient fait confiance comme on fait confiance à un médecin et, lui, n'en a pas tenu compte. Je lui en veux de les avoir condamnés avant l'heure, et de ne pas leur avoir donné la chance de se soigner, ou de mettre leur vie en règle avant d'accepter leur mort, si telle était l'issue.

Élisabeth fit une pause, le regard lointain, perdue dans ses souvenirs, sous l'œil attentif de Claudia. Puis, elle reprit le cours de son histoire :

— Quelques mois plus tard, ma mère commença à être malade régulièrement à son tour. Je me souviens de certaines nuits où elle n'arrivait pas à dormir parce qu'elle avait du mal à respirer.

Il fallait donc que j'aille l'aider à s'installer dans une chaise à dossier inclinable dans laquelle j'avais pris le soin de déposer des coussins pour la soutenir afin qu'elle ne soit pas en position couchée.

Ses problèmes respiratoires nous amenèrent à consulter. Après une radio des poumons, le médecin du quartier lui fit une ponction du liquide qui se trouvait dans l'un de ses poumons et qui l'empêchait de respirer correctement.

Cette ponction fut faite sans anesthésie, à l'aide d'une longue aiguille que le médecin introduisit entre deux côtes, dans le dos, selon ses connaissances anatomiques et après avoir visualisé la radio.

Je la vis se cramponner courageusement, en silence, le visage crispé de douleur, au dossier de la chaise où elle était assise à califourchon, le dos dénudé pour permettre au médecin de pratiquer la ponction. Je ne pus supporter longtemps de voir la torture que subissait ma mère. Je détournai le visage et préférai quitter la salle.

Après cette ponction, elle put respirer de nouveau très bien pendant quelques jours. Puis, elle fut de nouveau confrontée au même problème. Cette fois, elle refusa qu'on recommence l'opération en disant que c'était souffrir inutilement sachant qu'elle n'en guérirait jamais. Elle ne voulait plus supporter cette torture. Je pense qu'à ce moment-là, elle s'était déjà résignée et se préparait à l'issue fatale. On fit avec, comme on fit avec les dermatoses. Le pire était de ne pas savoir pourquoi elle souffrait. Elle seule connaissait l'origine de son mal. Deux mois avant que tout ne se précipite vers sa mort, j'appris que mon père était mort du SIDA, ce qui signifiait qu'elle le savait. Mais, pour pouvoir commencer une thérapie, il fallait absolument qu'elle fasse le test.

Je ne comprenais pas son silence sur sa maladie, ni pourquoi elle nous avait fait croire, après le décès de notre père, qu'il était mort d'un cancer du poumon. Sans doute était-ce à cause de tout ce qui se disait autour de cette maladie, dite de la honte. Elle voulait que l'image que nous avions gardée de lui ne soit pas altérée.

Mais, pour qu'elle puisse commencer une thérapie, il aurait absolument fallu qu'elle accepte un examen sanguin, ce qui l'aurait obligée à nous dire la vérité, ce qu'elle n'était pas prête à faire, préférant mourir dans le silence, sans faire de vagues, comme elle avait vécu sa vie, dans l'ombre de mon père.

Je décidai d'aller lui parler pour lui faire comprendre qu'elle n'avait pas le droit de se laisser mourir ainsi sans tenter de se battre, et lui dire que ça nous était égal que les gens sachent de quoi elle souffrait. L'important pour nous, c'était qu'elle vive.

Mais, malheureusement, une fois dans la chambre de ma mère, je perdis le courage. J'ai été lâche, ce jour-là. Je n'ai pas trouvé la force de parler de la gravité de ce que je savais qu'elle avait.

D'une manière détournée, j'essayais de lui dire de faire un bilan sanguin afin de savoir vraiment de quoi elle souffrait, pour qu'on puisse enfin la soigner.

Elle me dit, avec un sanglot dans la voix :

— Je ne guérirai jamais.

Elle me le dit avec colère et désespoir, et j'en fus touchée. Je lui demandai alors :

— Pourquoi dis-tu que tu ne guériras jamais ?

Elle se reprit, me sourit et dit :

— Ça n'a pas d'importance, de toute façon vous êtes tous grands maintenant. Vous n'avez plus besoin de moi. Vous saurez prendre soin les uns des autres, même si je ne suis plus là.

L'entendre prononcer ces mots me fit très mal. Les larmes me montèrent aux yeux.

— Comment peux-tu dire une chose pareille ? Tu es le seul parent qui nous reste ! On aura toujours besoin de toi, et tu le sais.

Elle sourit de nouveau et dit :

— Vous vous en sortirez.

Après toutes ces années écoulées, je n'ai cessé de culpabiliser, me reprochant de n'avoir pas eu le courage de dire à ma mère que je savais de quoi elle souffrait, me disant que peut-être elle aurait eu le courage de me parler, et qu'ainsi on aurait peut-être pu éviter sa mort, ou la retarder.

Certaines nuits, je la vois dans mes rêves, et chaque fois, je lui demande pourquoi elle n'a pas voulu nous laisser l'aider. Mais elle reste toujours silencieuse, et à chaque événement heureux de ma vie, je ressens encore plus son absence.

Quelques semaines après cette discussion, dans la nuit du vingt-six décembre, à une heure du matin, j'appelai l'hôpital pour demander une ambulance afin de l'évacuer. Son état empirait d'heure en heure. On me répondit que les ambulanciers de l'hôpital ne se déplaçaient que pour les accidentés et les malades récents. On me conseilla d'appeler des ambulanciers privés dont ils me communiquèrent le numéro.

Je les appelai immédiatement et les entendis me demander si j'avais de quoi payer le déplacement, soit le tiers d'un salaire moyen.

Une heure plus tard, une espèce de fourgon dans un état lamentable arriva et nous emmena à l'hôpital. Nous passâmes toute la nuit dans le couloir, courant à la pharmacie acheter les médicaments prescrits à chaque fois qu'on nous donnait une ordonnance.

Enfin, le matin, elle fut transférée dans une chambre parce qu'elle avait fait partie du corps médical.

Puis, dans la journée, elle eut des difficultés respiratoires sans que personne ne daignât se déplacer pour la secourir. Bien que je sois allée demander de l'aide, on la laissa s'étouffer. C'est ainsi que j'assistai au dernier soupir de ma mère, sans que personne ne levât le petit doigt. La seule chose que je pus faire pour elle fut de lui fermer les yeux.

Le soir, son corps fut emporté à la morgue. Là, j'appris qu'il y avait une morgue pour les riches au coût d'environ deux mois de salaire moyen, où les corps étaient réfrigérés, et une morgue presque gratuite, à peine climatisée, pour les pauvres, les voleurs et les assassins. Il y régnait une odeur fétide.

Tout cela me choqua mais je n'y pouvais rien. Le lendemain après-midi, on put enterrer dignement notre mère.

La fin de son récit fut ponctuée par un bref silence, sous le regard humide de Claudia qui voyait la souffrance de la jeune femme. Finalement, elle ajouta :

— Le jour où le SIDA est entré dans notre famille, il a fait l'effet d'un tsunami en dévastant notre vie et en ne nous laissant que des ruines à reconstruire, sans les piliers qui faisaient la force de notre famille : nos parents. Il nous a fallu surmonter beaucoup d'obstacles, mais on y est parvenu, après des années de lutte.

Tu sais, Claudia, durant toutes ces années passées à souffrir et à me reprocher ce que je n'aurais pas pu éviter, j'ai compris que personne ne peut changer le cours du destin des autres et que ça ne sert à rien de se flageller, sinon pour se faire souffrir et faire souffrir ceux qui nous aiment. Cette attitude ne peut plus changer le cours des choses. Je sais très bien que ma mère n'aurait jamais aimé que mes sœurs, mon frère et moi, ne portions le poids de son destin à sa place. Elle nous connaissait assez pour savoir qu'elle pouvait compter sur nous si c'est ce qu'elle avait souhaité.

Claudia, tu ne peux pas non plus prendre la lourde responsabilité de porter le destin de ceux qui sont morts dans le drame que vous avez traversé ensemble. Tu as sauvé une famille ce jour-là, et tu as perdu l'enfant que tu portais. Une de tes amies chères a été gravement blessée. Tu ne peux donc pas dire que tu as été une spectatrice de ce drame.

Tu as vécu ce drame comme tous ceux qui y étaient ce jour-là, mais le destin, sans que tu saches pourquoi, a choisi de te laisser la vie sauve après t'avoir blessée. Il faut que tu arrêtes de t'en vouloir de ce dont tu n'es pas responsable. Laisse cette tâche à Dieu car, ici-bas, rien ne peut arriver sans qu'il l'ait permis, même si à l'échelle humaine, on ne comprend pas toujours ses actions.

Pour ton bébé, il faut que tu trouves le moyen de lui parler à ta manière afin de pouvoir faire ton deuil et faire la paix avec toi-même. Trouve un lieu où tu pourras te sentir proche de lui et raconte-lui ton histoire. Dis-lui tout ce que tu as dans le cœur.

Après, tu pourras reprendre ta vie en parlant de lui à tes proches pour qu'il existe dans votre mémoire. Ainsi, tu retrouveras la sérénité qui te permettra de poursuivre et d'accomplir la tâche que Dieu t'a confiée en te sauvant la vie en Thaïlande.

Claudia l'écoutait en pleurant de soulagement. Au fond d'elle, elle savait que la jeune femme avait raison. Élisabeth l'avait aidé à se soulager de toute la peine qu'elle portait depuis le tsunami. Élisabeth se leva, vint vers elle, l'aida à se relever et la prit dans ses bras pour la consoler parce qu'elle sanglotait. Puis, la jeune femme rit et dit à Claudia :

— Si on ne sort pas le piment de la sauce, on risque de pleurer tous ensemble à table. Essuie tes larmes car elles viennent de nettoyer ton chagrin. Il est temps de songer à se restaurer afin de plaire à notre estomac.

— Je suis tout à fait d'accord, dit Claudia qui apprécia le tact de la transition de la jeune femme.

Un peu plus tard, Amanda revint avec les deux enfants de sa sœur. Ils trouvèrent le couvert et le repas dressé par les soins des deux jeunes femmes. Ils se régalèrent. Claudia apprécia les nouvelles saveurs qu'elle découvrait. Ce fut un repas gai et animé. En début d'après-midi, Amanda reconduisit Claudia chez elle après qu'elle ait remercié Élisabeth de lui avoir fait passer un si bon moment.

Avant la fin de la semaine suivante, Élisabeth repartit à Paris, mais, un soir après le travail, Claudia s'arrêta chez Amanda avec quelques cadeaux qu'elle avait pris soin d'acheter pour les enfants d'Élisabeth. La jeune femme la remercia pour sa générosité. Elles promirent de s'écrire. Élisabeth prenait le premier train le lendemain. Claudia lui souhaita bon voyage.

Au fur et à mesure que se succédaient les jours, la jeune femme se remettait doucement de ses blessures, tout comme la nature se remettait des rudesses de l'hiver. Ainsi, le printemps frappait à toutes les portes, forçant l'hiver à s'éclipser en douceur, par l'air qui se réchauffait, par les bourgeons qui s'épanouissaient en feuillages d'un vert tendre, par les nouvelles senteurs qui chatouillaient le nez venant de toutes les fleurs que le retour du soleil avait libérées de leur fourrure verte.

Les pommiers, les cerisiers et les magnolias en fleur, répandaient leurs doux pétales roses et blancs sur le sol, le recouvrant d'un beau tapis délicat, comme au passage d'une mariée portant la promesse d'un bonheur plein de surprise.

C'est ainsi que le printemps s'était annoncé. Les oiseaux chantaient à tue-tête le retour de l'amour et de l'espoir, tandis que le vol léger des papillons donnait une note éphémère à la vie et que leurs couleurs intenses invitaient toute chose à vivre intensément l'instant présent.

Par un beau matin de juin, Claudia eut enfin le coup de fil tant attendu. Kelly était contente d'avoir de ses nouvelles et la remercia pour tous les messages laissés sur son répondeur. Elle apprit à Claudia qu'elle avait enfin pu quitter l'hôpital où elle avait passé des mois en soins intensifs, puis en rééducation, suite aux multiples fractures dont elle avait été victime. Elle était enfin soulagée que le plus dur soit passé. Elle lui annonça qu'elle séjournerait encore un mois chez ses parents avant de retourner chez elle au début du mois de juillet.

Kelly demanda à Claudia de venir passer trois semaines chez elle à New-York durant l'été, histoire d'exorciser le drame du tsunami. Elle lui demanda également de proposer à ses deux amies de se joindre à elles, si ça leur plaisait, pour passer un été de folie.

Claudia était contente de l'entendre parler avec tant d'enthousiasme et de joie. Elle avait l'impression de retrouver la Kelly de Bangkok, avant le drame. Elle la remercia de sa proposition et lui promit d'en parler à ses deux amies, et ensuite, de l'informer de ce qu'elles auraient décidé. Elle était ravie à l'idée de passer avec elle les vacances à New-York. Ce changement lui ferait du bien.

Claudia exultait littéralement de joie lorsqu'elle raccrocha. La perspective d'aller à New-York cet été l'enchantait à un point qu'elle n'aurait pu soupçonner il y avait à peine une heure avant le coup de fil de Kelly.

Quelque part dans son esprit, le visage de Tom lui apparut et son cœur se mit à battre un peu plus fort. Durant tous ces longs mois écoulés où elle avait lutté pour surmonter sa peine, elle avait enfoui son souvenir au plus profond d'elle, se refusant de penser à lui comme pour se protéger d'une nouvelle souffrance.

Mais, lorsqu'elle commença à aller mieux, il lui arriva souvent de penser à lui, se demandant ce qu'il était devenu et s'il lui arrivait, à lui aussi, de penser à elle. La jeune femme espérait timidement au fond d'elle-même le revoir un jour, se laissant bercer par ce doux rêve qui réveillait ses sens, au-delà de toute pudeur. Elle s'unissait langoureusement à lui dans l'immensité du monde imaginaire, rougissant parfois de cette audace, pourtant subtile et discrète.

Claudia appela ce même soir ses deux amies, tour à tour, afin de leur soumettre la proposition de Kelly. Amanda fut agréablement surprise de cette invitation qui lui permettrait de visiter cette ville mythique. Sans hésiter, elle accepta l'invitation. Claudia lui proposa de la retrouver le week-end pour discuter des préparatifs du voyage inattendu.

Stéphanie trouva la proposition sympathique, mais ne pouvait pas se joindre à elles parce qu'elle avait déjà d'autres projets pour l'été. Elle partait trois semaines le long de la Méditerranée à bord du yacht d'un ami rencontré lors de la visite d'un appartement que voulait acheter le frère de cet ami. Elle leur souhaita de rencontrer l'homme de leur vie. Elle était, pour sa part, sûre de l'avoir enfin trouvé.

Cette phrase fit sourire Claudia qui, comme tout le monde chaque été, l'entendait proclamer haut et fort qu'elle avait rencontré l'homme de sa vie. Pourtant, à la fin de la saison, elle se retrouvait de nouveau seule, traitant les hommes de bourrins sans cervelle. Depuis le temps, elle aurait maintenant dû dire qu'elle avait trouvé l'homme de son été plutôt que de sa vie, pensa Claudia après avoir raccroché.

Le mois de juillet trouva les deux jeunes femmes enfin prêtes et excitées à l'idée d'aller voir ce qui se passait de l'autre côté de l'Atlantique. La dernière semaine, Claudia passa le week-end chez ses parents, comme elle le faisait quelques fois depuis son retour de Thaïlande.

Elle y passait un week-end par mois, et revenait toujours contente de son séjour. Kelly et Claudia se parlaient régulièrement au téléphone. Elles purent donc convenir des dates de leur séjour. Stéphanie passa leur dire au revoir la veille du départ parce qu'elle embarquait un jour plus tôt.

Le matin du départ, avant de refermer la porte d'entrée, Claudia jeta un dernier regard dans la pièce, se demandant dans quel état d'esprit elle reviendrait cette fois-ci de son voyage. Elle avait un peu peur d'aller vers l'inconnu et de revenir se réfugier de nouveau chez elle comme un animal blessé.

Quelques heures plus tard, après avoir changé de vol à Paris, les deux jeunes femmes montaient à bord du Paris-New-York. Tandis que l'avion volait vers le Nouveau Monde, Claudia, qui n'avait plus peur depuis l'épreuve du tsunami, se laissait porter par son esprit qui volait secrètement vers l'espoir de retrouver l'homme qui avait traversé sa vie comme une étoile filante. Il ne lui avait laissé que le rêve dont son cœur voulait se défaire, tout en courant vers l'accomplissement de celui-ci.

CHAPITRE IV

L'été était enfin arrivé sur New-York. Il faisait beau. La lumière du soleil se reflétait sur toutes les façades vitrées des innombrables immeubles dressés comme des tours de guet, projetant ainsi l'assaut des rayons du soleil et illuminant le ciel de Manhattan. Il y régnait une luminosité intense et particulière.

Tout le monde se prêtait aux jeux de l'été en s'habillant avec des vêtements légers, simples, colorés ou plein de fantaisie. Chacun y allait de ses goûts, de sa personnalité et de son appartenance sociale.

Assis depuis un moment à une terrasse, Tom observait cet art vivant dans lequel il prenait place. Il s'était désintéressé de son journal, se laissant bercer par le ballet coloré de la rue, l'esprit ailleurs.

Il lui revint en mémoire ce fameux jour où il avait reçu le coup de fil du détective privé Jack Forman lui demandant de passer à son bureau parce qu'il avait une nouvelle à lui communiquer.

Deux heures plus tard, Tom avait sonné à sa porte. Il l'avait trouvé égal à lui-même, sans l'ombre d'un stress, comme la première fois où il l'avait rencontré, il y a de cela trois mois. Sa voix et ses gestes étaient posés, comme si les jours avaient passé sans jamais le heurter, donnant l'impression d'être une image sur papier glacé, sans un seul pli dans sa tenue, sans un seul défaut dans sa coiffure.

Il avait reçu Tom avec un léger sourire aux lèvres et l'avait invité à s'asseoir. Il avait sorti ensuite un dossier, l'avait ouvert, et avait fait le compte rendu de son enquête. D'une manière inattendue, il s'était mis à raconter à Tom une mésaventure qui lui était arrivée lors de ses recherches.

Il avait raconté qu'il suivait depuis un moment la piste d'une jeune femme qui paraissait à tout point de vue correspondre à la description de la jeune Kelly Johnson.

— Comme à chaque nouvelle piste, avait-il dit, je faisais une surveillance à distance et une enquête de voisinage en posant discrètement des questions à son sujet à ses voisins et amis. Tous me l'avaient présentée comme une jeune femme très gentille qui rapportait un cadeau à tout le monde à chacun de ses voyages. Ils s'accordaient tous à dire que c'était quelqu'un de vraiment très sympathique. Je décidai d'aller en toute confiance frapper à sa porte afin d'avoir une petite discussion avec elle. Je fus reçu avec courtoisie et gentillesse. Elle me conduisit au salon et me servit des petits gâteaux et du café. Elle me pria de l'excuser un petit moment. J'attendis donc tranquillement son retour en buvant mon café, sans me poser de questions. Quelques minutes plus tard, elle reparut, complètement métamorphosée. J'avais l'impression de n'être plus devant la même personne. De jeune femme simplement vêtue d'un jean, d'une chemise et de baskets, je me retrouvai en face d'une bombe sexuelle. La jeune femme avait revêtu un tailleur noir à la jupe très courte et légèrement fendue de chaque côté d'où on pouvait apercevoir la dentelle noire du début de ses bas. Une veste courte ouverte sur un chemisier en soie couleur crème moulait ses seins et sa taille fine, laissant deviner une poitrine généreuse.

Ses cheveux blonds lissés et tirés en arrière lui retombaient sur les épaules. Ses lèvres recouvertes d'un rouge bordeaux et ses paupières fardées de noir lui donnaient un air dur. Perchée sur des talons aiguilles noirs, elle se tenait droite devant moi, les jambes légèrement écartées, le bras gauche caché dans le dos. Elle me fixait d'une manière étrange.

Lorsque je fis le geste de me lever, elle ramena tout d'un coup le bras qu'elle tenait jusqu'alors caché et pointa sur moi un revolver.

Surpris et inquiet, j'interrompis mon mouvement en me demandant ce que cette mascarade signifiait.

Elle m'intima l'ordre de ne pas bouger, puis elle me dit qu'elle savait que la CIA m'avait envoyé pour l'éliminer parce qu'elle connaissait trop de choses, et qu'elle avait remarqué depuis un certain temps que la Compagnie ne lui confiait plus de missions, depuis l'échec de la dernière d'entre elles en Thaïlande, l'année dernière.

Je me sentais pris au piège. Ce qui me permit de sortir indemne de cette situation périlleuse et à la fois comique, ce sont mes années d'expérience professionnelle où il m'était arrivé d'être confronté à des situations assez complexes. Je savais donc que le plus grand ennemi de l'homme, dans une situation dangereuse et inhabituelle, était de céder à la panique. Je savais également, par expérience, qu'en cas de dédoublement de personnalité, il fallait toujours garder son sang-froid, et, dans la mesure du possible, rentrer dans le jeu de la personne afin de gagner sa confiance et de lui faire baisser la garde, ce qui permettait de tenter une action.

Je la persuadai donc qu'elle se faisait des idées et que la Compagnie m'envoyait effectivement, pas pour la tuer comme elle le croyait, mais pour lui parler de sa prochaine mission qui aurait lieu bientôt à Londres, où elle devrait se rendre en tant que journaliste.

Sa mission serait d'enquêter sur la disparition de deux agents qui n'avaient pas donné signe de vie depuis deux mois, situation qui devenait inquiétante pour la CIA.

Je lui expliquai que j'étais envoyé pour lui dire où se rendre pour recevoir son ordre de mission.

Au fur et à mesure que je lui parlais, je voyais qu'elle perdait de son assurance. Son bras qui pointait l'arme sur moi était moins tendu. Elle commença à balancer d'un pied sur l'autre.

Je sentis que le moment était venu pour moi de tenter quelque chose. Je me levai tout doucement, les bras en l'air, lui souriant avec assurance tout en lui disant qu'elle n'avait rien à craindre de moi, qu'elle pouvait me fouiller si elle avait le moindre doute sur ma sincérité. J'avançais lentement vers elle, les bras toujours levés.

Je sentis en elle une indécision. J'avançais toujours, et, dès que la distance entre nous le permit, je me jetai sur elle et la désarmai en lui tordant le bras. Elle hurla, puis laissa tomber l'arme. Je la poussai sur la chaise que je venais de quitter, puis me penchai pour prendre l'arme. À cet instant, elle se jeta sur moi, complètement déchaînée, comme une furie, hurlant, griffant et mordant.

Je n'arrivai pas à la calmer ni à la maîtriser, comme si elle avait définitivement perdu la raison. Je l'assommai d'un coup derrière la nuque pour pouvoir enfin la neutraliser. Elle s'effondra, inconsciente, à mon grand soulagement. Je pus enfin appeler la police.

J'appris plus tard qu'il avait été trouvé chez elle un certain nombre d'armes automatiques cachées dans sa chambre. Après enquête, il s'avéra que la jeune femme s'arrangeait pour disparaître de temps en temps dans un motel, puis réapparaissait quelques jours plus tard avec divers objets achetés dans des boutiques de souvenirs pour les offrir à ses amis et voisins. Voilà pourquoi la plupart des personnes à qui j'avais parlé m'affirmaient qu'elle était allée dernièrement en Thaïlande. Tout cela contribua à me mettre sur une fausse piste. Mais, au moins, cette recherche a permis l'admission de cette jeune femme en hôpital psychiatrique, évitant ainsi un drame qui aurait pu arriver à n'importe quel moment et à n'importe qui, conclut-il en tendant une pochette à Tom qui était resté silencieux et attentif pendant tout le récit.

Tom félicita le détective pour sa présence d'esprit et pour son professionnalisme qui avaient permis d'éviter une fin dramatique.

Tom ouvrit la pochette pour clore la parenthèse et tomba sur une photo de Kelly à la première page. Il reconnut son visage, bien qu'il l'ait vue pour la première et dernière fois alors qu'elle était dans un état dramatique, le visage tuméfié.

Jack Forman lui parla de son enquête la concernant. Il avait retrouvé sa trace dans un hôpital de Floride où la jeune femme avait été soignée, entourée de sa famille pendant toute son hospitalisation.

C'était d'ailleurs sa famille qui l'avait fait transférer directement en Floride dès son arrivée aux USA, ce qui avait brouillé sa piste.

— De source sûre, dit-il, la jeune femme s'apprêtait à quitter enfin l'hôpital pour passer un mois chez ses parents avant de rejoindre sa maison à Brooklyn au début du mois de juillet.

Et il conclut en disant :

— Vous trouverez dans le dossier toutes les adresses et numéros de téléphone qui vous seront utiles pour la rencontrer quand vous le souhaiterez. J'espère que le travail que j'ai effectué vous permettra d'atteindre votre but, Monsieur Maxwell.

— Je vous remercie, Monsieur Forman, pour le travail accompli. J'en suis sûr, tous ces renseignements me serviront en temps utile.

Tom quitta le bureau du détective avec la certitude d'avoir bientôt des réponses aux questions qu'il se posait sur Claudia. Il décida d'attendre le mois de juillet pour aller rendre visite à Kelly, lorsqu'elle serait rentrée à Brooklyn. Il préférait la rencontrer chez elle pour discuter tranquillement plutôt que d'aller l'importuner chez ses parents pendant sa convalescence. De toute façon, il savait maintenant où la trouver. Ce n'était plus qu'une question de temps.

Aujourd'hui enfin, le moment était arrivé. Demain matin, se dit-il, je pourrai la rencontrer. Je saurai une bonne fois pour tout ce que le destin me réserve concernant Claudia et moi, si je dois l'oublier, ou tout faire pour la retrouver.

Claudia, Amanda et Kelly étaient en train de dîner à la cuisine, satisfaites et fatiguées de leur première journée à New-York. Elles s'étaient promenées dans les rues de Brooklyn.

Arrivées la veille dans la nuit, elles avaient été éblouies par les lumières de la ville. Après sept heures de vol en provenance de Paris, leur avion avait atterri à l'aéroport international John Fitzgerald Kennedy où les attendait Kelly.

Leurs retrouvailles furent pleines d'émotion. Claudia présenta Amanda à Kelly. La jeune femme était très heureuse de les accueillir. Elle espérait qu'elles allaient passer ensemble de bonnes vacances.

Elles traversèrent le hall de l'aéroport pour rejoindre la voiture de Kelly, puis par l'autoroute elles arrivèrent à Brooklyn. Mais pendant le trajet, Kelly leur demanda si elles avaient une idée de ce qu'elles souhaitaient faire durant ces trois semaines.

Elles répondirent qu'elles comptaient un peu sur elle pour leur faire visiter sa ville. Même si elles avaient fait quelques recherches auparavant sur internet pour savoir ce qu'il fallait absolument voir lorsqu'on vient à New-York. Elles souhaitaient que Kelly leur fasse voir les choses qui sortent des sentiers battus, en plus des incontournables.

Lorsqu'elles arrivèrent enfin devant sa maison, elle stationna la voiture en face dans la rue. C'était une jolie maison de style *brownstone*. Elle était parmi une série d'habitations alignées et identiques, construites en grès, on accédait à la porte d'entrée du premier étage par un escalier. La rue était éclairée et bordée d'arbres, à part les voitures stationnées devant les maisons, la rue était presque vide de monde. Sans doute que les habitants devaient être en train de dîner, ou de regarder la télévision tranquillement en famille, après une longue journée de travail.

Kelly aida ses amies à monter leurs bagages. L'air était frais, le temps agréable, invitait à la flânerie nocturne ou tout simplement à un long moment de rêverie assis sur les marches du perron, le nez dans les étoiles.

L'intérieur de la maison était charmant. La moitié du mur d'entrée était couvert de lambris en bois blanc et l'autre moitié était peinte en vert anis. Le couloir desservait la cuisine d'un côté. De l'autre, l'escalier de bois peint en blanc conduisait à l'étage. Tout au bout du couloir, un large panneau japonais de couleur chocolat et blanc se prolongeait de part et d'autre par un mur couvert de lambris en bois de couleur gris doré. L'un des pans de mur, côté salon, comportait un grand buffet noir où étaient disposés des photos, des bibelots, un grand pot de fleurs et une télévision à écran plat. L'autre pan s'ouvrait sur la cuisine par un comptoir qui faisait face à la salle à manger. Au salon, le mur du fond était recouvert de plaquettes de parement dont l'aspect était celui de briques blanchies. Des cadres de différentes formes, tailles et couleurs, étaient suspendus au mur. Sur l'autre façade peinte en rouge brique, deux grandes fenêtres portant un double voilage or donnaient une note colorée à la pièce. Un grand canapé d'angle rouge bordeaux et, au milieu, une table ovale en verre, faisaient face au buffet noir. Deux jolies lampes dorées avec des courbes très féminines conféraient une ambiance très chaleureuse à la pièce.

La jeune femme conduisit ses invitées à l'étage où se trouvaient la salle de bain et les chambres. Kelly leur montra leur chambre et les laissa s'installer pendant qu'elle allait préparer le dîner.

Claudia trouva sa chambre agréable et très féminine : les murs jaunes et blancs, un grand lit, une belle coiffeuse blanche avec un miroir ovale, une fenêtre donnant sur la rue. Il y avait un double voilage vert pomme et blanc aux mêmes teintes que le tapis au sol, ainsi qu'une grande armoire ancienne peinte en blanc.

Lorsqu'elle redescendit, elle trouva Amanda et Kelly dans la salle à manger en train de parler de décoration tout en mettant le couvert.

Elles mangèrent avec appétit un bon poulet rôti accompagné de pommes de terre. Puis, la fatigue aidant, chacune se retira dans sa chambre pour une nuit d'un sommeil réparateur.

Le matin venu, Claudia s'extirpa de son lit, prit un bain, puis s'habilla en jean, chemise et baskets.

Elle trouva ses deux amies assises sur les marches du perron, savourant une tasse de café et discutant, profitant aussi des premiers rayons du soleil et de l'activité paisible du quartier. Elle était contente de voir que le courant passait bien entre les deux jeunes femmes depuis qu'elles avaient été présentées la veille.

Lorsqu'elles la virent, elles la rejoignirent à la cuisine et lui tinrent compagnie pour son petit-déjeuner. Puis, elles discutèrent de ce qu'elles allaient faire de cette première journée.

— Je vous propose une balade tranquille à Brooklyn, le temps de vous remettre de votre voyage avant d'aller plonger dans le tourbillon de Manhattan. Qu'en pensez-vous, les filles ?

— Je suis d'accord, répondit Claudia. Amanda et moi avions déjà discuté de ce qu'on souhaitait. Si ça ne te dérange pas, on va faire les choses tranquillement en profitant de chaque moment, sans se créer de stress. Après tout, on est toutes en vacances, et l'essentiel, c'est de passer de bons moments ensemble.

— Je suis d'accord avec vous, les filles. Vous ne pourrez pas profiter de vos vacances si vous passez le temps à courir d'un lieu à l'autre comme le font certains touristes qui veulent visiter toute la ville en quelques jours.

— Tu vis à Brooklyn depuis combien d'années ? demanda Amanda.

— Cela fait quatre ans que j'ai posé mes valises dans ce quartier. Depuis, je ne me lasse pas de me promener dans ces rues. Je vous promets que vous adorerez cette promenade. Vous me parliez hier soir de voir autre chose à New-York, et bien vous ne serez pas déçues.

Effectivement, Kelly avait raison. Claudia et Amanda tombèrent sous le charme de Brooklyn.

Le quartier était fait de styles différents. On pouvait y admirer les façades des magnifiques maisons de style *greek revival* inspiré de la Grèce antique. Il y avait aussi le style *shingle* ou *Queen Anne* venus des années 1870. On y trouvait également de superbes demeures de style *impérial*, reconnaissables à leurs portiques d'inspiration gréco-romaine. On avait l'impression que ce charmant quartier, tranquille et pittoresque, surgissait du passé, invitant le promeneur aux rêveries romantiques à l'ancienne.

Située sur une sorte de promontoire qui dominait East River, la promenade des vieux quartiers bourgeois de Brooklyn Heights et Williamsburg offrait une vue extraordinaire sur l'île de Manhattan, dressée dans toute sa hauteur, déployant ainsi sa puissance.

Kelly leur proposa de revenir le soir pour profiter du magnifique coucher de soleil sur Manhattan qu'offrait la promenade au bord d'East River. Mais pour le moment, il était temps de retourner à la maison et de se préparer de quoi manger et se rafraîchir, l'après-midi étant bien avancé.

Une fois rentrées, elles se firent des sandwichs et profitèrent du reste de l'après-midi à paresser au salon discutant en attendant le soir pour retourner sur la promenade. À la fin de la journée, lorsqu'elles y arrivèrent, elles s'installèrent sur un des bancs face à East River pour regarder le soleil sublimer Manhattan de ses rayons dorés juste avant de se retirer. Puis, les tours s'illuminèrent comme par magie.

Les trois jeunes femmes rentrèrent un peu plus tard tranquillement profitant de la brise rafraîchissante du soir après une journée très chaude.

Claudia et Amanda s'endormirent ce soir-là les yeux remplis de nouvelles images.

Le samedi matin, après une nuit reposante et agréable, elles se préparèrent pour la visite de l'île de Manhattan.

— J'ai passé une bonne nuit et je me suis réveillée avec l'âme d'un pirate, dit Claudia avec enthousiasme.

— Alors, compagnons, toutes à l'assaut de l'île de Manhattan ! Aucun magasin ne doit échapper à notre razzia. Après nous, le désert, s'exclama Kelly le couteau à dessert pointé devant, le front haut, le menton en avant et l'air décidé.

Amanda éclata de rire devant cette témérité plutôt théâtrale.

— Je crois que je serais bien inspirée de porter des sandales ou des tennis si je tiens à ne pas avoir les pieds en compote après de longues heures de nos différents assauts.

La sonnerie de la porte vint les interrompre.

— Qui ça peut bien être ? Pendant que vous vous préparez, je vais voir. Ensuite, on embarque pour Manhattan, dit Kelly en se dirigeant vers la porte d'entrée.

Lorsqu'elle ouvrit, elle ne put s'empêcher de s'exclamer, en reconnaissant le visage de l'homme qui se tenait devant elle :

— Oh, my God, vous ici !

— Bonjour, Mademoiselle Johnson, je suis heureux de voir que vous vous souvenez encore de moi, bien qu'on se soit rencontrés dans des circonstances particulières.

— Oui, effectivement, ce sont des souvenirs bien douloureux, mais fort heureusement pour moi, tout cela est bien loin derrière. Mais entrez donc, on sera beaucoup mieux à l'intérieur.

— Merci, j'espère ne pas vous déranger. Je suis venu vous entretenir d'une affaire assez délicate.

— D'accord, venez vous asseoir au salon. J'ai tout mon temps, je suis en vacances, en plus c'est samedi, donc tout va bien. C'est incroyable que vous soyez venu me rendre visite précisément aujourd'hui. Figurez-vous que Claudia est arrivée jeudi soir avec son amie pour passer trois semaines à New-York. Je trouve cela incroyable parce qu'on s'était rencontrés le tragique jour du tsunami. Je me souviens qu'elle et moi étions dans un sale état et, fort heureusement, vous étiez venus à notre secours. J'espère qu'on ne va pas déclencher une nouvelle catastrophe à nous trois, dit Kelly en riant.

Tom sourit et dit :

— Je suis content de voir que vous prenez cela avec humour aujourd'hui, ce qui signifie que tout va bien.

— Ne dit-on pas : « après la pluie le beau temps » ?

Tout va bien et les choses ont depuis repris l'ordre normal, heureusement d'ailleurs. C'est pourquoi j'ai invité Claudia. Ensemble, nous allons exorciser les souvenirs dramatiques. Installez-vous. Je vais l'appeler. Je suis certaine qu'elle sera surprise et contente de vous revoir.

Kelly se dirigea vers le couloir et appela Claudia du pied de l'escalier.

— Claudia, descends vite, on a une visite surprise.

Pendant que Kelly appelait la jeune femme, Tom, resté seul au salon, accusait le coup. La surprise de cette nouvelle, qui devait pourtant le réjouir, le mettait mal à l'aise. À aucun moment il n'avait imaginé retrouver si vite la jeune femme, chez Kelly, à plus forte raison accompagnée du père de l'enfant qu'elle avait perdu. Tom était en état de souffrance psychologique.

Il se rendit compte à ce moment-là de l'absurdité de ses recherches et de sa présence chez la jeune femme ce matin. Il s'en voulait de s'être comporté comme un adolescent courant après sa première conquête. C'était d'ailleurs même ce que lui avaient reproché ses amis Nathan et Neil lorsqu'il leur avait parlé de son histoire.

Comme un imbécile, il n'avait pas voulu penser qu'elle pouvait avoir quelqu'un dans sa vie. Il n'avait voulu voir que l'émotion qu'elle provoquait en lui et croire à tort qu'elle ressentait la même chose à son égard. Maintenant, il s'en voulait de s'être conduit comme un homme immature. Il se sentait ridicule. Au moment où il se demandait comment faire pour se sortir de cette situation avec dignité, Kelly entra, devançant la jeune femme dans la pièce. Dès qu'elle le vit, Claudia s'exclama :

— Oh ! Mon Dieu, Tom !

Kelly éclata de rire en disant :

— Avec moi, il a eu la version américaine.

La surprise figea Claudia sur place. Elle eut l'impression que le temps s'était arrêté.

Tom prit le parti de s'en amuser. Il sourit et dit :

— Bonjour, je suis content de vous revoir. Un fantôme n'aurait pas fait meilleur effet que moi, ce matin ! J'espère surtout ne pas vous déranger.

— Bonjour. Pardonnez-moi, mais votre visite est si inattendue. En plus de cela, il y a si peu de temps que je suis arrivée à New-York. Au-delà de la surprise, je suis vraiment très contente de vous revoir. Vous ne nous dérangez nullement.

L'arrivée d'Amanda interrompit la conversation. Kelly fit les présentations.

— Je vous présente Amanda, une amie de Claudia. Comme je vous le disais à l'instant, je les ai invitées à venir passer trois semaines de vacances chez moi.

Amanda, je te présente Tom. Il était venu à notre aide sur la plage après le passage du tsunami.

Les présentations d'usage faites, tout le monde prit place au salon tandis qu'Amanda se demandait pourquoi Claudia ne leur avait jamais parlé de ce bel inconnu qui les avait secourues. Elle se promit d'éclaircir ce mystère plus tard.

Après lui avoir servi un rafraîchissement, Kelly s'assit et demanda :

— Que nous valent la surprise et le plaisir de votre visite ? Vous m'avez dit en arrivant que vous souhaitiez m'entretenir au sujet de quelque chose qui vous tenait à cœur. De quoi s'agit-il ?

Depuis que Tom avait vu Amanda, ses craintes s'étaient envolées, et dès cet instant, il buvait du petit-lait. Il était quasiment certain que la jeune femme n'avait pas d'homme dans sa vie, puisqu'elle était partie une fois de plus en vacances avec une amie. Il répondit alors sans détour en regardant Claudia dans les yeux.

— Je savais depuis un moment déjà que vous alliez bien et j'attendais donc votre retour afin d'avoir des nouvelles de Claudia. On s'était quittés dans des conditions dramatiques. Je suis donc très content de la retrouver chez vous ce matin dans des conditions agréables ; j'espère qu'elle me permettra de la revoir pour discuter de choses et d'autres.

Claudia rougit puis baissa les yeux, avant de dire :

— Je serais ravie de vous revoir pour discuter.

— Merci, vous m'en voyez ravi, dit-il en se levant.

Je vais devoir vous demander la permission de me retirer. Je suis persuadé que vous devez avoir pas mal de choses à faire, ce matin. Je vous remercie pour l'accueil, bien que je sois venu à l'improviste, sans vous avoir téléphoné auparavant.

— Je vous en prie, ce fut un plaisir. Repassez quand vous voudrez, cela nous fera toujours plaisir, dit Kelly.

— Je vous raccompagne, dit Claudia en le devançant.

Une fois sur le pas de la porte, Tom lui dit :

— Merci de m'avoir raccompagné. Vous avez sans doute prévu de faire une foule de choses aujourd'hui, mais je me permets de vous inviter à dîner au River Café ce soir, en espérant que vous ne serez pas trop fatiguée après votre journée, bien sûr.

— Votre invitation me ravit.

— Cela me fait plaisir que vous ayez accepté mon invitation. Je passerai vous prendre ce soir aux environs de huit heures, si cela vous convient.

— Cette heure me convient. À ce soir !

— Je vous souhaite une bonne journée, dit-il en la saluant avant de descendre les marches du perron et de se diriger vers sa voiture stationnée dans la rue. La jeune femme referma la porte d'entrée après avoir répondu au dernier signe de main de Tom. Elle resta un moment adossée à la porte, le cœur battant. Lorsqu'elle se reprit, elle se dirigea vers la cuisine où elle entendait les deux jeunes femmes bavarder. Elles firent comme si de rien n'était. Claudia leur dit, un peu gênée, qu'elle dînait le soir avec Tom au restaurant.

Kelly se leva, l'air menaçant, tout en l'invectivant, la saisit par le bras, la tira vers une chaise et la fit asseoir.

— Asseyez-vous, jeune fille ! menaça-t-elle, Il va falloir nous raconter tout ce qu'on ne sait pas, mais qu'on devrait en principe savoir, sur vos relations secrètes avec ce garçon, dit-elle les mains sur les hanches, penchée au-dessus de Claudia.

Puis, ce fut au tour d'Amanda de se dresser devant elle, les bras croisés sur la poitrine avec un faux air sérieux et dur sur le visage en lui disant :

— On veut tout savoir. Comment, quand, et où vous vous êtes rencontrés, et surtout, pourquoi nous n'avons jamais été mises dans la confidence.

— Dans le cas contraire, vous serez consignée dans votre chambre ce soir, privée de sortie. Maintenant, on vous écoute, jeune fille, conclut Kelly en s'asseyant en même temps qu'Amanda, les yeux braqués sur Claudia qui finit par éclater de rire.

Elle leur raconta qu'ils s'étaient vus pour la première fois à l'aéroport de Paris lorsqu'elle attendait son vol pour Bangkok, puis la seconde fois sur la plage de Kho Phi Phi après le tsunami lorsqu'il était venu les réconforter, et, enfin la troisième fois, ce matin. Elle conclut en les assurant qu'il n'y avait rien de mystérieux et qu'elles se faisaient tout un film pour pas grand-chose.

Kelly et Amanda ne parurent pas convaincues par ces explications, mais elles décidèrent néanmoins de clore la parenthèse et de partir pour leur expédition sur Manhattan en attendant d'en savoir plus.

Pour rejoindre l'île, elles passèrent sur le célèbre pont suspendu de Brooklyn qui surplombe l'East River. Un peu plus tard, Kelly stationna dans un parking. Elles purent rejoindre la 5e avenue à pied. Comme dans toutes les grandes métropoles, la plupart des gens étaient pressés. Il y avait beaucoup de circulation, des embouteillages, du bruit. Ce qui frappait le plus, c'était la démesure de tout, celle des avenues, des affiches, des voitures, et celle des immeubles. On ne s'étonnait donc pas de croiser des géants dans les rues.

La 5e avenue était l'équivalent des Champs Élysées à Paris. La mythique avenue était bordée de luxueuses vitrines du nord au sud. Elle dessinait au centre de l'île une ligne de partage des rues et organisait l'espace urbain, cernée par des tours, comme celle du Musée d'Art Moderne, ou comme la Trump Tower, une tour de cinquante-huit étages et de deux cents mètres de hauteur, comprenant cinq étages de boutiques et un café disposé autour d'un atrium de marbre au 26e étage. Il y avait aussi Tiffany & Co, la plus célèbre des joailleries. On pouvait également voir la plus grande cathédrale catholique du pays qui ressemblait presque à une chapelle malgré ses cent-un mètres de hauteur.

Entre la 5e avenue et Madison Avenue, s'alignait une concentration de boutiques les plus luxueuses de la ville. L'immeuble LVMH, vingt-trois étages tout en transparence, dédié au luxe français, fascinait avec ses cent-douze mètres de hauteur. Non loin de là se trouvait le superbe building en granite rose de style anglais. C'était une tour de trente-cinq étages. Il y avait tant de choses à découvrir qu'une seule journée ne pouvait suffire pour tout voir.

Épuisées par leur longue promenade et les bras chargés de leurs multiples achats, elles prirent le temps de déjeuner tranquillement dans un restaurant de la 5e avenue. En fin d'après-midi, elles reprirent le chemin du retour en se promettant de revenir aussi souvent que possible pour se perdre dans la folie tourbillonnante d'activités et de dépenses de l'île de Manhattan.

Pendant la journée, Claudia pensa souvent au dîner inattendu en compagnie de Tom. Elle avait tant espéré le revoir sans vraiment y croire. Elle avait souvent rêvé de lui, surtout durant la période où elle se préparait pour son voyage.

Claudia l'avait gardé secrètement dans son cœur sans jamais en parler à ses amies, comme un trésor qui n'appartenait qu'à elle. La jeune femme était convaincue que les chances de le revoir étaient quasiment nulles, surtout dans une si grande ville. Il l'avait sans doute oubliée. Un homme comme lui ne devait pas être célibataire, pensait-elle avec regret tout en rêvant du contraire. Au pays des rêves, tout n'était-il pas permis ? C'est pourquoi elle était si heureuse que la providence ait permis si facilement leurs retrouvailles.

Elle s'était demandé par quelle magie il était arrivé là, ne sachant pas si elle était en train de rêver, ou si elle était en pleine réalité. Et, quand l'instant de surprise fut passé, elle n'avait eu qu'une envie, celle de courir se jeter dans ses bras, folle de joie. Quand il avait annoncé qu'il était venu pour elle, elle avait cru que son cœur allait s'arrêter de battre tant son émotion était grande.

Depuis, elle ne pensait qu'à ce dîner. Peu avant l'heure où Tom devait arriver, en début de soirée, la jeune femme rejoignit ses deux amies qui étaient en train de discuter au salon du programme du lendemain. Claudia était très tendue. Elle ressentait un mélange de joie et d'angoisse qui lui nouait l'estomac.

Elle avait pris le soin de se maquiller légèrement, ses longs cheveux auburn tombant librement sur les épaules. Sa jolie silhouette était drapée dans une jolie petite robe vert bouteille. Elle portait un petit sac noir assorti à des escarpins noirs à hauts talons. Dès que les deux jeunes femmes la virent, Amanda s'exclama :

— Tu es sublime !

— Tu m'enlèves les mots de la bouche, Amanda, dit Kelly.

Elle poursuivit :

— C'est quand même injuste que tu aies un rendez-vous galant avec l'un des hommes les plus séduisants de New-York, alors que tu viens à peine d'arriver dans la ville. Moi, j'y vis depuis des années, et je n'en ai pas encore trouvé un qui soit venu frapper à ma porte pour m'inviter. Le seul qui est venu, il est pour toi ! Franchement, Amanda, regarde-moi, tu ne trouves pas que je suis un canon de beauté, dit-elle en souriant, les yeux pétillants de malice.

Amanda, avec un faux air de sérieux, dit à Kelly :

— Je te trouve parfaite, sauf qu'il aurait fallu faire deux ou trois retouches pour l'être vraiment…

Puis, elle parut réfléchir, la tête penchée, les sourcils froncés, les doigts sur le menton et l'autre main sur la hanche.

— Non, tout compte fait dit-elle, il va falloir tout retoucher pour approcher du parfait.

Kelly, l'air outré, en colère, et faisant comme si elle manquait d'air, les mains sur les hanches, dit à son tour :

— Amanda, à partir de cet instant, considérez qu'il ne vous reste plus que quelques secondes à vivre. Je vous bannis du cercle privilégié de mes amies, ajouta-t-elle avec hauteur.

Claudia et Amanda éclatèrent de rire.

— Et si je te disais que tu es une très belle femme et que tous les hommes qui croisent ton chemin se traîneraient à tes pieds si tu le voulais ? Mais, comme tu es trop exigeante, aucun n'ose venir frapper à ta porte de peur d'être rejeté. Ta menace reste toujours en vigueur ? dit-elle en prenant une toute petite voix.

— Évidemment, dans ce cas, je pourrais revoir la menace à la baisse, et pourquoi pas, la supprimer, si tu promettais de nous faire un super repas, demain. J'ai entendu parler de tes talents d'excellente cuisinière. Je serais bien bête de ne pas en profiter. Qu'en penses-tu, jeune fille ? dit-elle avec un sourire de victoire.

— D'accord. Pour rester dans le cercle privilégié de tes amies, je suis prête à tout. Considère-toi déjà devant le plat que tu souhaites.

Le bruit de la sonnette d'entrée vint clore cet intermède qui avait permis à Claudia de se détendre. Elle s'en alla en riant et en leur faisant un petit signe de la main.

Les filles lui souhaitèrent de passer une bonne soirée en lui faisant comprendre qu'elles attendaient d'elle un compte rendu bien détaillé à son retour.

Tom la trouva très belle. Il lui dit avoir craint qu'elle ne fût trop fatiguée de sa journée de découverte à Manhattan, mais que l'éclat de son visage le rassurait. Ses compliments la firent rosir de plaisir. Claudia le trouva très élégant dans son ensemble sombre. Il portait un polo bleu nuit sous une veste noire.

Pendant le court trajet qui les mena au restaurant, Tom lui demanda comment sa journée s'était passée. Elle lui raconta leur visite à Manhattan. En arrivant, ils prirent place sur la terrasse du restaurant, et pendant qu'ils attendaient d'être servis, Tom lui demanda :

— Avez-vous un programme établi pour vos vacances ?

— Non, nous avons décidé de prendre les choses comme elles viennent et d'éviter de nous prendre la tête. Après tout, on est en vacances. Le mieux, pour en profiter, c'est de se laisser vivre et d'apprécier le temps qui passe, tranquillement. Et vous, êtes-vous en vacances ?

— Oui, depuis vendredi soir, pour trois semaines. Y a-t-il quelqu'un qui vous attend en France ?

— Non, dit-elle en baissant les yeux, surprise et gênée par cette question inattendue.

— Pardonnez mon indiscrétion, mais cette question me tenait à cœur dès l'instant où je vous ai vue à Paris.

Claudia le regardait en silence avec de grands yeux pleins de surprise.

— Vous en souvenez-vous ? lui demanda Tom. Peut-être me suis-je trompé en imaginant que quelque chose s'était produit entre nous ce jour-là ? dit-il en la regardant dans les yeux.

— Non, je me souviens de ce jour. Mais je croyais que tout cela n'était que le fruit de mon imagination, dit-elle en baissant de nouveau les yeux et en s'agitant légèrement sur son siège.

Il eut un sourire de satisfaction.

— Pourquoi partiez-vous en vacances en Thaïlande seule, sans le père de l'enfant que vous portiez ?

— Pour l'oublier et espérer prendre un nouveau départ. Et vous ?

— J'étais en voyage d'affaire. Je me rendais à Djakarta. Ensuite je devais rentrer à New-York pour les fêtes. Mais je décidai de partir à votre recherche sur l'île de Koh Phi Phi, puisque je vous avais entendu parler de votre destination au téléphone à votre mère.

Claudia l'écoutait parler, les yeux arrondis par la surprise.

— Je savais que, s'il y avait une chance de vous retrouver, c'était à Koh Phi Phi, avant de vous perdre de nouveau dans l'immensité du monde. Je suis arrivé l'après-midi du 25 sur l'île et je vous ai cherchée en vain.

— Nous étions parties le matin même pour la journée pique-niquer sur une petite plage peu fréquentée. On n'est rentrées qu'au coucher du soleil et on s'est mises au lit très tôt, ce soir-là.

— Je comprends pourquoi je ne vous ai pas vues. Le lendemain, 26 décembre, je suis parti me promener sur la plage, très tôt le matin, en espérant vous retrouver, cette fois-ci. C'est là que le tsunami a failli m'emporter, comme tant de personnes ce jour-là. La suite, vous la connaissez.

Pendant qu'ils discutaient, ils furent interrompus plusieurs fois par le serveur.

— Claudia, pourquoi n'as-tu pas laissé ton adresse en quittant l'hôpital ? Tu te doutais bien que je viendrais prendre de tes nouvelles après les moments difficiles qu'on avait passés ensemble, dit-il en la tutoyant pour la première fois, cherchant ainsi à être plus proche d'elle.

— Parce que je venais de vivre quelque chose de très dur et de terrible sur cette plage. Après avoir vu tant d'horreurs et perdu l'enfant que je portais, tout ce dont j'avais envie à ce moment-là, c'était d'être seule.

Je me sentais coupable et je m'en voulais pour tant de choses. Je traversais un moment difficile. Je me sentais perdue. Dans mon cœur, il n'y avait pas de place pour autre chose que la douleur et le chagrin.

En parlant, les larmes lui coulèrent sur les joues sans qu'elle ne s'en rendît compte. Tom lui prit la main doucement. Son cœur débordait d'amour pour elle. Il aurait voulu pouvoir la prendre dans ses bras pour la consoler, mais il ne voulut pas la brusquer.

— Je suis désolé de faire remonter tant de souffrance. Je n'ai jamais cessé de penser à vous. Pendant deux jours, je suis repassé à l'hôpital espérant avoir de tes nouvelles, en vain. Je finis par comprendre que le seul moyen de te retrouver, c'était de rentrer à New-York et de retrouver Kelly, qui me conduirait sans doute vers toi.

C'est ce que je fis en engageant un détective privé grâce à qui j'ai pu venir frapper à votre porte ce matin sans savoir que tu y étais. Tu ne peux pas imaginer mon bonheur, ce soir, d'être en ta compagnie.

Après s'être remise de ses émotions, elle sécha ses larmes avec un mouchoir qu'elle prit dans son sac.

— Je suis touchée par ce que tu es en train de m'apprendre, et cela me fait plaisir. J'étais loin de l'imaginer. Il est vrai que j'ai eu à surmonter une dure épreuve après le tsunami, mais aujourd'hui ça fait partie du passé, même si je ne pourrai jamais oublier ce que j'ai vécu là-bas. Le plus dur est passé, heureusement.

— Claudia, dit-il le visage grave sans la quitter des yeux, je ne souhaite pas passer un bon moment avec toi, parce que je ne souhaite pas avoir une simple aventure avec toi. Je pense que tu t'en aies aperçu. Je veux plus. Et tu t'en doutes, n'est-ce pas ?

— Oui, répondit-elle.

— Je ne veux pas non plus que ma sincérité t'effraie dès le premier soir. Je voudrais juste que tu y réfléchisses et que tu saches que tu peux me faire confiance. J'ai éprouvé à ton égard des sentiments très forts dès la première fois que je t'ai vue. Je me suis rendu alors compte que j'étais prêt à vivre une vraie histoire d'amour avec toi. Mais j'ai besoin que tu sois sincère, même si je dois en souffrir. J'ai envie de donner et recevoir de l'amour, et non de la pitié. Je souhaite donc que tu y réfléchisses. Je ne veux pas te donner l'impression de te brusquer, ni de te forcer la main. Mais, depuis que j'ai croisé ton chemin, je n'ai fait que te perdre et te rechercher. C'est pourquoi je profite de cette soirée inespérée pour te parler sincèrement. Si je te perdais de nouveau, c'est qu'il serait écrit quelque part qu'on n'est pas fait pour vivre ensemble, et qu'il est inutile que je parte une fois de plus à ta recherche.

Lorsqu'il eut fini de parler, Claudia lui dit qu'elle comprenait ce qu'il voulait dire et qu'elle lui promettait d'y réfléchir. Tom lui proposa de passer la chercher le lendemain matin pour qu'ils passent la journée ensemble à Manhattan. La jeune femme fut ravie de cette invitation.

Plus tard, il la reconduisit chez elle et lui souhaita une bonne nuit sur le perron en lui déposant un délicat baiser au coin des lèvres. Il repartit dans la nuit, le cœur léger et heureux.

La maison était silencieuse lorsqu'elle arriva. Les filles devaient dormir, sans doute depuis un bon moment, pensa-t-elle en montant dans sa chambre. Elle alla se coucher à son tour, la tête dans les étoiles, repensant à cette journée qui avait commencé comme une journée ordinaire mais finalement s'était transformée en un jour incroyable et merveilleux. Un jour qui était en train de dessiner les contours de sa vie amoureuse à venir. Elle s'endormit en pensant à la journée qu'ils passeraient ensemble le lendemain.

Le matin, Claudia se leva assez tôt et prit son petit-déjeuner avant de se préparer pour sa sortie avec Tom. Elle retrouva Kelly et Amanda un peu plus tard en train de prendre à leur tour leur petit-déjeuner. Elle leur apprit qu'elle allait leur fausser encore compagnie ce matin pour passer la journée avec Tom.

— Je suis désolée de vous abandonner une fois de plus, les filles, mais c'est pour la bonne cause. J'espère que vous ne m'en voulez pas.

— Ne t'inquiète pas, nous te comprenons. Si vous passez la journée ensemble, c'est que le dîner s'est bien passé, n'est-ce pas ? dit Kelly en lui faisant un clin d'œil. Mais, malgré toute la compréhension du monde, j'espère qu'il ne va pas t'enlever tous les jours. Sauf, bien sûr, s'il a des copains disponibles comme lui ! Essaie de faire une petite enquête à ce sujet.

— Tu nous tiens ensuite au courant afin qu'on puisse passer à l'offensive, lui dirent-elles en faisant de nouveaux clins d'œil. Tout cela, bien sûr, si tu rentres ce soir à la maison. Au rythme où ça va entre vous, on ne sait jamais ! Un probable accident peut arriver, t'empêchant de rentrer à temps avant la fermeture des portes. La nuit, méfiez-vous, jeune fille ! Ne vous faites pas dévorer par le loup, dit Amanda.

— Tu viens de lire dans mes pensées, Amanda, dit Kelly en échangeant un sourire de connivence avec elle.

— Pour qui me prenez-vous ? dit Claudia avec véhémence.

— Pour une femme en train de tomber amoureuse, si ce n'est déjà fait, dirent-elles en chœur et en riant de plus belle.

— Parlons d'autre chose, dit Claudia pour détourner la conversation qui commençait à la mettre mal à l'aise. Et vous, qu'avez-vous prévu de faire aujourd'hui ?

— Farniente, et peut-être une promenade dans le quartier, ce soir.

Lorsque Tom vint la chercher quelques instants plus tard, les filles leur firent coucou par la vitre de la cuisine.

Une fois à Manhattan, Tom l'emmena à travers le Rockfeller Center. Ils visitèrent ensuite la cathédrale Saint-Patrick. En début d'après-midi, ils déjeunèrent en terrasse puis allèrent visiter le MOMA après avoir longé Madison Avenue, Time Square et ses immenses panneaux publicitaires illuminés.

Tom se comporta comme un parfait guide. Sa connaissance de l'histoire de sa ville impressionna la jeune femme. Il savait rendre chaque chose intéressante par les détails et par les anecdotes qu'il racontait. Le soir venu, ils prirent le chemin du retour tout en discutant.

— Claudia, tu n'es pas trop fatiguée ? demanda-t-il.

— Si, un peu, mais j'ai passé une belle journée en ta compagnie. Je crois savoir assez de choses sur l'histoire de Manhattan pour ouvrir une école de tourisme, grâce à mon extraordinaire guide, dit-elle en souriant.

— Tout le plaisir fut pour moi, belle dame. Votre compagnie me pousse à me surpasser, dit-il en faisant un clin d'œil.

Je pense qu'il est préférable que je ne vienne pas demain et que je te laisse en compagnie de tes amies pour éviter qu'elles ne finissent par m'en vouloir de les priver de toi. Mais j'aimerais qu'on puisse se voir après-demain, si tu le souhaites également. On pourrait dîner et ensuite aller au théâtre de Broadway. Qu'en penses-tu, Claudia ?

— C'est une bonne idée. Ça me plairait d'y voir un spectacle. J'ai hâte d'y être.

— J'ai envie de partager beaucoup de choses avec toi afin qu'on puisse mieux se connaître. Je voudrais te présenter à mes deux meilleurs amis, si tu es d'accord.

— J'en serais ravie. Ainsi j'apprendrai à connaître plus vite tes défauts, dit Claudia en riant.

— Tiens, tiens, tu me donnes des idées. Je n'y avais pas encore pensé, mais comme tu viens de m'en donner l'idée, je ferai de même avec tes amies. Les choses pourront aller encore plus vite. Je pense que tu n'y verras pas d'inconvénient, dit Tom en échangeant un regard malicieux avec Claudia.

Cet échange les fit rire aux éclats. Comme la veille, il lui fit un doux baiser au coin des lèvres avant de s'en aller.

Claudia trouva la maison vide en arrivant. Elle monta dans sa chambre pour se reposer un moment avant le retour de ses amies. Allongée sur le lit, elle se laissa bercer par le bruit de la rue. Elle finit par s'endormir. Ce fut Amanda qui la réveilla en tapant à sa porte. Elles se retrouvèrent finalement toutes les trois assises sur le lit de Claudia à parler de leur journée. La jeune femme leur raconta tout ce que Tom lui avait dit la veille au dîner, et toute la joie que cela lui avait procurée. Les filles étaient contentes de la savoir si heureuse de sa nouvelle relation.

Le lendemain, elles firent la visite de Greenwich Village, Soho et Chinatown, enclave ethnique et authentique de l'île de Manhattan. Claudia pensa souvent à Tom, se demanda ce qu'il faisait de sa journée.

Tom, lui, se rendit chez Nathan. Il avait envie de parler à ses amis de ce qu'il vivait en ce moment. Il leur avait parlé de Claudia et de ce qu'il éprouvait pour elle à son retour de Thaïlande. Il se souvenait encore de leur stupeur par rapport à ce qu'il avait vécu lors du tsunami et de leur incompréhension concernant son obstination à courir après une inconnue rencontrée dans un aéroport, lui si raisonnable en général. Ils espéraient que sa folie serait passagère. Dans le cas contraire, lui dirent-ils, ils se chargeraient eux-mêmes de le faire interner, pour son bien !

En arrivant devant chez Nathan, il stationna en face de la maison. C'était une belle demeure de style *riversal* dans un quartier résidentiel de Manhattan. Tom traversa le jardin en passant par l'allée qui menait sur la grande terrasse. Nathan vint à sa rencontre. Ils se dirigèrent vers le salon.

— Assieds-toi Tom. Que veux-tu boire ? demanda-t-il en se dirigeant vers le bar.

— Un cocktail.

Pendant qu'il servait les boissons, Nathan lui dit :

— Et si on se retrouvait samedi après-midi tous les trois pour passer le temps ? On se ferait une grillade comme avant, et, ensuite, on passerait le reste de la soirée devant un feu de bois. Qu'en penses-tu ?

— C'est une très bonne idée. Mais je ne viendrai pas seul. Je profiterai de l'occasion pour vous présenter Claudia, la jeune femme dont je vous ai parlé, un jour.

— Je m'en souviens. Je vois que tu es allé au bout de ta folie. J'espère que tu sais ce que tu fais, dit-il en lui tendant son verre et en prenant place sur le fauteuil en face de lui.

— Ne t'inquiète pas pour ça, tu sais qui je suis.

— Oui, mais je sais aussi que tu as cette jeune personne dans la peau, et que, dans ces cas-là, notre jugement peut être faussé par nos sentiments. Depuis combien de temps vous sortez ensemble ?

— Je suis tout à fait lucide. Mais, comme tu sais, j'ai toujours fait confiance à mon instinct.

Il lui raconta comment ils s'étaient retrouvés.

— Qu'est-ce que tu attends d'elle, concrètement ?

— Peut-être beaucoup trop de choses. Je n'en sais rien, ou plutôt si, mais je ne sais pas si elle est prête pour ça.

— Mais lui as-tu parlé de tes intentions ? Penses-tu qu'elle soit prête pour ce que tu attends d'elle ?

— Elle connaît mes intentions, mais je lui ai dit de prendre le temps de réfléchir. Je ne veux pas lui faire peur, ou qu'elle ait l'impression que je lui force la main.

— Penses-tu pouvoir lui faire confiance et, surtout, le plus important, penses-tu qu'elle partage les mêmes sentiments que toi ?

— Je suis sûr de ses sentiments et de son honnêteté. De cela, je n'ai aucun doute. Lorsque tu la verras, tu comprendras pourquoi j'ai confiance en elle, et pourquoi je l'aime.

— Comment envisagez-vous la suite de votre histoire puisque vous vivez sur deux continents différents ? Je suppose que vous en avez déjà parlé, Tom !

— Bien sûr que j'y pense souvent, dit-il en se levant brusquement et en mettant nerveusement ses mains dans les poches.

Puis, il marcha vers la baie vitrée en disant :

— C'est la seule zone d'ombre dans notre histoire. C'est d'ailleurs pourquoi on n'en a pas encore parlé, peut-être par peur des décisions qu'il nous faudrait prendre. Je sais bien qu'à un moment donné, il nous faudra en parler. Je suis certain qu'on le fera le moment venu.

— Bon, j'espère que tout va bien se passer pour vous. Pourquoi tu ne l'inviterais pas, elle et ses amies, à se joindre à nous ce week-end ? La maison est assez grande pour que chacun puisse y trouver sa place.

— C'est une très bonne idée. Je lui en parlerai demain. Quand j'aurai leur réponse, je t'appellerai.

Quelques heures plus tard, après qu'ils aient parlé d'affaires en mangeant un sandwich, Tom rentra chez lui, content de sa discussion avec son ami. Tom appréciait beaucoup Nathan. C'était un garçon sérieux et sympathique sur qui on pouvait compter. Il avait cette force tranquille qui faisait penser à un éléphant. Tom se réjouissait que Nathan les ait invités tous chez lui ce week-end. Il espérait qu'ils passeraient un bon moment.

Le lendemain soir, Tom vint chercher Claudia. Ils dînèrent dans un restaurant de Broadway avant de se rendre au spectacle. Il lui parla de l'invitation. Naturellement, Claudia en fut ravie. Elle lui promit d'en parler à ses deux amies et de lui faire part de leur réponse par la suite.

Pendant le spectacle, ils s'amusèrent. Sur le chemin du retour, il régnait dans la voiture une douce émotion qui semblait vouloir les pousser dans les bras l'un de l'autre. Lorsque la voiture s'arrêta, un léger voile parfumé des senteurs ensorcelantes du désir charnel les enveloppa. Pendant quelques secondes, le temps sembla suspendu. Seule la mélodie qui s'échappait de l'appareil de musique se faisait entendre. Ils se regardèrent pendant un moment dans les yeux, le cœur palpitant et le souffle court. Puis, Claudia baissa les yeux. Elle faisait le geste d'ouvrir la portière quand Tom la retint par la main. Elle regarda la main chaude de Tom tenant sa main enfermée dans la sienne. Une vague de chaleur monta le long de son corps. Elle leva les yeux et laissa son regard se perdre dans le sien. Ils se rapprochèrent lentement. Lorsque leurs yeux se fermèrent, la douce chaleur humide de leurs lèvres se mêla en un long baiser tendre et doux, tandis que leurs mains s'égarèrent en de douces caresses. Après ce long baiser enivrant, ils échangèrent un tendre regard qui parlait pour leur corps. Puis, il s'éloigna d'elle avec regret, descendit de voiture, et vint lui ouvrir la portière. Il la raccompagna comme les soirs précédents devant la maison, mais, cette fois-ci, il la quitta après un baiser langoureux et profond. Il s'en alla après lui avoir laissé une légère caresse sur la joue, comme une promesse dans la nuit, laissant leur corps se consumer de désirs inassouvis et de l'attente de cet assouvissement.

Leurs retrouvailles, le lendemain matin, commencèrent par un tendre regard échangé et par un doux baiser langoureux qui confirmaient que leur relation avait pris une nouvelle direction.

Ils se promenèrent dans Central Park, main dans la main, riant de tout, échangeant quelques baisers aussi délicats qu'un vol de papillon. À l'heure du déjeuner, ils pique-niquèrent sur la pelouse à l'ombre d'un arbre. Claudia lui fit savoir que ses copines étaient contentes à la perspective du week-end. Elle était joyeuse. Son visage était éclatant. Elle était comme il l'avait toujours rêvée.

Tom se laissa prendre au jeu de ses émotions et de ses sens. Il la regarda intensément et lui dit d'une voix légèrement voilée :

— Claudia, je te désire. Je te désire avec une telle force que j'en souffre. Depuis la première fois que je t'ai vue, j'ai eu envie de toi. Je voudrais qu'on passe toute la soirée ensemble chez moi, si tu le désires autant que moi. Je ne veux pas te brusquer. Si tu ne te sens pas prête, dis-le-moi. Je saurai attendre, ne t'inquiète pas.

Claudia lui répondit en rougissant, les yeux fixés sur la nappe :

— Moi aussi, je te désire autant que tu me désires, et j'ai honte de te le dire. J'ai espéré cet instant depuis des mois, ne sachant pas si je te reverrais un jour. Mais maintenant que ce moment est enfin arrivé, je meurs d'angoisse comme une jeune fille à son premier rendez-vous.

Tom lui prit les mains et lui dit :

— Claudia, regarde-moi. Tous les deux, on a attendu cet instant depuis longtemps. C'est normal qu'on soit si troublés, et en même temps si angoissés, parce qu'à notre désir se mêle l'amour.

Il la prit dans ses bras et ils s'embrassèrent avec passion. L'après-midi, ils visitèrent le zoo de Central Park. Il faisait beau et beaucoup de monde se promenait, en couple ou en famille.

Après avoir dîné à une terrasse, dans la fraîcheur du soir, ils s'en allèrent main dans la main pour rejoindre la voiture. En chemin, ils se laissèrent bercer par la douce mélodie de *Fly me to the moon* chantée par Nat King Cole. La mélodie ensorcelante continua à les envelopper du voile subtilement parfumé aux senteurs dangereuses de la tentation et de l'amour, les poussant ainsi vers l'apaisement du désir qui consumait leur corps.

Lorsqu'ils furent dans l'appartement et que la porte se referma sur eux, Tom lui prit la main et la mena au salon. Il y alluma une lampe qui diffusait une lumière tamisée et chaleureuse.

Il lui prit son sac des mains pour le déposer sur un fauteuil. Il se glissa derrière elle. D'une main il enserra sa taille, lui faisant épouser la forme de son corps, de l'autre, il traça tout le long de son cou une ligne invisible que suivaient ses lèvres chaudes jusqu'au creux de son épaule. Claudia frissonna de plaisir. De sa main qui l'enlaçait, Tom la fit pivoter afin de lire dans son regard le désir qui la consumait et de pouvoir se laisser ensorceler par les magnifiques yeux verts de la jeune femme que le désir faisait scintiller comme des pierres précieuses.

Ils s'embrassèrent. Il la prit dans ses bras et l'emporta dans la chambre où ils laissèrent libre cours à leur passion. Lorsqu'ils se retrouvèrent nus, il l'embrassa fougueusement tandis que sa main qui la caressait descendit le long de son corps jusqu'à ce que ses doigts se perdent dans son intimité moite et tiède. Elle poussa un cri qui sonna comme une chanson envoûtante aux oreilles de Tom. Ils se regardèrent et virent toute la force de leur désir dans leurs yeux.

Leurs lèvres se mêlèrent de nouveau, puis il commença à descendre le long de son corps, effleurant de ses lèvres humides chaque parcelle de peau, s'arrêtant un doux moment sur chaque bout de ses seins, la faisant gémir de plaisir. Au fur et à mesure que les lèvres de Tom se rapprochaient de ses parties intimes, la respiration de Claudia devenait plus saccadée, ses gémissements plus profonds et plus longs. Quand la langue de Tom s'y perdit, la chambre se transforma en un lac de gémissements et de soupirs. Puis, il la reprit dans ses bras et ils s'embrassèrent à perdre haleine.

Claudia le repoussa doucement et se mit à califourchon sur lui, couvrant à son tour de baisers le corps de Tom et descendant jusqu'en bas. De ses mains, elle lui fit des massages qui le firent à son tour gémir de plaisir. Lorsqu'il la sentit le prendre dans sa bouche chaude et humide, son plaisir devint si intense que le haut de son corps se tordait au gré des sensations. Enfin, n'en pouvant plus, consumé de plaisir, il la reprit violemment dans ses bras et mêla son corps au sien. Ils ne firent plus qu'un, dans des râles et dans des cris de plaisir, jusqu'à atteindre l'extase absolue.

Ainsi, toute la nuit, ils assouvirent leurs désirs, passionnément.

Chapitre V

Le soleil brillait déjà sur Manhattan lorsque Claudia sortit du lit, attirée par une bonne odeur qui lui faisait prendre conscience de la faim qui la tenaillait. Elle comprit que Tom était déjà levé. Elle se précipita dans la salle de bain pour y prendre une douche. Guidée par l'odeur du café, elle descendit les marches de l'escalier métallique et arriva au salon. C'était un grand appartement aux couleurs et à la décoration très masculine.

La couleur prédominante était le gris. Le grand mur du salon était peint en gris parme, traversé de part en part d'une longue bande faite de plaquettes de parement en fine ardoise. Tout contre ce mur, il y avait un long meuble bas, de couleur blanc crème sur lequel était posée une grande télé noire à écran plat, il s'y trouvait également deux lampes bicolores noires et blanches et des cadres de photos de la même couleur.

Entre ce meuble et le grand canapé noir, se trouvait une table basse ovale couleur acier. Le sol était recouvert d'un magnifique tapis gris souris. Une grande baie vitrée traversait l'une des façades donnant une vue magnifique sur la ville. À l'autre bout de la pièce se trouvait la salle à manger, montée sur une estrade de deux marches et recouverte d'un tapis blanc sur lequel il y avait une longue table rectangle entourée de ses six chaises très droites. L'ensemble était en bois laqué peint en noir, faisant face à une cuisine ouverte de couleur blanche et acier.

Claudia trouva Tom déjà lavé et habillé en train de faire des pancakes. Il l'entendit arriver. Il se retourna, puis lui sourit avant de la prendre dans ses bras et de déposer un doux baiser sur ses lèvres.

— Bonjour, belle dame. J'espère que vous avez très faim. J'ai préparé un petit-déjeuner gargantuesque.

— Très cher, auriez-vous des dons de voyance ? Vous avez deviné mes pensées. C'est exactement de ça dont je rêvais ce matin, dit-elle en lui rendant son baiser.

Elle regarda avec gourmandise toutes les bonnes choses qu'il avait faites et lui dit avec un faux air d'interrogation :

— Je me demande d'ailleurs pourquoi j'ai si faim, pas vous ?

— Oui, maintenant que vous le dites. Figurez-vous, Madame, que j'en étais à me poser la même question à mon sujet lorsque je découvris au saut du lit, avec étonnement, l'ampleur de ma faim.

Se peut-il que l'on soit tous les deux atteints du même mal, très chère ? dit-il en la regardant avec un air trop sérieux pour être vrai et qui finit par faire pouffer de rire Claudia.

Tom sourit et vint la prendre par la taille en disant :

— Je pense que pour découvrir la clé du mystère, il sera fortement recommandé de faire une reconstitution des faits, ce soir. Ainsi, demain matin, nous n'aurons plus aucun doute sur le sujet. Qu'en pensez-vous ? demanda-t-il en la fixant d'un regard ardent et plein de promesses.

La jeune femme rosit de plaisir. Elle était heureuse de savoir qu'il n'avait pas envie qu'ils se quittent après leur nuit tumultueuse et pleine de sensualité.

— Je pense que c'est la meilleure décision qu'on puisse prendre dans un cas comme celui-ci, répondit-elle en le dévorant des yeux.

Ils s'embrassèrent tendrement. Tom la conduisit vers sa chaise et servit le petit-déjeuner. Claudia se régala de ce repas très américain qu'il avait préparé.

Claudia appela ensuite ses copines pour les prévenir qu'elle ne rentrerait pas avant le lendemain matin. Elle fut bien contente de tomber sur le répondeur, ce qui lui permit d'échapper aux moqueries des deux jeunes femmes. Elles adoraient la mettre dans l'embarras.

Tom et Claudia passèrent une bonne partie de la journée à se promener main dans la main dans des endroits calmes, comme les jardins et les petites rues authentiques. Ils déjeunèrent dans un restaurant très agréable.

Le soir, ils préparèrent un repas. Ils dînèrent en savourant le bonheur d'être ensemble. Et, lorsque vint le moment où le mystérieux parfum du désir commença à se répandre autour d'eux, ils dansèrent au son d'une douce mélodie, devant la grande baie vitrée qui leur livrait la vision magique des mille et une lumières de Manhattan à leurs pieds, tel un présent insaisissable aussi brillant que l'éclat d'un diamant.

Tendrement enlacés, enveloppés par le doux voile soyeux du désir, ils se laissèrent enivrer, laissant leur esprit s'envoler avec légèreté. Leur imagination laissa libre cours à leurs sens jusqu'au bout de la nuit, donnant vie à la sensualité, sœur jumelle de l'érotisme, du désir et de l'amour.

Le matin, après un savoureux petit-déjeuner pris ensemble, Tom la ramena à Brooklyn. En arrivant, la jeune femme trouva la maison vide. Elle monta se changer. En redescendant, elle eut l'idée de concocter un bon repas, elle voulait faire une agréable surprise à ses copines, lorsqu'elles rentreraient.

Claudia sorti un poulet du réfrigérateur. Ensuite, elle le badigeonna d'un savant mélange de moutarde, de poivre, d'ail, de paprika, de sel et d'huile. Puis elle le mit à rôtir au four. Pendant que le poulet cuisait tout doucement, elle entreprit de faire cuire à la vapeur un mélange de légumes surgelés avant de les faire revenir dans un peu d'huile avec un gros oignon, assaisonné de persil, de curry, de moutarde, et pour terminer elle lia le tout avec de la crème fraîche et un verre d'eau.

Puis elle fit cuire du riz à la vapeur après l'avoir débarrassé de son amidon en le lavant à plusieurs reprises sous l'eau, et pendant que le poulet cuisait, elle arrêta la cuisson de la sauce afin de la réchauffer à la dernière minute juste avant de passer à table.

Satisfaite de son travail, elle alla s'allonger sur le canapé du salon, savourant ainsi le calme qui régnait dans la maison, parfumée des bonnes odeurs qui émanaient de la cuisine.

Le silence étant propice à la réflexion, les souvenirs de ces derniers jours commencèrent à défiler dans sa tête comme un film. Elle pensa au bonheur qu'elle vivait en ce moment avec Tom. Elle était heureuse qu'ils se soient retrouvés et surtout qu'ils aient éprouvé l'un pour l'autre le même sentiment. Cependant, une pensée triste s'insinua dans un coin de son esprit, une pensée qu'elle avait préféré refouler durant les derniers jours de peur qu'elle ne remette leur bonheur en cause.

Mais là, dans le silence, cette vérité incontournable retentissait involontairement dans sa tête, l'obligeant à penser au-delà des moments magiques qu'ils vivaient ensemble depuis quelques jours, à savoir les choix qu'elle serait amenée à faire si elle voulait que leur histoire perdure.

Au fil des jours, elle voyait approcher inexorablement la fin des vacances, et elle redoutait les décisions qu'elle serait obligée de prendre. Elle était consciente que, quelle que soit sa décision, elle en éprouverait du déchirement.

Ils n'avaient jamais évoqué ce problème. Chacun d'eux redoutait ce moment qui n'allait pas tarder à arriver, les vacances touchant à leur fin, annonçant le temps de la séparation et des décisions à prendre concernant l'exil de l'un d'eux. Ce serait inévitable s'ils voulaient vivre ensemble leur amour.

Claudia en était là de ses réflexions quand elle entendit la porte d'entrée s'ouvrir. Elle se redressa en entendant la voix de Kelly.

— Quelle bonne odeur, nous serions-nous trompées de maison, Amanda ?

— Je ne pense pas. Mais il se peut qu'une certaine personne cherche à se faire pardonner de nous avoir abandonnées pendant deux jours et deux nuits, tu ne crois pas ?

— Si, maintenant que tu le dis, je pense que c'est fort probable.

Claudia sourit en les entendant, et vint à leur rencontre.

— Détrompez-vous, les filles. Je voulais juste qu'on partage un bon repas ensemble, même si je m'en veux de vous avoir laissées un peu tomber ces jours-ci. Mais quelque chose me dit que vous auriez fait pareil à ma place. N'est-ce pas, les filles ? dit-elle avec un regard moqueur.

Kelly et Amanda échangèrent un regard de connivence. Puis Kelly dit :

— Pas du tout. Tu te trompes. Si nous avions la chance que l'un des hommes les plus séduisants de la ville nous invite à sortir avec lui, on refuserait sans réfléchir. N'est-ce pas, Amanda ?

— Bien sûr, sans l'ombre d'un doute. Non seulement ça, mais en plus, on ne s'en mordrait même pas les doigts, et pas un instant on ne se sentirait stupide. N'est-ce pas, Kelly ?

— Oui, exactement. Même qu'on n'en pleurerait pas lorsqu'on se retrouverait toutes seules comme des idiotes.

— Je pense donc, finalement, que j'ai bien fait de suivre mon intuition, dit-elle de bonne humeur. Venez, il va être temps de penser à manger. Je ne sais pas pour vous, mais moi, mon ventre crie famine.

— Oui, bien sûr Claudia ! On n'en doute pas, dirent Kelly et Amanda en éclatant de rire.

— Kelly et moi sommes très contentes que tout se passe bien entre Tom et Toi. Vous le méritez vraiment. Même si c'est vrai que nous aurions aimé t'avoir plus souvent avec nous. Mais surtout, ne t'inquiète pas pour nous. Kelly et moi, nous passons de bons moments à arpenter la ville et à faire des rencontres. N'est-ce pas, Kelly ?

— Bien sûr ! En parlant de rencontre, Claudia, te souviens-tu du jeune Anglais dont je t'avais parlé lorsqu'on était à Bangkok ?

— Oui, je m'en souviens. Je crois que tu m'avais parlé d'une balade en bateau en sa compagnie.

— Exactement. Figure-toi que ça fait deux jours que nous parcourons la ville avec lui et ses amis, depuis qu'il m'a reconnue devant une vitrine de Broadway.

Imagine ma surprise quand je l'ai vu venir vers moi. Il nous a emmenées ensuite prendre un verre et m'a appris qu'il vivait maintenant à New-York. Depuis ce jour, on ne se quitte plus. Le soir même, nous sommes allés voir un spectacle de jazz à la mythique salle de concert de l'*Apollo Theatre* de Harlem où ont débuté les plus grands noms du jazz. Deux de ses amis nous y ont retrouvés.

Hier, nous avons passé la journée avec eux à Greenwich village et avons poursuivi la soirée au *Loew's State Theatre* à Broadway après le dîner. Et ce soir, nous allons au *New-York City Center* en leur compagnie. Ils sont vraiment très sympathiques. On ne peut pas rêver mieux pour des vacances de folie. Tu devrais te joindre à nous, ce soir, si tu n'as rien prévu.

— Non, c'est gentil, les filles, une autre fois peut-être. Ce soir, j'ai envie d'être seule pour réfléchir à pas mal de choses. Je suis vraiment très contente de savoir que vous vous amusez bien. Du coup, je culpabilise moins.

— Comme tu voudras. En parlant de s'amuser, pourquoi n'appellerais-tu pas Tom pour lui demander s'il est possible que nous venions en compagnie de Matthew à la soirée de son ami ?

— Pourquoi pas. Je lui en toucherai un mot au téléphone ce soir. Vous devriez demander à Matthew si ça lui plairait de se joindre à nous samedi soir. Je suis certaine que Tom n'y verra pas d'inconvénient. Parle-moi un peu de ce jeune Anglais qui tombe au bon moment.

— Il s'appelle Matthew Alister. Il a trente-six ans. Il travaille pour un journal et vit depuis janvier à New-York. Matthew est vraiment quelqu'un de très sympathique.

Après le repas, elles préférèrent rester dans la fraîcheur de la maison plutôt que d'affronter la chaleur humide qui régnait en ville. Tom appela Claudia le soir. Elle en profita pour lui parler de Matthew. Sans hésiter, il lui confirma que sa présence ne poserait aucun problème, ce qui réjouit Kelly.

Quelques heures plus tard, après le départ des jeunes femmes, Claudia monta s'allonger sur son lit et savoura l'instant de tranquillité. Elle s'endormit dans le silence de la nuit et ne sut même pas quand ses deux amies rentrèrent de leur soirée.

Le samedi, elles firent toutes la grasse matinée. L'après-midi, elles quittèrent Brooklyn un peu plus tôt parce qu'elles devaient d'abord passer chercher Matthew au pied de son immeuble.

Ils s'étaient mis d'accord pour un covoiturage, puisqu'ils se rendaient au même endroit.

Lorsqu'ils arrivèrent chez Nathan, il y avait déjà deux voitures stationnées devant la maison. Il habitait un charmant quartier résidentiel très tranquille. La porte d'entrée était ouverte. Kelly stationna à son tour sa voiture.

Pour rejoindre la grande maison blanche, elles longèrent un jardin traversé d'un chemin de pas japonais. De part et d'autre du chemin, il y avait de grands arbres très ombrageux.

Quand ils arrivèrent à hauteur de la maison, les trois hommes vinrent à leur rencontre. Ils étaient tous habillés très simplement, de jeans et de chemises à manches courtes, ainsi que de tennis. Matthew arborait le même style, tandis que les filles portaient des robes longues et évasées en coton, à motifs floraux, légèrement dénudées vers le haut et terminées par de jolies espadrilles ouvertes.

Chacun portait un petit sac contenant ses affaires de nuit et de rechange. Tom prit Claudia par la main après lui avoir donné un doux baiser, et il fit les présentations d'usage. Nathan les conduisit au premier. Kelly et Amanda occupèrent une chambre, Claudia et Tom partagèrent une deuxième chambre. Neil et Matthew occupèrent chacun une autre chambre.

Ils se retrouvèrent sur la pelouse une heure plus tard. Dans un coin du jardin se trouvait le barbecue. Sur la table étaient disposées un certain nombre de boissons.

Ils discutèrent pour faire plus ample connaissance, buvant autour du barbecue pendant que Nathan surveillait la cuisson des côtes de bœuf et de porc.

À la nuit tombée, après avoir fini de déguster la viande et les délicieuses *potatoes* parfumées aux herbes, les hommes allumèrent un feu de bois autour duquel chacun s'installa. Les flammes se mirent à danser dans le foyer répandant une douce chaleur qui réchauffait la belle nuit étoilée qui s'était un peu rafraîchie.

La voix de Claudia s'éleva dans la nuit se mêlant aux crépitements du bois, comme pour les désenvoûter du pouvoir hypnotique des flammes.

— Je suis étonnamment surprise de vous entendre tous parler français aussi bien et avec la même teinte de votre charmant accent. J'ai toujours entendu dire en France que les Américains ou les Anglais ne faisaient aucun effort pour parler français.

De bonne humeur, ils rirent tous de ce qu'elle venait de dire.

— C'est aussi ce que pensent les Américains des Français, dit Nathan, ce qui fit rire encore plus tout le groupe.

Puis il ajouta :

— Pour ma part, je suis avocat dans le domaine des affaires, ce qui m'oblige à rencontrer des gens de diverses parties du monde. Il est donc primordial pour moi de pouvoir comprendre et m'exprimer correctement dans plusieurs langues afin d'éviter les problèmes qui pourraient survenir d'un mauvais emploi des termes. Comme vous pouvez vous en douter, le droit est un domaine où chaque mot, chaque terme, revêt une importance capitale pouvant faire perdre ou gagner un procès, de même que perdre ou gagner beaucoup d'argent.

— Comme tu le sais, dit Tom, mon travail m'amène à beaucoup voyager pour négocier des contrats. Je suis donc également obligé de comprendre plusieurs langues, afin d'avoir plus de crédibilité et de rassurer mes contacts. De nous trois, c'est Neil qui ne parle que l'anglais, dit Tom en souriant et en le regardant.

— *Exactly*, dit-il, moi je suis fâché avec les mots qui ne sont pas anglais. Je comprends un peu le français, mais c'est très difficile pour moi de le parler.

— Je parle aussi bien l'anglais que vous ne parlez français, Neil, dit Claudia. Je pense que, dès mon retour, je vais m'inscrire à un cours intensif. Je n'aurai pas toujours la chance d'être en présence de personnes qui, comme vous, comprennent parfaitement le français dans un pays anglophone.

— C'est une bonne résolution, Claudia. L'anglais est vraiment la langue qui permet de se faire comprendre presque partout, ainsi que tu as pu t'en rendre compte en Thaïlande, même si, en général, c'était de l'anglais à la sauce thaï.

Moi, j'ai grandi avec le français et l'anglais. Ma grand-mère est Française et mon grand-père Américain. Je passais la plupart de mes vacances en France.

— J'ai toujours aimé les voyages, dit Matthew. Dès que j'ai eu l'âge de voyager seul, après mes études à Londres, à peine avais-je le temps de poser mes bagages dans un endroit que déjà j'étais en train de préparer un autre voyage. J'ai souvent campé près d'un feu de bois dans des endroits incroyables.

J'adore cette atmosphère de campeur. Mais, depuis mon retour de Thaïlande, après avoir survécu au tsunami, un certain nombre de choses a changé dans ma vie. J'ai enfin grandi, prenant conscience que je n'avais plus dix-huit ans et qu'il était temps pour moi de me poser et de penser aux choses essentielles de la vie. Je devais réapprendre à apprécier les moments intenses que peut m'apporter la stabilité, et qui ne sont pas dénués de piquant, contrairement à ce que j'ai souvent pensé. Il m'appartient seulement de rendre ma vie aussi piquante que lorsque je courais à travers le monde.

Avoir un chez-soi où l'on se sent en sécurité, où on pense à l'avenir, aux enfants. Bref, j'ai compris que je n'étais pas éternel et que tout pouvait s'arrêter sans que j'aie le moindre contrôle sur ma vie.

— Je vous comprends, dit Tom. On ne revient jamais indemne d'une catastrophe. On garde toujours des séquelles, d'une manière ou d'une autre. La plupart des gens disent qu'ils vous comprennent parce qu'ils ont vu les images à la télé, sans se rendre compte qu'ils sont à mille lieues de savoir vraiment ce que l'on ressent lorsque la mort vous a frôlé et que vous avez marché et dormi parmi les morts. Vous avez vu, impuissant, des enfants, des femmes et des hommes, souffrir sans pouvoir les aider, à part à les regarder hurler et agoniser. Lorsqu'enfin vous voyez également des gens perdre tout ce qu'ils ont en moins de trente minutes, et qu'ensuite vous reprenez l'avion pour rentrer dans votre pays et reprendre votre vie comme vous l'aviez laissée, les abandonnant à leur souffrance sans nulle part où aller, vous revenez vivant, mais blessé. Vous culpabilisez, même si vous savez que la vie doit continuer, et chacun de nous a aussi son chemin à prendre, quoiqu'il arrive.

— Vous avez raison. Je m'en souviens comme si c'était hier, dit Matthew. Ce matin-là, il faisait aussi beau que les autres jours. Beaucoup de monde s'amusait sur la plage, comme chaque matin. Ainsi que je le faisais depuis trois jours, je me joignis à un groupe de plongée sous-marine pour aller explorer les magnifiques fonds marins de l'île de Phuket. Le bateau qui nous emmena jeta l'ancre loin de la plage.

Ce qui me frappa dès que l'on plongea ce jour-là, ce fut l'absence de poissons. Les fonds marins étaient vides, alors que d'habitude il y avait des bancs de poissons de différentes espèces, aussi beaux et colorés les uns que les autres. Cela m'étonna. Puis, tout à coup, autour de nous, l'eau commença à bouillonner comme si on était dans un jacuzzi. Il y avait des bulles partout. La pression était si forte qu'on ne pouvait plus rien contrôler, sauf à se laisser entraîner par le courant.

Lorsque le courant redevint normal et que nous pûmes enfin sortir de l'eau, la plage était jonchée de cadavres de Thaïlandais et d'Occidentaux. Il y avait des bébés, des enfants, des femmes, des hommes et des personnes âgées. À tous ces cadavres se mêlaient des débris de toutes sortes. Tous les hôtels avaient disparu.

Les seuls sons qui se mêlaient au bruit des vagues étaient ceux des survivants qui appelaient avec désespoir les noms de leurs proches. Il y avait aussi ceux qui appelaient à l'aide, coincés sous les décombres, ou les hurlements de douleur des personnes qui avaient retrouvé le corps d'un être aimé. À cela, s'ajoutaient les plaintes de ceux qui agonisaient.

Ceux qui n'étaient pas blessés essayaient de venir en aide du mieux qu'ils pouvaient aux personnes qui en avaient besoin, avec des linges ou de l'eau potable récupérés sous les décombres.

Dans cet égarement où les gens étaient, le bruit commença à courir sur le retour d'une autre vague qui serait plus meurtrière, et qu'il fallait monter sur les collines avoisinantes afin de se mettre à l'abri.

La panique s'empara de tout le monde. Les gens ne savaient plus que faire, ni sur qui compter. Certains commencèrent à arpenter les chemins menant aux sommets des collines, d'autres préférèrent rester, complètement, découragés n'ayant plus la moindre énergie face à tout ce chaos, et parmi ceux-là, il y avait des personnes qui préférèrent rester et aider les blessés qui ne pouvaient plus bouger parce qu'ils étaient trop mal en point.

Chacun attendit avec angoisse, entouré de cadavres, les secours qui finirent par arriver un peu avant l'aube, près de vingt-quatre heures plus tard, à cause des infrastructures qui avaient été détruites par la force du tsunami. J'ai vécu les moments les plus atroces de ma vie. C'était l'horreur absolue.

J'essaie aujourd'hui de ne plus y penser, mais il y a des jours où toute cette horreur me revient en pleine en face, comme si tout cela s'était passé hier.

Chacun raconta à son tour comment il avait vécu le tsunami. Comme si d'en parler les soulageait un peu de ce souvenir si douloureux à porter.

— Moi, dit Kelly, je ne me souviens que de l'immense mur d'eau qui m'engloutit, puis d'un objet qui m'a heurté avec violence au niveau de la hanche, et ensuite, ce fut le trou noir. Le reste, Claudia et Tom, le connaissent. Je me souviens d'être allongée sur la plage sans pouvoir bouger, parce que je ne sentais plus le bas de mon corps, et avoir eu l'impression que ma tête allait exploser.

Lorsque chacun eut fini de parler du drame qu'il avait vécu, un tourbillon de silence apporté par un vent lourd de souvenirs vint les entourer pendant un court moment. Quand il se retira, la voix d'Amanda s'éleva dans la nuit.

— D'une manière ou d'une autre, tout le monde a été affecté par le drame du tsunami en voyant les images terribles à la télévision ou par la souffrance de personnes qui nous sont proches et qui en sont revenues.

Je me souviens des mois qui ont suivi le retour de Claudia. Elle était revenue complètement détruite. Longtemps, on l'a vue dépérir, se renfermer dans le silence et la douleur. Stéphanie, une de nos amies, et moi, faisions tout ce que nous pouvions pour l'aider à sortir de cette souffrance silencieuse qui la rongeait petit à petit. On avait l'impression qu'elle s'était entourée de barreaux invisibles, volontairement, refusant toute aide. On se sentait impuissantes et désespérées, avec la peur au ventre chaque fois qu'on se rendait chez elle, de la retrouver sans vie.

Puis, enfin, peu à peu, la vie est revenue en elle, comme si le froid qui avait emprisonné son âme avait commencé à fondre avec l'arrivée du printemps. Le soulagement et l'espoir renaissaient aussi en nous, même si une certaine inquiétude persistait avec la peur que ce ne soit qu'une rémission. Mais heureusement, au fur et à mesure que les jours passaient, elle allait de mieux en mieux. Finalement, nous comprîmes qu'elle avait passé le cap en donnant une nouvelle chance à la vie.

Durant tout le temps qu'avait duré le récit d'Amanda, Claudia avait gardé la tête baissée pour cacher les larmes qui ruisselaient sur ses joues. Tom eut envie de la prendre dans ses bras, mais il sut lire en elle l'envie de se fondre dans l'obscurité que la nuit offrait à sa pudeur.

— Aujourd'hui encore, dit Matthew, je me demande quelle dose de courage et d'abnégation peuvent avoir les parents qui ont perdu un enfant ou un bébé dans ce drame, et surtout ceux qui n'ont jamais pu retrouver le corps de l'être aimé. Je pense que personne ne peut l'imaginer.

Plus de 280 000 morts et disparus, dont un tiers était des enfants. Près de 400 villages furent rasés de la carte. La ville de Banda Aceh en Indonésie n'est plus aujourd'hui qu'un champ de ruine. Ç'a été la région la plus touchée après la Thaïlande. En tout, onze pays ont été touchés autour de l'Océan Indien.

La libération d'énergie qui a eu lieu le 26 décembre 2004 dépasse pratiquement tout ce qui a été observé jusqu'alors. Elle équivaut en effet à l'explosion de 30 000 bombes atomiques similaires à celle d'Hiroshima.

Pourtant, les conséquences de ce drame auraient pu être amoindries si le système d'alerte avait été suffisant. Selon certaines sources, les spécialistes avaient bien repéré ce séisme et avaient remarqué l'arrivée du tsunami quarante minutes avant l'arrivée de la première vague haute de quinze mètres. Seulement, il y a eu un manque d'organisation et de moyens. À ce moment-là, aucun organisme n'était chargé de relayer l'information et le risque. Aucune mutualisation efficace des moyens n'existait entre les pays de la zone, ce qui explique que, malgré le temps dont disposaient les autorités pour réagir, rien d'efficace n'avait pu être mis en place pour atténuer les effets de ce drame qui a détruit des milliers de vies.

Dans la fraîcheur de la nuit, au creux du foyer, il ne restait plus que des braises rougeoyantes crépitant dans la nuit lourde et dans un silence plein de souvenirs. Chacun fixait les braises en laissant s'échapper les images, aussi insaisissables que de la fumée traînant derrière elle son odeur indélébile.

Chacun se retira dans sa chambre lorsque la fatigue commença à alourdir les paupières. Ils se retirèrent pour trouver, si possible, l'oubli dans les songes.

Le lendemain, dans la matinée, Tom et Claudia, après s'être réconfortés dans l'intimité de leur chambre, descendirent au salon, guidés par le bruit d'une conversation. Ils retrouvèrent Amanda et Nathan en train de discuter en buvant une tasse de café. Ils se joignirent à eux avant que toute la maisonnée ne se réveille et ne vienne les retrouver.

La fin du petit-déjeuner sonna l'heure du départ. Matthew et les filles partirent ensemble, comme ils étaient venus la veille. Elles le déposèrent au pied de son immeuble avant de rejoindre Brooklyn, et laissèrent les trois copains restés sur place discuter de leur travail.

Ce soir-là, après une promenade tranquille dans le quartier, ainsi qu'elles en avaient pris l'habitude après le repas, profitant des derniers instants de la lumière du soleil sur la ville, elles se retrouvèrent toutes sur le lit de Kelly pour parler de choses et d'autres. Retardant le moment d'aller se coucher, elles se remémorèrent le week-end qu'elles venaient de passer chez Nathan.

— C'est étrange, dit Kelly, depuis le tsunami j'avais du mal à en parler. Pire, je ne voulais plus en entendre parler. Pendant tous les mois où l'on ne voyait que ce drame dans les médias, je me renfermais sur moi-même en évitant les journaux et la télé. J'avais refoulé tous mes souvenirs concernant cet événement au plus profond de ma conscience. C'est ce qui fait qu'hier soir, j'ai été surprise de ressentir du soulagement et du réconfort, rien qu'en vous écoutant. Cela m'a poussé à vous parler de ce j'avais vécu ce jour-là. Ce matin, je me suis réveillée soulagée d'un énorme poids.

— La clé de la guérison, quel que soit le problème, c'est l'extériorisation de ce qui nous fait souffrir. C'est ce qui m'a permis de m'en sortir et de m'ouvrir de nouveau à la vie.

— Tu as raison, Claudia. Je m'en suis rendue compte hier soir. Mais pas seulement. Avez-vous remarqué le séduisant Nathan ? Il m'a tapé dans l'œil. J'avais l'impression de me trouver devant Will Smith. Je fondais devant sa démarche qui mettait en valeur ses larges épaules, son ventre plat et ses fesses bien musclées. Humm ! J'avais l'impression qu'il faisait trop chaud chez lui. N'est-ce pas, les filles ? Un homme avec un tel charisme ne peut pas être célibataire.

— Tu as raison sur toute la ligne, sauf qu'il est célibataire, dit Amanda avec un sourire énigmatique intriguant les deux jeunes femmes qui échangèrent un regard.

— Et comment tu sais ça, toi ? dit Kelly.

— Parce qu'il me l'a dit ce matin, répondit-elle avec un sourire moqueur.

— Ah ah ! Je pense, Kelly, que nous avons manqué un épisode. J'avais remarqué qu'il te jetait un certain regard hier soir, mais je ne me doutais pas qu'il t'avait fait des confidences. Éclairez-nous, jeune fille. Nous sommes pendues à vos lèvres qui, je pense, ont beaucoup de choses à nous révéler.

— Disons que mes charmes ne lui sont pas indifférents. Et mes sens me disent que notre attirance a été réciproque, dit-elle en leur faisant un clin d'œil malicieux.

— Voyez-vous ça. Je tombe des nues. Qui aurait cru cela possible de ta part ? Notre chère Amanda, si discrète et si sérieuse, avoir le cœur qui palpite pour un homme rencontré le même jour, dit Claudia.

— C'est fou ça ! Alors, raconte ! Qu'est-ce qui s'est passé entre vous ? demanda Kelly qui commençait à s'impatienter.

— Je suis descendue assez tôt, ce matin. Je ne sais pas pourquoi d'ailleurs, dit-elle en riant, ou peut-être si, sans doute qu'inconsciemment j'avais envie de me retrouver seule avec lui. Va savoir, c'est le mystère de la vie.

— Le mystère de la vie, s'exclama Claudia. Mon œil, oui !

— Bon ben, sans le savoir, je tombe sur lui, dit-elle d'un air coquin. Il était sur la terrasse, une tasse de café à la main, profitant du petit matin. Visiblement, il était content de me voir. On est resté à discuter de choses et d'autres, de nos vies. C'est là qu'il m'apprit qu'il était célibataire. Ensuite, il voulut savoir des choses assez précises sur moi, comme par exemple si j'avais quelqu'un, et si ça me ferait plaisir de dîner avec lui demain soir parce qu'il appréciait ma manière d'être. Bien sûr, comme vous pouvez l'imaginer, j'étais ravie de savoir que je lui plaisais également. J'acceptai son invitation. Voilà ! Vous savez tout ce qu'il y a à savoir pour le moment, dit-elle avec enthousiasme.

— Et c'est maintenant que tu nous racontes ça, l'air de rien ! Dis-moi, Claudia, tu es sûre qu'elle est normale ? demanda Kelly, partagée entre la perplexité et la fureur.

— Ne te mets pas dans des états pareils pour si peu, dit Amanda. Tu sais bien que je vous en aurais parlé à un moment ou à un autre.

— Tu as raison, c'est mon impatience naturelle qui prend toujours le dessus, chez moi. Mais tout de même, quand un homme pareil vous fait la cour, on le chante sur tous les toits. Si je comprends bien, cela veut dire qu'aucune de nous ne sera à la maison demain soir ? Claudia sera avec Tom, Amanda avec Nathan, et moi, je serai avec Matthew. C'est super, le programme de demain est donc complet.

Aussi doucement que l'ombre suivait la course du soleil, les jours s'écoulaient au rythme des heures, tissant au gré de leurs sentiments l'histoire des trois jeunes femmes et de leurs compagnons. L'épanouissement de leurs relations obéissait au plaisir subtil de l'amour. Le destin était en train de tresser inexorablement autour d'eux, les chemins de leur nouvelle vie, tout en leur laissant le pouvoir de donner un sens à chaque chemin. Ainsi, le destin se faufilait à travers l'insouciance euphorique du sentiment amoureux naissant entre deux être, pour donner des ailes à leur esprit, afin que chaque histoire puisse se raconter selon les choix du destin et selon nos décisions.

Dans l'exaltation de leurs sens en éveil, chacun de ces trois couples vivait l'amour selon son instinct, partageant avec l'être aimé une complicité nouvelle qui permettait de mieux se connaître.

Claudia et Tom passaient de plus en plus de temps ensemble, profitant de chaque instant, se refusant de rompre le charme de l'amour qui les rendait insouciants, profitant de chaque moment passé ensemble et remettant chaque fois au lendemain la discussion tant redoutée concernant leur avenir commun.

Ils savaient que vivre ensemble signifiait que l'un d'entre eux devrait sacrifier un certain nombre de choses qui comptait dans sa vie pour s'exiler et recommencer une autre vie. Sans que les mots ne soient prononcés, tous les deux savaient qui devrait faire ce sacrifice au nom de leur amour.

Tom pressentait que la jeune femme redoutait cette éventualité. Même s'il n'avait jamais rencontré la famille de Claudia, il sentait qu'il y avait un véritable lien affectif qui les liait. Elle tenait autant à sa famille qu'à sa ville, dont elle parlait si souvent avec passion.

Tous ces détails rendaient les choses plus difficiles, et Tom avait peur que leur amour n'arrive pas à surmonter ces obstacles. De son côté, il n'était pas envisageable qu'il aille vivre ailleurs pour le moment compte tenu des responsabilités qui reposaient sur lui au sein de son entreprise. Et cela, Claudia le savait. Ils se trouvaient donc devant une impasse.

Ils savaient qu'il était temps néanmoins d'en parler. Vers la fin de la semaine, les deux jeunes femmes commencèrent déjà à se préparer pour le retour en France. Le moral n'y était plus. Par l'ambiance, cela se sentait, la mélancolie et la tristesse s'étaient emparées d'elles. Les filles commençaient à entrevoir la fin des vacances et le retour à la réalité.

Pour Amanda et Nathan, l'avenir s'annonçait plus simple parce qu'ils avaient décidé de laisser leur relation se poursuivre au gré du temps et de leurs sentiments, exactement de la même manière que Kelly et Matthew.

Un soir, après avoir dîné au restaurant, comme à leur habitude depuis un moment, Tom décida d'aborder le sujet. Il voyait que depuis un certain temps, Claudia avait le regard triste et mélancolique. Cela lui faisait de la peine et remplissait son cœur de doutes. Il avait peur de la perdre.

— Claudia, te souviens-tu de notre premier dîner? Ce soir-là, je t'avais parlé sincèrement de ce que je souhaitais pour notre avenir et je t'avais demandé d'y réfléchir, et ensuite de me donner ta réponse quand tu te sentirais prête. Aujourd'hui, beaucoup de choses se sont passées entre nous depuis ce jour. Nous avons pris le temps de nous découvrir petit à petit. Dans peu de temps, les vacances vont s'achever et tu vas retourner chez toi. Je pense que le moment est venu pour nous de parler de notre avenir. N'est-ce pas, Claudia?

Claudia baissa la tête et resta quelques secondes sans rien dire. Puis, elle dit finalement en le regardant:

— Tu as raison, Tom, il est temps de parler de notre avenir. Même s'il s'annonce assez difficile pour moi.

— Tu connais ma vie maintenant, et tu sais que mes engagements professionnels envers un certain nombre de personnes m'empêchent d'envisager de tout quitter pour le moment.

— J'en suis consciente. Même si je n'en ai pas parlé plus tôt, j'y pensais et je suis persuadée que c'est pareil pour toi. Je t'aime, Tom, et tout ce que je souhaite, c'est vivre avec toi pour toujours. Mais je n'arrive pas à penser que je devrais vivre en exil ma vie durant. Pour le moment, cette idée m'est très difficile. J'ai besoin de temps pour pouvoir l'intégrer.

— Claudia, je te comprends. Je sais que c'est un sacrifice pour toi, comme ça le serait pour n'importe qui, d'ailleurs. Ce n'est pas facile pour une personne qui est déjà bien ancrée dans son pays de devoir tout mettre en cause pour s'exiler. C'est très dur, j'en suis conscient. Ne pense pas que ça me soit égal, même si mon rêve est de t'avoir à mes côtés pour toujours. Mais je voudrais que tu saches que dans cette aventure, tu ne seras pas seule. Je serai là pour t'aider à dépasser les moments difficiles. Et puis l'Amérique, ce n'est pas le bout du monde. Tu pourras aller aussi souvent que tu voudras en France, et ta famille pourra venir comme il lui plaira nous rendre visite.

— Je sais tout cela, Tom. Mais comme je te l'ai dit, j'ai besoin de temps pour y réfléchir et l'accepter. Je voudrais pouvoir en parler à ma famille quand le moment sera venu.

— Combien de temps te faudra-t-il pour me donner ta réponse ? dit-il avec désespoir.

— Je ne le sais pas moi-même, dit-elle tristement, les larmes aux yeux.

— Je t'en prie, Claudia, il faut que je sache combien de temps il va me falloir attendre ta décision. Je ne peux pas vivre comme ça, dans le doute.

La jeune femme resta silencieuse un moment, les yeux baissés.

— Claudia, il faut que je sache si je peux fonder mes espoirs sur toi et croire à notre amour, ou si je dois commencer à essayer de t'oublier. Je préfère le savoir, même si je dois en souffrir maintenant, plutôt que de souffrir des mois en espérant qu'un jour peut-être tu viendras me rejoindre. Je ne veux pas que notre amour se réalise d'avion en avion par quelques moments volés à notre emploi du temps, ni par le téléphone. J'ai envie qu'on puisse profiter de chaque instant. J'ai envie de passer toutes mes nuits à tes côtés, de te voir chaque matin au réveil. Je veux tout partager avec toi, dans la joie ou dans la peine.

Il la regardait intensément. La jeune femme finit par baisser les yeux pour ne plus voir la souffrance qui se reflétait dans le regard de Tom.

Il lui prit la main et lui dit :

— Claudia, je t'en prie, regarde-moi. Dis-moi quelque chose. Ne me laisse pas comme ça !

Elle finit par lever les yeux. Son visage était baigné de larmes. D'une voix empreinte de tristesse, elle lui dit :

— Tom, je t'en supplie. Laisse-moi du temps. Ne me demande pas de te dire quand je pourrai te donner ma réponse. Je ne le sais pas moi-même. Il faut d'abord que je retourne chez moi à Nantes. J'ai besoin de me retrouver et de penser à nous deux, à comment ma vie sera, à tout ce à quoi je vais devoir renoncer, avant de pouvoir prendre une décision. J'ai besoin que tu me comprennes, Tom.

Il resta un moment silencieux, le regard perdu au loin comme si plus rien n'existait. Puis, il la regarda de nouveau et dit :

— J'attendrai ta réponse jusqu'à la fin du mois de décembre, le mois où tout a commencé. Après tous ces mois de réflexion, si tu n'arrives toujours pas à savoir ce que tu souhaites, alors il sera préférable pour chacun de reprendre sa vie comme avant et d'essayer d'oublier ce que nous avons vécu ensemble. Je n'essayerai pas de te faire changer d'avis, ni de reprendre contact avec toi. Je pense qu'il sera inutile de nous faire souffrir davantage.

Dès que tu t'envoleras vers ton pays, je te laisserai tranquille et libre de prendre la décision que tu voudras. Comme je te l'ai dit à notre premier dîner, j'ai besoin de donner et de recevoir de l'amour, pas de la pitié.

Après qu'il ait fini de parler, Claudia resta silencieuse pendant un court instant, la gorge nouée, avant de pouvoir parler. Avec tristesse, elle lui dit :

— J'ai compris. Je voudrais que tu me ramènes maintenant. Pourrais-tu me raccompagner, s'il te plaît ? J'ai besoin d'être seule.

Ils quittèrent le restaurant quelques instants plus tard, silencieusement, comme s'ils n'avaient plus rien à se dire. Lorsque la voiture stationna quelques minutes plus tard devant la maison, la jeune femme sortit de la voiture en lui disant :

— Non, je t'en prie, ne me raccompagne pas jusqu'à la porte. Bonne nuit, Tom.

Avant de remonter dans la voiture, il lui dit :

— Je suis désolé que notre dernière soirée ensemble se termine ainsi. Je suppose que c'est vraiment notre dernière soirée, dit-il en posant de nouveau son regard sur elle.

— Oui, Tom. C'est préférable. Moi aussi, je suis désolée.

— Bonne nuit à toi aussi. Je te souhaite un bon retour en France.

— Merci, Tom, dit-elle avant de refermer la portière.

Sans se retourner, elle se dirigea vers la maison. Tom la regarda partir, tristement. Lorsqu'elle referma la porte derrière elle, il démarra sa voiture et reprit le chemin de Manhattan.

Tom ne rentra pas directement chez lui. Il roula un long moment dans la ville, cherchant désespérément à perdre sa souffrance dans les lumières de la nuit et dans les scènes de la vie nocturne, en essayant de faire le vide dans sa tête pour s'empêcher de penser à ce qui venait de se passer entre eux.

Il se décida enfin à rentrer chez lui pour trouver l'oubli et le réconfort dans le sommeil. Il était deux heures du matin. Ses errements dans la nuit avaient duré plus de trois heures.

Claudia pleura une bonne partie de la nuit toutes les larmes de son corps, avant de se réfugier à son tour dans les bras de Morphée.

Comme prévu, Tom passa une mauvaise nuit. Il n'avait presque pas fermé l'œil. Très tôt le matin, il s'enferma dans son bureau pour tenter de trouver la paix dans le travail et fuir ses sombres pensées, en vain. Dès qu'il croyait parvenir à se concentrer, au détour d'un dossier son esprit le ramenait vers la jeune femme d'une manière ou d'une autre.

La façon dont ils s'étaient séparés la veille, le tourmentait. Il n'aurait jamais imaginé que ses trois merveilleuses semaines se termineraient d'une manière si douloureuse. Il aurait voulu pouvoir l'accompagner au moins à l'aéroport et lui dire au revoir, même si c'était la dernière fois qu'ils se verraient.

Il était presque sûr qu'ils ne se reverraient plus après la manière dont Claudia l'avait quitté. Quoi qu'il en soit, Tom avait décidé de ne plus chercher à la revoir, même si cette décision lui coûtait. C'était à elle maintenant de prendre une décision, si elle souhaitait le revoir.

— Il est temps que j'arrête de lui courir après. Je crois que j'en ai assez fait pour lui prouver l'amour que je lui porte et pour lui faire comprendre combien elle compte dans ma vie depuis l'instant où je l'ai rencontrée, se dit-il amèrement.

Il mit une tenue de sport. Il sentait qu'il lui fallait sortir pour essayer de mettre de l'ordre dans ses idées. Le seul moyen pour lui d'y arriver, c'était de faire un long footing pour essayer de se sentir mieux et avoir un semblant de paix intérieure.

Claudia également avait passé une mauvaise nuit après ce qui s'était passé au restaurant. Elle se réveilla le matin, le cœur lourd de reproches sur sa conduite vis-à-vis de Tom la veille. Elle n'avait qu'une envie, le voir et l'entendre. La jeune femme voulait qu'il sache qu'elle regrettait son attitude et qu'elle l'aimait toujours. Tout au long de la journée, Claudia espéra un coup de fil de la part de Tom, en vain.

Amanda et Kelly avaient compris que quelque chose s'était passé entre eux lorsqu'elles la virent revenir si tôt du restaurant la veille au soir, les yeux rougis par les larmes.

La jeune femme leur avait dit qu'elle souhaitait être seule, avant d'aller s'enfermer dans sa chambre. Le lendemain, elle serait restée toute la journée enfermée si les filles n'étaient allées la chercher pour le repas, et même là, emmurée dans le silence, elle avait à peine touché son repas.

Vers le soir, les filles, n'en pouvant plus, allèrent la trouver dans sa chambre pour l'obliger à leur raconter le pourquoi de cette tête d'enterrement depuis la veille au soir.

Claudia fut donc obligée de leur raconter comment sa soirée s'était déroulée, et comment elle regrettait sa conduite. Si elle croyait recevoir de la compassion de leur part, elle fut bien déçue. Elle fut surprise de les voir se mettre en colère après elle, la traitant d'écervelée et d'insensible qui n'avait pas voulu voir que Tom souffrait parce qu'il avait peur que leur amour ne résiste pas à la distance qui les sépare. Et que, s'il avait insisté à ce point, c'était parce qu'il voulait qu'elle le rassure, puisque dans cette histoire, c'était elle qui détenait la clé de leur avenir, et qu'au lieu de cela, elle s'était comportée comme une véritable égoïste. Le comble dans tout ça, dirent-elles, c'est qu'elle avait le toupet de vouloir qu'il l'appelle après qu'elle l'ait rejeté la veille.

Elles repartirent en claquant la porte, non sans l'avoir sommée au préalable d'appeler Tom et de descendre ensuite faire honneur à leur repas.

La jeune femme resta un moment les yeux effarés, surprise par la réaction de ses deux copines, mais ne leur en voulut pas. Elle savait très bien qu'elles avaient raison sur toute la ligne. Elle prit donc le téléphone et appela Tom. Elle s'en voulut de ne pas l'avoir fait plus tôt.

La nuit commençait à tomber sur Manhattan. Allongé sur le canapé dans la pénombre et le silence du salon, les yeux fermés, Tom essayait de ne plus penser à Claudia. Mais c'était peine perdue, parce qu'il savait que l'heure de son départ approchait. Il ne voulait pas qu'elle parte sans qu'il la revoie au moins une dernière fois.

Il s'en voulait de l'avoir poussée à bout la veille en insistant beaucoup trop pour qu'elle prenne une décision, surtout qu'il savait que la situation n'était pas facile pour elle non plus, et que c'était normal qu'elle ait besoin de temps pour prendre une décision. La sonnerie du téléphone le fit sortir de ses pensées. Il se redressa et décrocha le combiné.

— Bonsoir, Tom, excuse-moi de te déranger. Je tenais à m'excuser auprès de toi de ma conduite. Je ne voulais pas que notre dernière soirée ensemble se termine de cette manière. Je voudrais te revoir avant mon départ pour l'aéroport, si tu le souhaites, bien sûr.

— Merci de m'avoir appelé. Moi aussi, je suis désolé de t'avoir poussée à bout, hier soir. Je te rejoins dans quelques minutes. Nous pourrions nous offrir une dernière balade à pied jusqu'à la promenade de Brooklyn Heights. Qu'est-ce que tu en penses ?

— C'est une bonne idée. J'aime beaucoup cet endroit. Nous pourrions discuter assis sur un banc. Je pourrai admirer une dernière fois Manhattan dans la nuit.

— D'accord, attends-moi. Je serai là tout à l'heure.

— À tout de suite, Tom.

Un peu plus tard, Tom arriva. Claudia l'attendait, assise sur le perron. Lorsqu'elle le vit arriver, elle descendit les marches, vint à sa rencontre et se blottit sans ses bras. Il la serra très fort avant de l'embrasser passionnément. Ils partirent ensuite main dans la main à travers les rues du quartier, profitant de chaque instant que leur offrait cette belle et douce nuit du mois d'août, heureux de se retrouver après avoir passé des heures dans le doute quant à leur amour.

Arrivés sur le promontoire au bord de l'eau, ils prirent place sur un banc. Devant eux se dressait l'île de Manhattan, éblouissante et lumineuse dans la nuit. Ils restèrent un moment silencieux, comme hypnotisés par cette vision, puis Claudia se tourna vers Tom et lui dit :

— Tom, je voudrais que tu saches que je t'aime, et que je sais que cette situation est difficile pour toi aussi. Mais, comme je te l'ai dit hier soir, j'ai besoin de temps pour me préparer psychologiquement à l'éventualité de venir vivre ici et laisser tout derrière moi.

— Depuis hier, moi aussi j'ai eu le temps de repenser à notre discussion. Je voudrais que tu saches que je comprends également ta position. Je sais que ce n'est pas facile de prendre si vite une décision qui engagera toute ta vie en la modifiant radicalement pour toujours. Mais j'ai besoin d'une réponse, quelle qu'elle soit.

— Je comprends. Je sais que ce ne sera pas facile pour toi de vivre pendant tout ce temps avec le doute, te demandant quelle décision je prendrai au final. Cependant, il me faut du temps pour réfléchir objectivement à tout ce que ma décision va engendrer. Pour cela, je dois rentrer d'abord chez moi et repenser à tout à tête reposée, et, ensuite, prendre ma décision, en parler à mes parents et à mon employeur.

— D'accord. J'attendrai ta décision. Mais, malgré tout, j'ai besoin de savoir combien de temps il me faudra attendre.

— Je t'appellerai d'ici la fin de l'année.

— D'accord. Comme je te l'avais dit auparavant, je n'essayerai pas de te convaincre si tu décidais de mettre fin à notre histoire. Je te laisse libre de ton choix. Je veux un amour sincère, et non de la pitié. Je ne t'appellerai pas non plus durant cette période de réflexion. Je te laisserai prendre ta décision en toute tranquillité sans aucune pression de ma part. Je crois que c'est préférable, même si cela me coûte. Tu sauras toujours où me joindre quand tu décideras que le moment est venu.

Ils restèrent un moment silencieux, le regard perdu dans le lointain.

— Je préfère que tu ne m'accompagnes pas tout à l'heure à l'aéroport, dit-elle, ça va être trop dur pour moi. Je ne pourrai pas supporter. Je ne veux pas que cette séparation ait l'air d'un adieu, tu comprends ?

— Oui, je comprends, dit-il en la prenant dans ses bras. Ils restèrent ainsi enlacés un moment avant de se lever et de rejoindre la maison. En arrivant, Tom monta souhaiter un bon voyage à Amanda, puis Claudia le raccompagna. Elle lutta contre les larmes une fois sur les marches du perron, puis elle s'effondra dans les bras de Tom. Il la serra très fort sans pouvoir prononcer un seul mot, la gorge nouée par l'émotion et la tristesse. Lorsqu'elle finit par se calmer, ils s'embrassèrent, le cœur battant au rythme de la passion et du désespoir, comme pour tous ceux qui se quittent sans savoir de quoi sera fait leur avenir.

Tom repartit ensuite se perdre dans la nuit de Manhattan, laissant Claudia surmonter seule sa peine dans sa chambre dans l'attente du départ. Quand l'heure arriva, elle rejoignit ses amies avec ses bagages au rez-de-chaussée. Ensemble, elles prirent le chemin de l'aéroport à bord de la voiture de Kelly dans la tristesse et le silence.

Avant de se séparer, Kelly prit les mains de Claudia dans les siennes et lui dit :

— Claudia, ton problème n'en est pas un. Excuse-moi de te dire cela. Même si je sais que ce n'est pas évident de changer totalement de vie, ne te fais pas souffrir inutilement. L'amour de Tom t'est acquis. Et c'est ça, l'essentiel. Tu sais également où le trouver quand tu voudras. C'est pourquoi je te dis, en tant qu'amie, de réfléchir à la décision que tu prendras. Il vaut mieux vivre heureux à l'étranger que de vivre malheureux et seul chez soi. Penses-y, Claudia.

Puis elle la prit dans ses bras et la serra très fort avant de lui dire au revoir. Claudia lui dit, des sanglots dans la voix :

— Merci pour tout, Kelly. Ces vacances seront inoubliables pour moi, grâce à toi. Prends bien soin de toi. J'espère qu'on se reverra très bientôt.

Amanda et Kelly se dirent au revoir avec émotion. Elles étaient devenues très complices durant ces vacances et une grande amitié était née entre elles.

Tandis que les feux de l'avion disparaissaient du ciel de New-York, Tom, debout dans son salon, regardait d'une manière distraite ses lumières se perdre au loin, en se disant avec émotion que, peut-être, c'était l'avion qui ramenait Claudia chez elle. Du fond de son cœur, il souhaita que leur amour survive à cet obstacle qui se dressait entre eux.

CHAPITRE VI

L'automne s'était installé petit à petit, éloignant la chaleur réconfortante, gaie et colorée des rayons du soleil, écourtant les journées et prolongeant les nuits froides et venteuses.

Dehors, on entendait plus souvent le rugissement lugubre du vent froid qui soufflait, aidant ainsi à faire tomber plus vite les feuilles des arbres marquées aux couleurs rouge, or, orange et brun de l'automne.

Parées de belles couleurs flamboyantes, les feuilles magnifiaient la saison en offrant sa dernière danse à la nature, au rythme du vent, avant d'être emportées et rependues sur le sol pour former un magnifique tapis aux couleurs ardentes.

Les arbres ainsi dépouillés de leur feuillage se préparaient à s'endormir pour un long sommeil régénérateur, et à attendre le retour des hirondelles qui reviendraient des pays chauds en chantant et en proclamant l'arrivée imminente de la chaleur du soleil. Après avoir patiemment traversé les durs mois de l'hiver, la nature pourrait enfin se réveiller.

Mais, pour le moment, la nature et tous les êtres vivants se préparaient à surmonter la rudesse de l'hiver, selon leur espèce. Certains animaux consolidaient et rendaient plus confortable leur nid ou leur terrier, tandis que d'autres faisaient des réserves de graines, de graisse, ou changeaient tout simplement de pelage ou de plume afin de parfaire leur camouflage et de pouvoir mieux chasser ou échapper aux prédateurs.

Dans les rues, les gens paraissaient encore plus pressés. Ils marchaient sans se prêter attention et se renfermaient comme si le froid faisait naître en chacun le besoin de s'isoler, laissant apparaître des personnalités plus insensibles et plus sombres.

Ainsi, les couleurs des tenues s'uniformisaient à l'humeur du temps et des gens. Blanc, gris, noir, et toutes les couleurs sombres. La fantaisie colorée et légère des tenues d'été avait fait place à la sobriété stricte et élégante des couleurs sombres de l'hiver.

La mélancolie de Claudia s'était mise à l'air du temps. Voilà plus de deux mois que la jeune femme était rentrée de ses vacances à New-York après avoir passé trois inoubliables semaines en compagnie de Tom. Les trois plus belles semaines de sa vie, où elle avait laissé libre cours à ses sentiments pour l'homme qu'elle aimait et avec qui elle avait passé les plus durs moments après le passage du tsunami en Thaïlande, et qu'elle avait retrouvé avec bonheur à Brooklyn quelques mois plus tard.

Pendant ces trois semaines de bonheur presque absolu, l'ombre de l'exil s'était profilée, rendant ce bonheur partiel. Dès qu'ils s'étaient retrouvés, la jeune femme avait su que le moment viendrait où il lui faudrait quitter son pays et tous ceux qu'elle aimait pour aller construire une nouvelle vie ailleurs en adoptant une autre manière d'être, tout en gardant au fond du cœur une place pleine d'amour pour tous ceux qu'elle laisserait derrière elle en partant.

Même si Claudia savait que ce ne serait pas un départ définitif et qu'elle pourrait revenir aussi souvent qu'elle le souhaitait, au fond d'elle-même, elle était consciente que chaque moment passé en exil la transformerait, qu'elle le veuille ou non, la rendant d'une manière ou d'une autre différente de ce qu'elle avait toujours été à ses yeux et aux yeux des autres.

C'était une des raisons qui lui faisait craindre l'exil, même si elle savait que tout changement apportait toujours un plus et permettait de s'ouvrir davantage aux autres en apprenant à mieux les comprendre.

La jeune femme n'avait pas encore abordé le sujet avec ses parents, ni avec son employeur. Elle attendait d'être sûre d'elle. En revanche, la seule chose qu'elle avait faite dès son retour, c'était de s'inscrire à un cours intensif d'anglais deux soirs par semaine après le travail.

Elle voulait acquérir une meilleure maîtrise de l'anglais pour augmenter ses chances de retrouver un bon emploi si elle souhaitait vivre un jour aux États-Unis.

Depuis son retour, Amanda avait changé. Elle était plus gaie et plus spontanée. Claudia ne l'avait jamais vue ainsi auparavant. L'amour naissant entre elle et Nathan s'annonçait sans nuage, et ça se voyait.

Sans doute parce que, contrairement à Claudia et Tom, Amanda et Nathan laissaient les choses se mettre en place tout naturellement, sans rien précipiter. En plus de cela, Amanda ne redoutait pas d'aller vivre à New-York, sans doute à cause de ses origines.

C'est pourquoi elle ne manqua pas de parler à Claudia pour l'aider un peu à avancer dans ses réflexions sur l'exil, un mois après leur retour, un jour où elles se trouvaient toutes les trois chez elle.

— Tu ne devrais pas t'en faire pour ça. New-York n'est tout de même pas sur la lune, et en plus, tu y vas pour rejoindre l'homme que tu aimes. Nathan et moi, nous laissons les choses se faire tout naturellement sans nous poser de question, parce que nous savons ce que nous souhaitons sur le plan sentimental et professionnel. Lui sait que j'ai déjà une vie que j'aime en France, et moi, je sais que c'est la même chose pour lui. Mais nous savons aussi tous les deux que si nous voulons voir notre histoire évoluer, l'un de nous devra sacrifier sa vie passée pour pouvoir en reconstruire une autre, ensemble, plus réfléchie, plus complexe et plus harmonieuse. Je sais que tu souhaites la même chose pour Tom et toi, n'est-ce pas ?

— Bien sûr, Amanda. Je voudrais pouvoir être comme toi et pouvoir me détacher plus facilement de tout ce que j'ai toujours aimé et connu depuis trente ans. Mais je n'y arrive pas. Même si je savais au fond de moi-même, dès le départ, quelle décision je prendrais.

— À quoi te sert-il alors de te tourmenter comme tu le fais en ce moment, si tu as déjà choisi de rejoindre Tom ?

— Là n'est pas la question. Ce qui me préoccupe, c'est de perdre mon identité en allant vivre ailleurs. Surtout là-bas où c'est tout à fait un autre monde, avec d'autres valeurs et d'autres codes.

— Mais c'est normal, Claudia, tous les pays du monde ont leurs propres codes et valeurs.

— Je sais, Amanda, mais j'ai du mal à accepter le fait de tout quitter et d'aller réapprendre à vivre et à parler différemment. J'ai peur de ne pas pouvoir m'adapter à tout ce changement. Et puis, l'Amérique, ce n'est pas non plus la porte d'à-côté. Admets tout de même que ce n'est pas comme si j'allais vivre en Belgique ou en Italie, avec qui nous partageons un certain nombre de choses. Les États-Unis, gustativement et historiquement parlant, c'est quand même très particulier. Que tu le veuilles ou non, c'est un autre continent.

— Bien sûr, je ne l'ignore pas, et je comprends ce que tu veux dire, même si je ne partage pas ta manière de voir les choses. C'est tout à fait normal, parce que notre histoire est très différente du fait de nos origines. Quoi que je fasse, je ne serai jamais considérée comme une véritable Française, à cause de ma couleur de peau. Même si je me sens aussi Française que toi et Stéphanie, puisque je suis née et que j'ai grandi ici, et que je pense et raisonne à peu près comme vous. Malgré tout, le regard des autres me ramènera toujours vers mes origines. Non que j'en aie honte…

De mon pays d'origine, je ne connais pas grand-chose, même si j'ai en moi une manière d'être qui me vient de mes origines et que mes parents m'ont donnée. Nos mentalités sont différentes.

La France me tolère mais ne m'acceptera jamais en tant que Française. Quoi que je fasse, on me jugera comme Africaine, et non comme Européenne. C'est pourquoi je ne peux pas comme toi avoir peur du changement. Je me suis déjà créé une identité qui me permet de vivre plus facilement ma vie de jeune femme noire en France, et d'être ainsi libre d'aller habiter où je veux. C'est pour cela que je considère le fait d'aller vivre à New-York comme un plus dans ma vie, un plus que je pourrai transmettre à mes enfants, en plus de l'héritage que je leur apporterai en tant qu'Européenne et Africaine. Pour moi, l'important, ce n'est pas l'endroit d'où je viens, mais c'est ce que je ferai de ma vie.

C'est à toi, Claudia, de savoir ce qui est important dans ta vie et quel avenir tu souhaites, sachant que vivre ailleurs permet toujours de mieux s'ouvrir aux autres et de corriger nos idées reçues concernant ceux qui viennent d'ailleurs, parce que l'on devient soi-même à son tour celui qui vient d'ailleurs.

— Elle n'a pas tort, Claudia, dit Stéphanie qui les écoutait depuis le début sans dire un mot. Moi, j'aurais aimé être à ta place. Ce n'est pas souvent que l'on rencontre un homme aussi séduisant et sérieux qui vous court après à travers le monde et engage même un détective privé pour vous retrouver, juste parce qu'il vous a vu une seule fois. Et s'il vous demande ensuite en mariage pour finir…

Je peux te dire que j'en connais un rayon sur les hommes, et je te certifie que des hommes comme ton Tom, il n'en court pas les rues. Si j'ai un conseil à te donner, ma chère, c'est de prendre tes clics et tes clacs et de courir le rejoindre sans te poser de questions.

Si vous saviez comme je m'en veux de n'être pas venue avec vous cet été à New-York. Si ça se trouve, à l'heure actuelle, j'aurais moi aussi trouvé l'homme de ma vie, comme vous. Comme je m'en veux, mon dieu, comme je m'en veux les filles ! Je regrette vraiment. Surtout que j'ai perdu mon temps avec ce Conrad. D'ailleurs, je peux vous assurer qu'il porte très bien son prénom, surtout si on change le « r » de place et qu'on met un « n » à sa place.

Tout ce qu'il voulait, le Conrad, c'était passer un bel été sur son yacht en compagnie d'une belle, séduisante, et intéressante jeune femme comme moi.

Bien sûr, il était pas mal, et surtout, le point le plus important, c'est qu'il m'a couverte de cadeaux hors de prix, ce qui n'est pas négligeable quand même. Heureusement d'ailleurs. Ça me console partiellement et me permet de vivre plus sereinement et sans trop de regrets ma nouvelle vie de célibataire, même si j'aurais préféré ne plus l'être.

Dites, les filles, Tom et Nathan n'ont pas un autre copain disponible, plutôt riche et séduisant ?

Je dis ça, non que j'accorde plus d'importance à l'argent qu'aux sentiments, mais reconnaissez que ça aide. N'est-ce pas ? dit-elle en regardant tour à tour Claudia et Amanda, comme pour chercher leur assentiment.

Les deux jeunes femmes se regardèrent, puis pouffèrent de rire. Elles connaissaient très bien le goût immodéré de leur amie pour les hommes séduisants aux cartes bancaires bien garnies, et elles n'imaginaient pas Neil avoir une aventure avec elle.

Les jours passèrent, rapprochant Claudia de l'instant où elle devrait au fond d'elle-même accepter définitivement que sa vie se passe ailleurs. En attendant, elle passait presque tous ses week-ends à vouloir graver chaque détail de sa ville dans sa mémoire, comme pour emporter dans son cœur tous ses souvenirs dans sa nouvelle vie.

C'est ainsi qu'un après-midi d'automne, elle alla flâner dans les allées des serres du Jardin des Plantes, au milieu de plus de onze mille variétés d'arbres et de plantes à fleurs, profitant des nombreux plans d'eau qui s'étendaient sur sept hectares, ce qui lui permit d'oublier un peu sa langueur mélancolique. Après sa longue promenade, en fin d'après-midi, elle laissa ses pas la mener vers le café de l'orangerie, dans la partie haute du jardin. Une autre fois, elle alla se perdre dans l'immensité du parc du Grand Blottereau à la recherche du souvenir de la belle saison dans les serres tropicales et dans les nombreux jardins du monde entier, comme le bayou américain, qui la ramena aux souvenirs intenses des moments d'intimité passés avec Tom.

Un matin, peu avant l'hiver, elle se décida enfin à rendre visite à ses parents afin de leur faire part de sa décision d'aller vivre à New-York avec Tom. Comme elle s'en doutait, la réaction de sa mère fut la plus vive :

— Tu n'y penses pas sérieusement, ma fille, dit-elle. Tu te rends compte de tout ce que cette décision implique, que tu vas perdre ton travail, et surtout que tu n'es pas sûre d'en retrouver un là-bas d'aussi bien payé. Non seulement ça, mais tu n'es même pas sûre que ça marchera entre vous.

— Merci, maman, pour ta sollicitude, mais je suis une grande fille qui a toujours su s'occuper d'elle-même. Comme tu le sais, dans la vie, on n'est jamais sûre de rien, même quand on prévoit. L'essentiel, c'est de savoir ce que l'on veut et si on est prêt à en assumer les conséquences.

Tom et moi, nous nous aimons et voulons vivre ensemble. La seule manière pour nous d'y arriver, c'est que j'aille le rejoindre. Ses responsabilités dans son entreprise ne lui permettent pas de quitter l'Amérique pour le moment.

— Et as-tu pensé à nous ? On ne pourra presque plus te voir, et ce sera également pareil pour nos futurs petits-enfants. On ne pourra les voir grandir qu'à travers les photos et, pour toute communication, nous n'aurons que le téléphone et les lettres.

— Maman, arrête de tout dramatiser. Rien ne vous empêchera de venir nous voir aussi souvent que vous le souhaiterez. Ça vous changera. Vous êtes à la retraite maintenant. C'est le moment de profiter pour voyager. Nous, on sera très contents de vous voir.

— Bien sûr, pour toi, tout à l'air si facile puisque tu ne penses qu'à toi. Tu sais très bien que je ne supporte pas les voyages en avion et que je deviens malade rien qu'en y pensant, dit-elle d'un air affligé. Mais dis quelque chose, Jacques ! Tu vois bien que ta fille est en train de faire une énorme bêtise.

— Qu'est-ce que tu veux que je dise, Marie ? Claudia est majeure, et mène sa vie comme elle l'entend. La seule chose que je lui souhaite, c'est qu'elle soit sûre de ce qu'elle fait et d'être heureuse, même si j'aurais préféré qu'elle trouve l'amour en France. Ce n'est pas moi qui vais t'apprendre que ces choses-là ne se commandent pas.

— Bien sûr, le contraire m'aurait étonné. Tu as toujours encouragé ta fille dans toutes ses bêtises, me faisant passer pour une mère égoïste, dit-elle sur le même ton.

Jacques regarda sa fille et fit une moue qui signifiait :

— Ne tiens pas compte de ce qu'elle dit. Tu la connais, ça lui passera.

Claudia sourit et dit :

— Personne ne t'a jamais prise pour une égoïste. Je te demande juste de me faire confiance, comme vous l'avez toujours fait. Tu verras, maman. Avec le temps, tu trouveras que l'avion n'est pas si terrible. Comme moi, tu t'y habitueras, tu verras !

— C'est toi qui le dis, dit Marie sans conviction.

— Quand vas-tu nous le présenter ? demanda son père.

— J'espère pouvoir vous le présenter le soir du réveillon de Noël si tout va bien. Je ne le lui ai pas encore proposé pour le moment. Je voulais vous en parler d'abord. Je lui en parlerai très bientôt, et dès que je serai certaine qu'il pourra se libérer, je vous informerai.

La jeune femme passa la nuit du samedi chez ses parents, puis une partie de la matinée du lendemain, avant de repartir chez elle.

L'automne s'achevait à New-York. Bientôt, les premières neiges n'allaient pas tarder à tomber, donnant un autre visage à la ville.

Assis à son bureau, Tom travaillait depuis des heures sans se rendre compte que la nuit était tombée sur la ville. Lorsqu'il jeta enfin un œil à sa montre, il comprit qu'il était temps de rentrer. Quelques instants plus tard, tandis qu'il roulait sur la 5e avenue, un peu agacé par la lenteur du trafic ; l'image d'une affiche géante représentant un parfum de luxe français attira son attention.

Son esprit profita de cette image pour s'évader dans le rêve français qu'offrait cette publicité, et cette évasion le conduisit au souvenir de Claudia dont l'absence lui envoyait de plus en plus des senteurs de mélancolie et de solitude. Tom commençait à trouver le temps long sans elle. Dès qu'il ne travaillait pas, le souvenir de la jeune femme accaparait son esprit.

Depuis le retour de la jeune femme dans son pays, comme il le lui avait promis, il n'avait pas cherché à l'appeler, la laissant prendre sa décision sans pression ni influence, même s'il avait très souvent envie de l'entendre et de lui parler. Ce silence le faisait souffrir, mais il préférait cela que de la voir venir à lui par contrainte ou par obligation.

Il le lui avait d'ailleurs dit. Ce qu'il voulait d'elle, c'était son amour, et rien d'autre. Les fêtes de fin d'année arrivant, il savait que le compte à rebours avait commencé et que Claudia n'allait pas tarder à lui donner signe de vie, quelle que soit sa décision.

Le jeune homme s'attendait à toute éventualité, même s'il devrait en souffrir. Néanmoins, il espérait qu'elle ferait le bon choix. Il croyait encore à la force de leur amour.

Tom savait également ce qu'il en coûtait à la jeune femme de devoir tout quitter pour le rejoindre. Il aurait voulu lui épargner cette situation, mais c'était la seule solution s'ils voulaient vivre leur amour de façon réfléchie. Claudia savait, dès le départ, qu'il serait impossible à Tom sur le plan professionnel d'envisager de vivre ailleurs à cause des intérêts en jeu. Un certain nombre de personnes avait placé leur confiance en lui en investissant dans l'entreprise qu'il avait créée avec l'aide de ses deux copains. C'était ainsi qu'elle avait pris son essor après des années de dur labeur et de sacrifices. Cet essor leur permit d'engager plusieurs personnes qui dépendaient désormais, sur le plan professionnel et social, du développement de l'entreprise.

Leur activité était basée sur la recherche en énergies renouvelables qui, aujourd'hui, étaient plus que d'actualité au regard des problématiques d'environnement.

Pour toutes ces raisons-là, Claudia avait toujours su qu'il lui était impossible de faire autrement. D'ailleurs, elle ne le lui avait jamais demandé. Tom lui en était reconnaissant. Il attendait maintenant son appel avec angoisse et espoir.

Perdu dans ses pensées, il traversa machinalement les larges avenues de Manhattan, toujours aussi animées, quelle que soit l'heure. Enfin soulagé, il arriva chez lui.

À la mi-décembre, la belle ville de Nantes se préparait aux fêtes de fin d'année en s'illuminant des plus belles décorations de Noël. Dès la nuit tombée, la ville revêtait les couleurs de la fête qui lui donnait une vie nouvelle pleine de féerie, mettant la magie de Noël dans tous les esprits. Ainsi, le ton des festivités était donné.

Les enfants d'une partie du monde rêvaient avec insouciance depuis longtemps déjà au Père Noël et à sa hotte pleine de cadeaux. Pendant ce temps, les parents couraient avec angoisse les magasins et les boutiques dans le seul but de rendre les uns et les autres heureux pendant un temps éphémère qui durait juste le soir et le jour de Noël.

Durant cette période pleine d'euphorie, chacun avait davantage besoin de se sentir aimé, faisant ainsi naître davantage de sensibilité et d'espoir dans les cœurs, poussant les uns et les autres à se sentir proches et à se prêter attention.

Claudia ressentait le besoin irrésistible d'être avec celui qu'elle aimait et qui lui manquait terriblement depuis des mois. C'était également à cette période qu'ils s'étaient rencontrés la première fois.

Ce matin-là, lorsqu'elle ouvrit les yeux sur ce nouveau jour qui venait de se lever, la jeune femme ne put penser à autre chose qu'à l'instant de leur rencontre il y avait à peine un an. Elle s'en souvenait comme si c'était hier, avec autant d'émotion. La jeune femme sut alors que le moment était venu d'appeler Tom afin de partager avec lui le souvenir de cette première rencontre, et de lui demander de la rejoindre pour qu'ils puissent passer leur premier Noël ensemble.

Tom était allongé sur son canapé, comme il aimait le faire lorsqu'il cherchait un moment de tranquillité, son verre posé sur la petite table basse, le bras gauche replié sur le visage. Il écoutait du blues, comme à son habitude dans les moments de solitude.

La douce mélodie qui s'échappait de l'appareil tourbillonnait lentement et délicatement, rendant le souvenir de leur première rencontre plus sensuel et émouvant, enveloppant ainsi tout son être de la magie de cette douce chaleur du désir qui s'était emparé de lui à l'instant même où il avait posé son regard sur elle.

Dès cet instant, il en était tombé amoureux et n'avait vécu que pour la retrouver et la conquérir. Pour cela, il avait dû s'armer de patience, de courage, et d'une bonne dose de folie.

Le jour où il la retrouva finalement, d'une manière inattendue, il sut qu'il avait eu raison d'y croire, découvrant avec joie qu'ils partageaient les mêmes sentiments. Ce fut la cerise sur le gâteau.

Aujourd'hui, il avait peur que cette folle histoire jonchée d'obstacles ne prenne fin à cause des distances qui s'étaient immiscées entre eux dès le début, même s'il espérait que la force de leur amour et leur besoin de vivre ensemble pourraient prendre le dessus sur les soucis que Claudia pouvait avoir en ce moment.

Aujourd'hui, plus qu'un autre jour, il aurait voulu l'appeler pour lui dire qu'elle lui manquait énormément et qu'il l'aimait encore plus qu'au premier jour. Ils avaient partagé tant de choses depuis leur rencontre. Malheureusement, il ne pouvait pas manquer à sa parole. C'est pourquoi il se réfugiait dans les souvenirs pour lutter contre l'envie de l'appeler.

La sonnerie du téléphone vint interrompre le cours de ses pensées. Machinalement, il décrocha le combiné et répondit d'une voix distraite.

— Allô !

— Bonsoir, Tom.

Lorsqu'il reconnut la voix de Claudia, il se redressa pour se donner plus d'assurance et de contenance afin de surmonter son émotion.

— Bonsoir, Claudia. Quelle surprise de t'entendre. Comment vastu ?

— Je me porte bien. J'espère que je ne te dérange pas.

— Non, pas du tout. Je me relaxais sur le canapé après une longue journée de travail. Entendre de nouveau ta voix après un si long silence me fait très plaisir.

— Oui, je sais. Moi aussi je suis très contente de t'entendre à nouveau.

— Tu m'as beaucoup manqué, Claudia.

— Toi aussi, tu m'as beaucoup manqué, et encore plus aujourd'hui, premier anniversaire de notre rencontre. Te souviens-tu ?

— Comment pourrais-je l'oublier ? Je n'ai pensé qu'à ça depuis ce matin. Je n'avais qu'une envie : te serrer dans mes bras.

— Oh, Tom, j'aimerais tellement qu'on puisse passer les fêtes ensemble, pour la première fois. Je sais que tu as beaucoup de travail mais ça me ferait tellement plaisir que tu puisses venir me rejoindre les jours à venir.

— Rien ne pourra me faire plus plaisir que de passer les fêtes en ta compagnie, ma chérie.

— Je suis contente que tu puisses venir. Ce sera aussi l'occasion de rencontrer mes parents le soir du réveillon, et le reste de ma famille dans la maison familiale, surtout que je leur ai déjà parlé de toi, et de ma décision d'aller vivre à New-York avec toi.

— Je suis soulagé d'apprendre enfin que tu as décidé de venir me rejoindre. Quelle a été la réaction de tes parents lorsque tu leur en as parlé ?

— Comme tu peux t'en douter, ils n'ont pas sauté de joie à l'idée de me voir tout quitter pour aller tout recommencer aussi loin d'eux. Surtout ma mère. Mais j'ai su leur faire comprendre à quel point c'était important pour moi. Ne t'inquiète surtout pas, il faut juste leur laisser le temps de se faire à l'idée. Ils finiront par l'accepter. Je sais qu'ils changeront vite d'avis lorsqu'ils te rencontreront.

— Je voudrais en être aussi sûr que toi. Je serai également très content de les rencontrer. Et si tu penses que le soir de Noël conviendra pour une première rencontre, je te fais confiance. Malgré tout, je ne veux pas leur imposer ma présence un soir comme celui-là.

— Ne te fais pas de soucis pour ça, tout se passera bien. Tu rencontreras également mes frères et ma sœur, leurs conjoints et leurs enfants. Tu verras, ils sont tous très gentils.

— Cela m'enchante. Malheureusement je ne pourrai pas être là avant le 23 décembre. J'ai un certain nombre de choses à régler avant de pouvoir me libérer.

— Tu es sûr de pouvoir venir ?

— Bien sûr, rien ne pourra m'empêcher de te rejoindre. J'ai trop attendu ce moment. Je découvrirai aussi où tu vis et j'apprendrai à connaître ta ville.

— C'est vrai, et cela me fera vraiment plaisir. Je rongerai mon frein en t'attendant.

— On sera deux à se le ronger.

— Prends bien soin de toi, Tom, je t'embrasse. Je t'aime, à bientôt.

— Moi aussi, je t'aime, à bientôt, Claudia.

Après avoir raccroché, Claudia se sentit heureuse et soulagée parce qu'elle avait enfin franchi le pas en appelant Tom pour lui annoncer qu'elle était prête à le rejoindre, chose qu'elle n'était jusqu'ici pas arrivée à faire. Même si, dès le début, elle avait su que son cœur l'avait précédé auprès de lui. Elle était certaine que son bonheur, c'était auprès de lui qu'elle le trouverait.

Depuis des mois, la jeune femme s'était sentie prisonnière de ce coup de fil. Elle avait l'impression qu'elle perdrait tout contrôle sur son avenir dès lors qu'elle appellerait Tom. C'est de cela qu'elle avait peur : ne plus avoir de prise sur sa vie, être obligée de subir ce changement comme si elle n'était plus maîtresse de son existence. C'est pour cela que cet obstacle lui semblait infranchissable.

Cette situation avait miné Claudia, et elle en avait souffert pendant un certain temps, ce qui fit douter Tom de son amour pour lui. Elle lui avait donné l'impression d'être indécise alors qu'elle était absolument sûre de n'avoir aucun doute sur ses sentiments pour lui, et que le problème ne venait uniquement que de son incapacité à lâcher prise et à faire confiance à son avenir.

Heureusement, tout cela faisait partie du passé dès l'instant où elle avait pris la décision de téléphoner à Tom. Elle se sentait enfin libre pour se tourner définitivement et plus sereinement vers son avenir à New-York.

Ce soir-là, elle s'endormit le cœur et l'esprit léger, rêvant à la magie du soir de Noël et à sa vie future.

Le lendemain matin, Claudia reçut un appel de Kelly l'informant de ses fiançailles avec Matthew et de leur départ pour Londres la semaine suivante. Ce voyage était l'occasion pour elle de faire connaissance avec ses parents et passer le réveillon dans la famille de Matthew.

Claudia la félicita pour ses fiançailles et lui apprit que Tom et Nathan viendraient passer les fêtes de fin d'années avec elles. Depuis leur retour de voyage, les trois jeunes femmes se donnaient régulièrement de leurs nouvelles en s'appelant. Ainsi chacune savait ce qui se passait dans la vie de l'autre.

La semaine qui suivit, Nathan arriva, quelques jours avant l'arrivée de Tom, pour le plus grand bonheur d'Amanda. Il devait passer quelques jours chez elle avant qu'ils ne se rendent ensemble à Paris où ils passeraient le réveillon de Noël chez les parents de la jeune femme.

Claudia put les inviter à venir dîner chez elle le lendemain de son arrivée. Ils passèrent un agréable moment à se remémorer les dernières vacances. Amanda lui apprit qu'ils étaient invités à dîner chez Stéphanie le lendemain, et que Stéphanie lui avait dit qu'elle se mettrait elle-même aux fourneaux, ce qui fit rire les deux jeunes femmes, sachant que la cuisine n'était pas la qualité première de Stéphanie.

Amanda profita des quelques jours qu'ils leur restaient avant le départ pour Paris pour faire visiter Nantes à Nathan. Ensuite, ils s'envolèrent pour Paris, la veille de l'arrivée de Tom.

Le jour de son arrivé, Claudia était dans tous ses états. Dès son réveil, elle rongea son frein en se trouvant des occupations pour tuer le temps, attendant l'heure d'arrivée de son vol, en début de soirée.

La jeune femme était prête une heure avant. Déjà, la veille, elle s'était rendue chez le coiffeur pour se faire un brushing et rendre plus éclatant ses magnifiques cheveux auburn. Elle s'était appliquée à se faire un savant maquillage pour l'occasion, après s'être revêtue d'une robe-pull de couleur bleue à mi-cuisse et col roulé avec pour finition des jeux de côtes fantaisie, portée sur un legging noir et des cuissardes à talons hauts du même bleu que sa robe. Élégamment vêtue et sûre d'elle, la jeune femme attendait avec impatience l'heure d'aller retrouver Tom.

Quand il fut l'heure, elle s'enveloppa d'un manteau de couleur gris chiné à double boutonnage qui marquait merveilleusement bien sa taille, et prit son sac de ville. L'estomac noué par l'excitation, elle arriva quelques instants plus tard à l'aéroport pour attendre Tom qui ne tarda pas à apparaître, toujours aussi séduisant.

La jeune femme le vit avancer vers elle avec beaucoup d'émotion, le cœur battant la chamade. Il était élégamment vêtu, tout de sombre, d'un manteau noir mi-long, classique, à coupe ajustée, ouvert sur un polo à col roulé bleu nuit et un jean noir. D'une main, il tirait derrière lui sa valise à roulettes.

Claudia vint à sa rencontre et se jeta dans ses bras. Il la serra contre lui et ils échangèrent un tendre baiser. Ils rejoignirent la voiture tendrement enlacés. Le trajet se passa dans la gaieté et la bonne humeur sous la coupe de l'euphorie des retrouvailles. Dehors, la nuit était tombée. Un vent froid et sec soufflait.

Les décorations de Noël illuminaient la ville et ajoutaient une touche de féerie à leurs retrouvailles. Il y avait beaucoup de monde dans les rues, attiré par les lumières multicolores qui scintillaient comme des milliers de lucioles pour tous ceux qui avaient envie de rêver et de se retrouver dans le monde fantastique et insouciant des enfants. Le trajet fut un peu plus long en ce vendredi soir, avant-veille de Noël. La ville était en effervescence. Un moment plus tard, ils arrivèrent à son appartement.

La jeune femme lui fit visiter son petit nid. Lorsqu'ils arrivèrent dans la chambre où ils allaient passer plusieurs nuits, il posa sa valise et prit Claudia dans ses bras en lui disant :

— Ce moment d'intimité, je l'ai attendu des mois. Tu m'as tellement manqué, Claudia ! J'ai cru devenir fou en attendant ton appel.

Les yeux dans les yeux, il lui prit le visage en coupe dans ses mains, puis ils s'embrassèrent avec la fougueuse passion qui les dévorait depuis des mois, laissant libre cours à leurs caresses. Ils se retrouvèrent allongés sur le lit, à moitié dénudés. Tom se redressa pour admirer toutes les merveilles qu'offrait le corps de sa bien-aimée.

Claudia était étendue dans des draps de soie rouge bordeaux, vêtue uniquement d'un soutien-gorge et d'un boxer en dentelle. L'ensemble était de couleur assortie, noir et beige. Ses longues jambes galbées étaient légèrement voilées de bas noirs se terminant en haut des cuisses par une large bande de dentelle. Elle était ensorcelante ainsi allongée dans les draps, les cheveux éparpillés, la poitrine et le ventre se soulevant au rythme d'une respiration saccadée. Ses yeux verts étincelaient en dévorant le corps de Tom, comme si elle était possédée par le démon du désir.

Il la fit asseoir sur lui à califourchon en lui tenant la taille et lui enleva son soutien-gorge. Les yeux dans les yeux, il lui caressa les seins dont le désir avait durci les bouts. De ses lèvres chaudes, il les couvrit de baisers pendant qu'elle lui pressait la tête contre sa poitrine. Le bassin cambré, les jambes écartées épousant le tour des hanches de Tom, la tête rejetée en arrière, les cheveux lui retombant dans le creux du dos, elle gémissait de plaisir.

Allongés sur le lit, entièrement nus, leurs corps entremêlés laissant libre cours à leur désir, elle sentit enfin, le corps brûlant de désir charnel, le membre dur et chaud de Tom s'enfoncer dans les profondeurs moites et tièdes de son intimité. Chacun laissa son plaisir s'exprimer en gémissant encore plus fort. Le corps en transe, marqué par l'ombre puissante de l'exaltation amoureuse, ils atteignirent enfin l'ultime extase.

Ils s'endormirent enlacés, heureux de s'être enfin retrouvés. Toute la nuit, leurs corps se cherchèrent afin d'assouvir leurs fantasmes.

Ils se réveillèrent assez tôt le lendemain, veille de Noël, et prolongèrent les délices sensuels de la nuit dans la salle de bain. Ils s'habillèrent beaucoup plus tard, lorsque l'exaltation de leurs sens fut comblée, et se dirigèrent vers la cuisine pour préparer le petit-déjeuner.

Dès la fin de celui-ci, ils prirent le chemin des magasins afin de faire les dernières emplettes, comme la plupart des gens en cette veille de Noël. C'était l'effervescence dans tous les magasins. Parmi la foule, il y avait beaucoup d'enfants, les yeux émerveillés devant des Pères Noël qui étaient là pour ajouter un peu plus de féerie au soir du réveillon. Les enfants se faisaient photographier en leur compagnie. Les plus jeunes pleuraient, effrayés par ce gros bonhomme en rouge et blanc avec une longue barbe bien fournie. Chaque magasin avait sa décoration propre, rivalisant d'imagination et d'astuce pour capter l'attention des plus jeunes et pour attirer davantage de parents et grands-parents. Des chansons de Noël accompagnaient tout un chacun dans ses achats. C'était l'unique but des magasins que de retenir le plus longtemps les clients, afin qu'ils dépensent le plus possible.

C'est donc dans cette ambiance commerciale de Noël que Claudia et Tom coururent d'un magasin à l'autre pour acheter les derniers cadeaux. Claudia avait voulu attendre l'arrivée de Tom pour faire les dernières courses avec lui, afin qu'ils vivent pour la première fois l'ambiance de la fête ensemble. Une fois les emplettes terminées, ils allèrent manger dans une crêperie où on servait des spécialités de la région.

Beaucoup plus tard, lorsqu'ils retrouvèrent la tranquillité de l'appartement de la jeune femme, ils s'amusèrent à emballer les cadeaux et allèrent faire une longue sieste afin d'être en forme pour la longue soirée animée qui les attendait.

À leur réveil, la nuit était tombée. Ils se préparèrent pour se rendre chez les parents de Claudia. Pour l'occasion, elle portait une robe noire à bretelles, buste et pan devant drapés avec une découpe et une application de paillettes noir et argent sur la poitrine. Autour du cou, elle portait un collier plastron en feutrine noire orné de cabochons fermés avec un ruban satin. Une paire d'escarpins noirs, à double brides croisées et zippées aux chevilles, à talons pointus, achevait de parfaire sa silhouette.

Lorsque Tom la vit, il trouva la jeune femme sublime, ce qui eut pour effet de la faire rosir de plaisir.

Tom, lui, comme à son habitude, était sobrement et élégamment vêtu. Il portait une veste droite sombre sur une chemise de soie bleu nuit. À son cou pendait une écharpe blanche qui lui donnait un style classique, élégant et chic. Avant de partir, il revêtit un long manteau noir.

Claudia enfila à son tour un manteau, couleur crème avec effet tweed en forme de trapèze, col montant, à double boutonnage, avec une ceinture à boucle qui lui enserrait la taille.

Sa pochette noire en main, elle rejoignit Tom qui portait les différents cadeaux dans la voiture. Ils s'en allèrent assez tôt parce que Claudia souhaitait présenter Tom à ses parents avant l'arrivée des autres membres de la famille.

Lorsqu'ils arrivèrent, toutes les pièces du rez-de-chaussée étaient éclairées. On pouvait apercevoir à travers les vitres d'une des portes fenêtres le reflet d'un grand sapin dont les jeux de lumière multicolore faisaient scintiller les guirlandes et les boules de Noël. Aucune voiture n'était encore arrivée. Dès qu'ils franchirent l'entrée du salon, les parents, très heureux de les voir, vinrent à leur rencontre. Les présentations d'usage faites, ils se dirigèrent vers la grande table magnifiquement dressée. La salle à manger de style gustavien était éclatante de blancheur.

Au centre de la pièce, au-dessus de la grande table, était suspendu un grand lustre double, blanc, en cristal transparent. Autour de la table étaient disposées des chaises cannées aux assises recouvertes de coussins ivoire à nouer.

Tous les meubles étaient de couleur gris perle, légèrement patinés. Sur le mur face à la table, il y avait un beau buffet sur lequel étaient disposés des bibelots, des photos encadrées et un grand vase garni d'un magnifique bouquet de roses, d'un rose saumon très délicat et presqu'irréel, qui se reflétait dans un grand miroir suspendu et de même style que les autres meubles.

Pour l'occasion, la table centrale était recouverte d'une nappe blanche brodée sur laquelle on avait disposé un magnifique service de table doré, un couvert blanc et or en porcelaine fine et des verres en cristal.

Une estafilade de portes blanches à petits carreaux et à voilage blanc crème séparait la salle à manger du salon. Devant, un grand et magnifique sapin crépitait et accentuait encore plus la féerie des lieux.

Jacques leur servit un verre de Clairette en attendant l'arrivée des autres membres de la famille. C'était un homme de taille moyenne, plutôt trapu. Ses cheveux courts étaient légèrement ondulés et gris. Il avait un visage large aux traits légèrement grossiers que venaient adoucir de grands yeux d'un bleu profond. Il portait un élégant costume clair.

Pendant qu'il servait, Claudia et sa mère se rendirent à la cuisine pour terminer les derniers préparatifs, laissant les deux hommes faire plus ample connaissance. La sonnerie du téléphone vint interrompre leur conversation. Jacques dut laisser Tom seul un moment pour aller répondre, juste au moment où Claudia revenait au salon. Tom vint vers elle et lui tendit une flûte contenant le liquide ambré et pétillant.

Lorsqu'elle voulut porter le verre à ses lèvres, elle aperçut au fond une magnifique bague qui faisait remonter plein de bulles à la surface, comme par magie. La jeune femme ouvrit de grands yeux plein de surprise et de joie. Il lui prit le verre des mains, renversa le liquide dans son verre, sortit la bague, l'essuya avec une serviette et la glissa au doigt de la jeune femme. C'était une magnifique bague en or rose et blanc, surmontée d'un rubis serti de plusieurs diamants.

Des larmes de joie coulèrent sur les joues de la jeune femme. Claudia était tellement émue qu'elle resta muette. Tom la prit par la main et la conduisit dans le petit salon. Il referma sur eux la porte et prit la jeune femme par la taille en la regardant dans les yeux.

— Ce rubis est le symbole de notre amour. Tant qu'il brillera, notre amour sera éternel. Je voulais te l'offrir dans un endroit qui était cher à tes yeux, et en même temps, te faire officiellement ma demande.

Claudia, acceptes-tu de devenir ma femme dans le bonheur et dans la peine, jusqu'à ce que la mort nous sépare ?

Elle se jeta dans ses bras, et, pleurant de bonheur en criant à moitié :

— Oui, oui ! Je le veux ! Oh, Tom, je suis si heureuse mon amour. Je t'aime à en mourir.

— Moi aussi ma chérie, mais « vivante » c'est encore mieux, tu ne crois pas ?

Claudia éclata de rire. Ivres de joie, ils s'embrassèrent passionnément, à s'étourdir, dans un décor très romantique et chaleureux qui donnait l'impression d'échapper au temps qui passe et les transportait dans une autre époque. Le style et les couleurs du petit salon dégageaient une atmosphère romanesque. Il était de style Louis XVI. Les murs étaient dans les tons pastel à dominance blanc crème et vieux rose. La bibliothèque était remplie de beaux ouvrages, donnant envie de s'installer dans l'une des bergères et de se laisser emporter par la lecture, les jambes étendues sur le repose-pieds.

C'était vraiment l'endroit rêvé pour une demande en mariage.

L'arrivée des autres convives les ramena malgré eux à la réalité. Ils allèrent donc rejoindre les autres membres de la famille qui étaient tous arrivés. Ses deux frères, leur femme et leurs enfants. Sa jeune sœur Liliane, son mari et son fils de trois ans étaient également là.

Arthur était l'aîné de la famille. Il avait une quarantaine d'années. Très brun, il ressemblait un peu plus à son père tandis qu'Henri, de deux ans son cadet, était plus grand. Claudia et lui avaient les mêmes couleurs d'yeux et de cheveux. Liliane était brune aux yeux verts. Elle ressemblait à leur mère.

Leurs femmes étaient différentes. Amandine, la femme d'Arthur, était de taille moyenne, blonde aux yeux clairs. Ils avaient deux enfants, une fille de huit ans et un petit garçon de cinq ans.

Elodie, la femme d'Henri, était assez grande, brune aux yeux gris. Ils avaient une fille de six ans et un petit garçon de cinq ans. Allan, le mari de Liliane, était un grand brun avec un air très sérieux.

Après les présentations, chacun put s'asseoir à côté de sa compagne autour de la table de réception. C'était une belle table festive, bien garnie.

L'entrée était composée de fruits de mer, langoustines, huîtres, saumon fumé et queues de langoustes. Chacun pouvait se servir selon son goût et à sa convenance. Les fruits de mer étaient accompagnés de vin blanc, bien frais, pour tous les amateurs de vins. Les enfants se délectèrent de petits canapés et de petits feuilletés aux fruits de mer, accompagnés de jus de fruit pétillants.

Suivait un canard rôti à la peau bien dorée et croustillante, avec sa garniture de petits légumes très fondants et luisants dans un jus de cuisson merveilleusement onctueux, destiné à arroser un savoureux riz thaïlandais au parfum de jasmin, pour le plus grand plaisir des petits et des grands.

Le dessert était dans la vraie tradition de Noël, une bûche pâtissière et une bûche glacée. C'est ainsi que les plats se succédèrent tout au long de la soirée, dans une ambiance très conviviale. Le plat central fut accueilli avec une salve d'applaudissement pour celle qui l'avait préparé avec amour.

Autour de la table, les conversations allaient bon train, dans la bonne humeur. Chacun se laissait aller à raconter des anecdotes qui lui étaient arrivées, faisant rire les autres. Les enfants n'étaient pas en reste, ils s'amusaient entre eux ou faisaient rire les plus grands avec certaines de leurs remarques très naïves concernant le Père Noël qu'ils attendaient avec impatience.

Ils y avaient des moments où ils discutaient de politique, du climat, d'écologie et de voyages, toujours avec une pointe d'humour qui convenait au moment. Tom s'était senti dès le début de la soirée à l'aise parmi eux, grâce à leur simplicité et à leur sens de l'accueil.

À minuit, ce fut l'heure de l'ouverture des cadeaux. Tout le monde se dirigea vers le grand salon pour la distribution, des cadeaux amoncelés au pied du sapin. Devant les yeux amusés des grands et dans une explosion de joie, les enfants furent les premiers à recevoir leurs cadeaux. En moins de deux minutes, tous les emballages furent bien vite déchiquetés.

Pour les adultes, les cadeaux étaient destinés à passer un agréable moment de rire et d'amusement pour terminer la soirée. C'était des cadeaux à moindre coût, juste pour rire et se moquer les uns des autres, et non faire dépenser pour quelque chose dont personne ne verrait jamais l'utilité.

Les cadeaux offerts, soit désignaient un hobby de la personne ou l'une de ses habitudes, soit étaient destinés à envoyer un message. Tous étaient sujets à des commentaires humoristiques qui faisaient rire aux éclats.

Henry offrit à Arthur une poche de gel douche sanglante. Sa couleur et sa forme en poche de sang étaient très réalistes. Il le lui offrit en lui disant qu'il pourrait pour une fois jouer une des scènes mythiques de ces films d'horreur, et que le plus intéressant serait le bonheur de voir sa femme hurler de terreur en voyant tout ce faux sang, ou de l'utiliser pour faire une mauvaise blague à sa belle-mère.

Arthur offrit à sa femme des chaussons qui se réchauffaient au micro-onde en lui disant qu'ils pourraient faire des économies en brûlant moins de bûches et qu'ils se sentiraient un peu moins dans un sauna presque toute l'année.

Liliane, elle, offrit à son mari une boîte contenant plusieurs assortiments de sushis en savon de bain, lui disant qu'elle espérait secrètement le dégoûter un peu de son amour pour les sushis.

Claudia offrit à Tom une horloge écologique. C'était un gadget high-tech qui fonctionnait à l'eau, sans pile. Lui, à son tour, lui offrit un bracelet d'aromathérapie pour combattre le stress et générer une attitude positive afin qu'elle puisse surmonter les moments difficiles à venir avant de pouvoir le rejoindre à New-York. Le jeu des petits cadeaux amusants continua jusqu'au matin.

À quatre heures, les uns et les autres se quittèrent et se souhaitèrent une bonne fête de Noël. La plupart des enfants dormaient déjà.

Les parents les portèrent jusqu'aux voitures sans qu'ils se réveillent tant ils étaient fatigués de leur longue soirée.

Lorsque Claudia et Tom furent enfin de retour chez eux, satisfaits et heureux de leur soirée, ils prirent une douche ensemble et se laissèrent aller à des plaisirs autres que ceux du ventre déjà bien comblés.

Ils sortirent de leur sommeil réparateur en début d'après-midi pour se restaurer et passer une soirée tranquille en regardant les albums photos de Claudia. Ils reparlèrent avec amusement de leur premier réveillon de Noël ensemble.

Dans la nuit du vingt-cinq au vingt-six décembre, la jeune femme eut du mal à trouver le sommeil. Elle s'agita une partie de la nuit. Ses rêves étaient peuplés d'ombres.

Le vingt-six décembre au petit matin, l'esprit embué de souvenirs atroces, elle sortit de son lit pour se mettre devant la fenêtre. Dehors, il faisait encore nuit. Le regard perdu dans le vide, son esprit s'englua dans les souvenirs.

Un an déjà, pensa-t-elle, que le terrible tsunami ravagea l'Asie du Sud-Est, laissant derrière lui des centaines de milliers de morts et de blessés, drame épouvantable auquel elle assista.

Les images de ce qu'elle vécut, dès l'instant où elle avait découvert qu'elle était enceinte, et tous les événements qui en découlèrent, se succédèrent dans sa tête. Elle repensa à sa rencontre avec Tom et Kelly, puis à la rencontre avec le terrible tsunami qui provoqua sa fausse couche, des moments très durs qu'elle partagea avec Tom. Elle se rappela avec émotion sa longue traversée du désert après le tsunami et, par la suite, ses vacances et ses retrouvailles avec Tom à New-York, chez Kelly, après plusieurs mois de séparation.

Claudia mesura la seconde chance que le destin leur offrait de survivre au tsunami alors que tant de personnes y avaient succombé. Elle pensa à ceux qui avaient tout perdu, ou perdu un être cher, ce jour-là, espérant de tout cœur que Dieu pourrait leur donner assez de force pour surmonter d'une manière ou d'une autre cette blessure et leur permettrait de se reconstruire.

Après le long désert qu'elle avait traversé, elle savait que la seule manière de se reconstruire était de pouvoir s'accorder le pardon pour de nouveaux ouvrir son cœur aux autres et pour que l'amour puisse y reprendre place, ouvrant ainsi la porte à l'espoir. Car donner et recevoir de l'amour permet de se guérir et de guérir tous ceux dont l'âme souffre et qui croisent un jour notre chemin.

Perdue dans ses pensées, elle ne se rendit pas compte que Tom aussi était réveillé depuis un bon moment et l'observait dans le silence et la pénombre de la chambre. Il savait pourquoi elle n'avait pas réussi à trouver le sommeil. Rien qu'en la regardant, il savait que son esprit était tourmenté par les fantômes du passé. Il aurait voulu lui épargner cela. C'est pourquoi il avait fait semblant de ne pas se souvenir de ce qu'ils avaient vécu un an plus tôt lors du tsunami qui avait failli leur coûter la vie, même s'il savait qu'il était impossible de ne pas se le rappeler.

Dès son réveil la veille, les souvenirs l'avaient assailli l'obligeant à revivre ces terribles jours où il avait vu tant de personnes souffrir et mourir. Il finit par se lever et la rejoindre. Il la prit dans ses bras. Ils restèrent ainsi un long moment sans prononcer un seul mot, parce que les mots n'avaient pas leur place dans ces moments où leur esprit et leurs souvenirs se confondaient et communiaient.

Les jours suivants, ils trouvèrent la force de refermer la porte de leurs souvenirs si douloureux afin qu'ils puissent apprécier la seconde chance que le destin leur donnait, et qu'ils puissent trouver le chemin du bonheur.

Presque tous les jours, Claudia amenait Tom à la découverte de la ville et des sites historiques, tels que le magnifique château des Ducs de Bretagne. Elle lui fit goûter quelques spécialités de la région.

Tom était ravi de ces découvertes. Il comprenait aisément l'amour de la jeune femme pour sa région, et se rendait vraiment compte maintenant du sacrifice qu'elle était sur le point de faire par amour pour lui. Il se promit de faire tout ce qui était possible pour lui faire aimer sa nouvelle vie, même s'il savait que rien ne pourrait remplacer Nantes dans son cœur.

Peu avant le nouvel an, Stéphanie vint leur rendre visite. Elle venait de rentrer de Quimper où elle avait passé Noël en compagnie de ses parents. Elle adorait cette petite ville du Finistère. C'était là qu'elle avait grandi, sur les bords de l'Odet, rivière qui, au rythme des marées, traversait paisiblement la ville comme une douce caresse. Elle avait quitté Quimper pour faire ses études à Rennes et, ses études terminées, elle s'était installée à Nantes pour y travailler. Stéphanie passa la soirée en compagnie des deux amoureux, et avant de les quitter, elle prit Claudia à part pour lui dire qu'elle enviait sa chance d'avoir un homme si séduisant, et surtout, si riche, car c'était à ses yeux le plus important ! Tout en démarrant sa voiture, Stéphanie ajouta :

— Si j'avais été à ta place, Claudia, je l'aurais rejoint depuis longtemps sans me poser de questions, parce que je suis certaine que je ne manquerais de rien avec un homme si fortuné.

Claudia avait ri et lui avait demandé :

— Pourquoi tu penses qu'il est fortuné ?

Stéphanie avait souri en mettant son index sur le bout de son nez et en disant :

— Je flaire le luxe à mille lieues. Tu devrais le savoir depuis le temps que tu me connais, dit-elle en lui envoyant un clin d'œil malicieux avant de s'en aller.

Avec un air amusé sur le visage, elle laissa Claudia rejoindre Tom.

Un soir, au restaurant, après le dîner, Tom demanda à Claudia quand elle comptait le rejoindre à New York.

— Claudia, même si c'est encore difficile pour toi de parler de ton départ, je souhaite néanmoins savoir quand tu pourras me rejoindre.

— Ne t'inquiète pas, j'ai passé le cap. Je pense maintenant à notre avenir ensemble. Cependant, je ne peux pas partir avant le printemps à cause de mon travail. Je dois obligatoirement attendre la fin de mon contrat au laboratoire. Ensuite, il faudra que je vide mon appartement et que j'en confie la gestion à une agence immobilière pour ne pas avoir à le vendre. Ce n'est qu'après que je pourrai me sentir libre de partir. Je pense pouvoir te rejoindre au début du mois de mai.

— D'accord, je t'attendrai avec impatience. Ces quatre mois vont être les plus longs de ma vie. Dès que je serai de retour à New-York, j'irai parler de toi et de nos projets à mes parents. J'aime mieux te dire que ma famille est très différente de la tienne. Ne t'attends pas à beaucoup de chaleur de leur part. J'ai grandi dans cette atmosphère. En revanche, mon frère et ma sœur sont très particuliers, mais sympathiques. Tu verras, tu ne seras pas déçue.

Après notre mariage, nous pourrons nous acheter une maison en dehors de Manhattan, si tu le souhaites. On attendra ta venue pour fixer la date de notre mariage, sauf si tu souhaites qu'on le fasse maintenant.

— Je préfère qu'on la fixe lorsque je serai à New-York. J'ai hâte de rencontrer ta famille, même si ça m'angoisse un peu.

— Je sais, mais tout va bien se passer, je l'espère. L'essentiel, c'est que nous soyons ensemble.

Le soir de la Saint Sylvestre, ils dînèrent dans l'un des plus grands restaurants en vogue de la ville. À minuit, ils purent admirer les feux d'artifice qu'offrait la ville pour clore l'année.

Le jour de l'an, ils furent invités chez les parents de Claudia pour le déjeuner. Ils y passèrent tout l'après-midi. La jeune femme fut très contente de voir que sa mère avait accepté sa décision d'aller vivre ailleurs. En fin d'après-midi, Tom leur fit ses adieux parce qu'il repartait deux jours plus tard.

À la nuit tombée, deux jours plus tard, Claudia reconduisit Tom à l'aéroport après avoir passé avec lui presque deux semaines idylliques en amoureux. Ils se quittèrent avec tristesse et espérèrent que les quatre mois de séparation passeraient très vite pour qu'ils puissent enfin commencer leur nouvelle vie ensemble.

Chapitre VII

Lorsque Tom monta dans le taxi ce soir-là, la nuit était tombée sur Washington DC. Sobrement et majestueusement illuminée, la ville semblait chercher le repos dans la quiétude nocturne et sous l'ombre impérieuse de ses pères fondateurs immortalisés par les monuments érigés en leur honneur, Washington, Lincoln, Jefferson, Roosevelt. Tous régnaient sur l'œuvre de leur vie, dans le silence de l'éternité.

Les éclairages nocturnes changeaient l'aspect de ces monuments si célèbres, leur donnant une touche de magie qui fascinait, au-delà du réel.

Assis dans le taxi qui le conduisait chez ses parents dans l'un des quartiers du nord-ouest de la ville, Tom regardait d'une manière distraite les lumières défiler. Ses longues journées de travail harassantes après son retour de Nantes l'avaient épuisé. Depuis son retour, après les fêtes de fin d'années, il travaillait sans relâche.

Il était content d'être à Washington. Il avait toujours eu une relation particulière avec cette ville qui l'avait vu grandir. Elle avait été également le témoin de sa recherche de personnalité, de ses souffrances d'enfant, d'adolescent et de jeune adulte.

Souvent, à une certaine époque de sa vie, lorsqu'il vivait encore chez ses parents, il venait se réfugier, à la recherche de solitude, de bien-être et de réflexion, dans ses grands parcs verdoyants et bourdonnant de tant d'inconnus qui ne pouvaient lire la souffrance de son âme.

Washington était une ville fascinante par sa manière d'afficher humblement sa puissante face aux autres villes américaines, bien qu'elle fût la capitale fédérale du pays, ne faisant partie d'aucun des états fédérés, et fonctionnant avec une certaine autogestion locale.

L'organisation de son paysage urbain était contraire aux autres métropoles américaines, caractérisées par des gratte-ciels. À Washington, la hauteur des bâtiments avait été limitée à celle du sommet du Capitole depuis 1899.

L'absence de très hautes constructions donnait à son paysage un aspect plus aéré, accentué par ses grands parcs et ses larges avenues bordées d'arbres.

Tous ces facteurs favorisaient sa faible densité de population par rapport à d'autres villes du pays. En plus de cela, les bâtiments officiels et les monuments tenaient une place plus importante que les immeubles destinés aux habitations.

La ville abritait en effet un grand nombre de musées et de bâtiments remarquables. La plupart étaient situés près du *National Mall,* large de 120 m et long de 3,5 km, bordé d'arbres et de musées, qui s'étendait du Capitole au fleuve Potomac. Dans le parc du centre-ville, on pouvait voir se dresser le *Washington Monument*. C'était un obélisque dédié au premier président des États-Unis.

Washington était une ville agréable qui renfermait cependant, sans que l'on s'en doute, un certain nombre de paradoxes sur le plan politique, démographique et climatique.

Tandis que le taxi filait sous la neige dans la nuit glaciale, Tom pensait au moment où il pourrait enfin s'allonger et passer une bonne nuit d'un sommeil réparateur. Il voulait être au mieux de sa forme pour affronter son père le lendemain.

Il savait que cet entretien avait plus de chance de se terminer par un conflit, même s'il espérait au fond de lui qu'il en serait autrement. Pendant des années, il s'était évertué à s'éloigner le plus possible de son père pour éviter que la colère qui couvait en lui ne puisse exploser un jour face à la manière méprisante, rigide et étouffante, qu'avait celui-ci de traiter les membres de sa famille, comme toutes les personnes qui l'entouraient.

Dès qu'il avait eu l'âge de quitter le joug paternel, il avait mis de la distance entre eux, ne rendant visite que très rarement à ses parents. Tom n'avait jamais pu supporter de voir sa mère réduite au silence, écrasée par l'ombre toute puissante de son père, qui la détruisait depuis de longues années, la privant de tout droit de raisonner librement et d'exister par elle-même.

Il était le maître absolu dans la maison et régnait sans partage sur tout le monde. Il avait toujours voulu voir en eux que ce qu'il voulait, croyant pouvoir faire de ses enfants ses pions et s'imaginant diriger leur vie à sa guise, comme il le faisait avec leur mère. Tout en oubliant qu'une fois que les enfants grandissent et deviennent adultes, ils acquièrent leur liberté et peuvent alors mener la vie qu'ils souhaitent sans son accord.

Il s'en rendit compte malgré lui, lorsque ses enfants furent majeurs, ce qui augmenta sa rancœur vis-à-vis de ses fils en s'apercevant qu'il n'était plus le maître de leur vie.

Lorsque ses deux fils s'éloignèrent de lui, rejetant tout ce qui venait de leur père, il les traita d'ingrats et de bons à rien qui ne méritaient pas de porter son nom.

Tom était parti créer sa société et avait refusé catégoriquement de travailler dans l'entreprise familiale. Il ne voulait pas donner la possibilité à son père de l'écraser en faisant de lui sa chose, dans l'attente de lui succéder après sa mort, ou quand il se serait décidé de se retirer du monde des affaires.

Phil était de deux ans le cadet de Tom. Il avait également refusé de se joindre à l'entreprise familiale, préférant lui aussi fuir l'étouffant pouvoir paternel et ne plus voir la souffrance de sa mère.

Pendant un certain temps, Phil eut du mal à ordonner sa vie. L'alcool, la drogue et les filles, vinrent combler toutes les blessures causées durant son enfance et son adolescence vide d'amour, de tendresse et de sérénité.

À cette période chaotique de sa vie, Tom avait essayé d'être aussi présent que possible dans la vie de son frère afin de pouvoir l'aider à remonter la pente. À cette époque, Phil pouvait appeler Tom à n'importe quelle heure de la nuit pour qu'il vienne le chercher au poste de police après avoir payé une caution pour qu'il soit libéré. Il lui arrivait aussi de le récupérer à l'hôpital, parce qu'il avait participé à une bagarre.

Tom venait toujours au secours de son frère, l'aidant comme il pouvait. Il leur arrivait de se disputer très violemment parce que Tom lui reprochait sa conduite et le menaçait de ne plus répondre à ses appels s'il ne se conduisait pas comme un adulte responsable. Malgré tout, rien ne semblait vouloir changer dans sa conduite insensée. Tom avait été triste et impuissant face à l'autodestruction de son jeune frère. Il vivait dans la crainte de recevoir un jour un appel lui disant de venir reconnaître le corps de son frère retrouvé sans vie dans son appartement après avoir succombé à une overdose, ou à la suite d'un accident de la circulation, ou même après une violente bagarre qui aurait très mal tourné.

Le pire, c'était de ne pouvoir attendre aucune aide de la part de leurs parents, leur mère étant complètement soumise à leur père, tandis que leur père, lui, n'avait jamais pu leur témoigner autre chose que de l'indifférence.

Heureusement que Phil avait fini par mettre de l'ordre dans sa vie en changeant de conduite, sans doute parce qu'il s'était rendu compte finalement que son salut ne pouvait venir que de lui-même, et que, quoi qu'il fasse, l'attitude de son père ne changerait jamais. Il comprit que le mieux qu'il pouvait faire, c'était de réussir sa vie en essayant de guérir ses blessures d'une manière plus saine, comme le faisait son frère aîné.

Avec l'aide de Tom, il avait suivi une cure de désintoxication, ce qui lui avait permis d'arrêter la drogue. Même s'il buvait toujours, il avait ordonné sa vie en trouvant du travail dans son domaine d'étude. Toutefois, même s'il n'était pas un modèle de ponctualité à son travail, lorsqu'il y était, il pouvait travailler sans relâche des heures et des heures avec acharnement, forçant ainsi l'admiration de son patron. Il aimait son travail d'ingénieur-designer qui lui permettait de penser à autre chose en exprimant toute sa fantaisie.

Finalement, pensa Tom en souriant, c'était le seul métier qu'il pouvait exercer, parce qu'il ressemblait à sa personnalité. C'était un métier qui comportait beaucoup de fantaisie et une bonne dose de folie, et ça collait à son état d'esprit, ainsi qu'à son physique. Phil était bien bâti et très grand. Il avait les traits fins. Sa mâchoire carrée et son expression très dure lui donnaient l'air plus mûr. Il portait sa longue chevelure châtain à la manière indienne. Ses beaux yeux d'un magnifique bleu clair lui donnaient une allure mystérieuse et un peu inquiétante. Où qu'il passât, il attirait toujours le regard des gens. Il n'avait pas l'allure du gendre idéal pour les parents, mais la plupart des filles craquaient pour lui.

Celle qui était plus à plaindre en fin de compte, c'était Kath, leur jeune sœur. Voilà déjà deux ans qu'elle avait accepté d'épouser le fils d'un des amis de leur père pour lui faire plaisir, espérant ainsi avoir plus d'attention et d'affection de sa part et, ainsi, avoir sa mère plus présente dans sa vie.

Malheureusement pour elle, elle était tombée sur le même genre d'homme que son père, froid, méprisant, ne faisant aucun cas d'elle. Elle se retrouvait à vivre à peu près la même vie que sa mère, comme si son destin s'était calqué sur le sien.

Elle était condamnée à oublier ses désirs, ses besoins, et à ne penser qu'à travers son mari, jusqu'à oublier qui elle était puisqu'elle ne savait plus rêver et ne croyait plus à la possibilité du bonheur. Elle s'était résignée, tout comme sa mère l'avait fait depuis toujours.

Cette situation désolait ses deux frères. Tom espérait qu'elle au moins arriverait à briser ses chaînes invisibles à temps et pourrait acquérir sa liberté afin de vivre pleinement un amour véritable avec l'homme qu'elle aurait choisi, quelles que soient ses origines, l'essentiel étant l'amour et le respect.

Il jeta machinalement un coup d'œil à sa montre, montrant ainsi son impatience et sa hâte d'arriver et de pouvoir apprécier le repos.

Une semaine après son retour de Nantes, il avait envoyé une carte de vœux à ses parents. Puis, il s'était laissé prendre dans le tourbillon du travail pour oublier sa solitude. Régulièrement, Claudia et lui s'appelaient, ou s'envoyaient des mails.

Au début du mois de février, Tom avait appelé chez ses parents pour leur annoncer sa visite prochaine. Il avait été content d'entendre sa mère au téléphone. Il ne l'avait pas revue depuis plusieurs mois. Pris dans les tourments, il avait oublié que la voix et les rires d'une mère pouvaient adoucir certains moments difficiles de la vie.

Sa mère fut surprise de l'entendre. Tom l'informa qu'il allait passer les voir à la fin de la semaine suivante et qu'il passerait la nuit à la maison, ce qui ravit sa mère. Savoir qu'elle allait enfin voir un de ses fils, à défaut de les voir tous les deux, la rendit heureuse.

La dernière fois que Tom avait dormi chez ses parents remontait au mariage de Kath, il y a deux ans. C'était la dernière fois que toute la famille avait été réunie depuis pas mal d'années.

Tom avait prévenu sa mère qu'il avait une information très importante à leur communiquer, voulant s'assurer de leur présence à tous les deux ce jour-là. Elle l'assura qu'ils seraient là, elle et son père, puisqu'il n'y avait rien d'autre de prévu cette semaine-là. Tom arriva à Washington pour son travail deux jours avant le week-end. Il préféra aller à l'hôtel pour avoir l'esprit plus libre.

Le taxi ralentit dans la nuit avant de s'immobiliser devant le perron de la grande demeure familiale de style *greek revival*. Il paya sa course et sonna à la porte d'entrée. Deux minutes plus tard la porte s'ouvrit sur le vieux majordome.

John était à leur service depuis leur enfance, le temps avait passé, blanchissant ses cheveux et marquant son visage de sillons. Il était toujours aussi raide et égal à lui-même. Il avait un humour noir qui, ainsi que sa posture hautaine et raide d'aristocrate, était très britannique.

Tom, Phil et Kath, l'aimaient beaucoup. C'était la seule personne qui leur avait toujours témoigné de l'affection et de l'attention durant leur enfance dans cette maison.

À la vue de John, Tom sourit avec plaisir.

— Juste ciel, un revenant ! s'exclama le majordome. Malheureusement, je crois que j'ai oublié mon crucifix et l'ail à la cuisine, dit-il en s'effaçant pour le laisser entrer.

Cette entrée en matière plut à Tom qui, de bonne grâce, rit aux éclats en disant :

— Sacré John, toujours le même ! Je suis content de voir que vous n'avez pas changé. Vous êtes l'âme de cette maison. En outre, vous êtes la seule personne que j'ai eue le plaisir de voir depuis que j'ai quitté ma fiancée, il y a un mois.

— Ohé, ohé ! Monsieur a une fiancée ? Sonnez les cloches ! Mais si vous pouviez éclairer ma lanterne, Monsieur, dit-il en se penchant légèrement vers Tom comme pour recueillir ses confidences, quand vous dites « quitter il y a plus d'un mois » dois-je comprendre que vous avez fait comme dans vos habitudes ?

— Non, cher John, cette fois-ci, j'ai trouvé la perle rare. Quand je dis « quitter », c'est parce qu'elle vit en France, et qu'elle est sur le point de venir me rejoindre peu avant notre mariage.

— À la bonne heure, Monsieur. Je suppose que c'est pour annoncer cette merveilleuse nouvelle que vous êtes revenu au bercail.

— Eh oui, vous avez tout compris. Puis, dit-il en s'approchant de lui avec un air sérieux, croyez-vous que ma visite ait une chance de bien se terminer et que le roi de ce lieu fera sonner les trompettes pour annoncer mes fiançailles ?

Le majordome se racla la gorge et dit :

— Je crois, Monsieur, qu'il faut vous armer de courage, car je pressens comme vous que cela risque d'être un peu plus compliqué. Cependant, comme vous êtes un revenant, j'espère que vous pourrez user de tous vos pouvoirs de persuasion afin de sortir victorieux de cette bataille qui s'annonce assez dure pour vous.

— Je vois que vous êtes aussi optimiste que moi. Si je comprends bien, vous me conseillez de repartir, puisque tout espoir est vain.

— Je suis désolé, Monsieur. Je n'irais pas jusque-là, mais vous avez le mérite d'essayer et ça, c'est déjà une victoire, quoiqu'il arrive. J'espère que tout va bien se passer entre vous. Et surtout, pensez que votre présence fera du bien à votre mère.

— Merci, John, votre sollicitude me touche vraiment.

— Monsieur Maxwell est absent pour le moment, mais Madame vous attend avec impatience dans le petit salon.

— Merci, je monte me changer et je la rejoins. Voudriez-vous l'en avertir ?

— Bien entendu, Monsieur. Dois-je donner des ordres pour le dîner de Monsieur ?

— Non, c'est inutile. J'ai déjà dîné.

— Bien, Monsieur.

Tom monta les escaliers en direction de sa chambre, son sac en bandoulière. Il était bien content de ne pas trouver son père à la maison. Sans doute était-il encore à l'une de ces soirées entre hommes d'affaire, à boire et à fumer en parlant de finance, de capitaux et du cours de la bourse. Il tenait à lui parler uniquement le lendemain en compagnie de sa mère.

Quelques minutes plus tard, il retrouva sa mère assise au petit salon bleu en train de lire, comme à son habitude lorsqu'elle était seule. C'était le seul moment d'ailleurs où elle pouvait s'évader de sa triste vie de femme soumise. Lorsqu'elle l'entendit entrer, elle leva les yeux de son livre et lui sourit.

— Bonsoir, maman, dit-il en venant s'asseoir sur un fauteuil en face d'elle.

— Bonsoir, Tom, répondit-elle en souriant. Ta visite me fait très plaisir, même si c'est parce que tu as quelque chose de très important à nous dire.

— Moi aussi je suis content de te voir. Tu sais pourquoi je préfère venir le plus rarement possible à la maison.

— Ce que tu as à nous dire est si important ? J'espère que ce n'est pas grave.

— En principe, non. Dans une famille différente de la nôtre, elle serait considérée plutôt comme une très bonne nouvelle. Mais connaissant papa, je ne pense pas que ça lui fasse plaisir. Mais enfin ! On verra demain, dit-il en regardant l'expression du visage de sa mère qui devint tout à coup très sérieuse.

Elle baissa les yeux. L'angoisse commençait à se peindre sur son visage crispé.

— Tom, dis-moi pourquoi tu es là, je t'en prie, dit-elle d'une voix éteinte.

Il eut pitié d'elle. Il savait pourquoi sa mère était dans cet état. Sentant la colère monter en lui, il détourna le regard et dit :

— Non, maman, je préfère attendre demain, lorsque vous serez tous les deux. N'insiste pas. Parle-moi plutôt de Kath. Comment va-t-elle ?

— Elle va très bien, dit-elle d'une voix un peu lasse.

— En êtes-vous sûrs, ou est-ce que vous préférez penser qu'elle va bien pour tranquilliser votre conscience ? On n'a pas besoin d'être devin pour voir qu'elle est malheureuse dans les griffes de la raclure d'égout qu'elle a épousé et qui la traite comme une moins que rien, la muselant pour l'empêcher d'exister, au vu et au su de tout le monde, sans que personne n'ose lui venir en aide.

— Tais-toi ! Tu sais bien que ce que tu viens de dire est faux. Kath mène sa vie comme elle l'entend.

— Ah oui ! s'exclama-t-il avec véhémence. Vous êtes sûrs qu'elle mène sa vie comme elle l'entend ou, plutôt, comme vous souhaitez la voir la mener, sans faire de vagues, conformément à vos vœux, ou devrais-je plutôt dire, conformément aux vœux de papa ?

S'il n'en tenait qu'à moi, il y a longtemps que je lui aurais fait tâter de mon poing, à cette ordure mal léchée. De toute façon, lorsqu'on connaît ses parents, sa conduite n'étonne plus. Malheureusement, il a fallu que vous lui offriez Kath en sacrifice.

Une famille faite de personnes méprisables, n'ayant de respect que pour l'argent et le pouvoir, comme papa finalement, dit-il avec dédain.

Puis, il ajouta ironiquement :

— Ne dit-on pas que ceux qui se ressemblent…

— Cela suffit, le coupa brusquement sa mère avec indignation en se levant.

— Je sais, ma très chère mère. Je sais, répéta-t-il, mais pour en venir aux malheurs de ma pauvre petite sœur, c'est vous qui pouvez la délivrer de son calvaire, puisque vous savez qu'elle a toujours été d'un naturel fragile, à la recherche d'attention, d'affection, de reconnaissance et surtout d'amour. Pour toutes ces raisons, elle préférera souffrir, rien que pour vous faire plaisir, dans l'espoir de vous plaire, et cela vous ne l'ignorez pas.

Vous connaissez la source de ce qui est en train de la détruire. Vous en êtes en partie responsable par votre silence. Il vous revient de l'aider à acquérir sa liberté en brisant ses chaînes invisibles, si vous ne souhaitez pas qu'elle vive la même vie que vous. Vous le savez mieux que quiconque.

— En voilà assez, Tom, dit-elle sans cacher sa colère. Je pense qu'il est préférable que…

— Oui, vous avez raison, il est préférable que chacun de nous aille se reposer, la coupa-t-il à son tour, un peu agacé par le manque de courage de sa mère. Ne dit-on pas que la nuit porte conseil et que « demain est un autre jour », pouvant nous réserver beaucoup de surprises ? Qui sait ? Faisons confiance à l'avenir, dit-il ironiquement en faisant un clin d'œil à sa mère avant de lui souhaiter une bonne nuit et de disparaître dans le couloir menant aux escaliers.

Il laissa sa mère le cœur chagriné et l'esprit tourmenté par ce qu'il venait de lui dire.

Ellen commençait à sentir l'angoisse monter en elle, pressentant que la discussion que Tom voulait avoir avec son père avait beaucoup de chances de mal tourner. Elle aurait voulu savoir de quoi il s'agissait afin de mieux s'y préparer. Elle savait que, pour que son fils vienne séjourner à la maison, il fallait que ce soit très important.

Elle était sûre que Tom n'avait pas voulu lui parler d'abord, parce qu'il la connaissait assez bien pour savoir qu'elle était incapable de surmonter son angoisse face à son mari, et que dès qu'il serait rentré, il se serait rendu compte que quelque chose la tourmentait. Il n'aurait alors pas eu beaucoup d'efforts à fournir pour lui faire tout raconter, attirant ainsi sa colère sur elle.

De retour dans sa chambre, Tom regretta d'avoir parlé ainsi à sa mère. Cependant, à certains moments, il lui en voulait de fermer les yeux sur la détresse de sa propre fille, par pure lâcheté. Il s'était toujours demandé comment ses parents en étaient arrivés à cette situation exécrable, sans aucun rapport de tendresse ni d'amour. Aussi loin que ses souvenirs pouvaient le porter, il ne se souvenait pas avoir vu ses parents avoir un autre rapport que celui de dominant à dominé.

Il n'était jamais parvenu à comprendre pourquoi ils s'étaient mariés, ni pourquoi sa mère avait toujours accepté de se faire traiter de cette manière par son père, surtout qu'elle venait d'une famille aisée. Plus que cela, elle avait toujours été une très belle femme. Elle était de taille moyenne, très brune, les traits bien faits. Elle avait un joli visage ovale éclairé par de magnifiques yeux bleu clair. Phil avait d'ailleurs hérité de ses yeux.

Elle avait une élégance sobre, sans doute pour mieux s'effacer aux yeux des autres, et surtout aux yeux de son époux, qui ne lui avait jamais témoigné autre chose que du mépris.

Pourquoi n'avait-elle jamais songé à refaire sa vie avec un homme qui l'aurait plus méritée, au lieu de vivre ce calvaire ? se demandait Tom. Ce n'est pas possible qu'elle fasse cela par amour, se dit-il.

En proie à toutes ces questions, Tom finit par s'endormir, le cœur lourd, se préparant à affronter son père le lendemain matin. La seule chose qu'il souhaitait, c'était que ses parents sachent qu'il allait bientôt se marier. Même si son père ne l'approuvait pas, il espérait que sa mère, au moins, aurait le droit d'assister à leur mariage.

Ce matin-là, à l'heure où ses parents prenaient leur petit-déjeuner dans la petite salle à manger, il descendit les rejoindre. C'était toujours dans cette salle que les repas familiaux se prenaient durant la mauvaise saison.

À la belle saison, le petit-déjeuner avait lieu sur la grande terrasse de marbre rose protégée par un auvent que soutenaient six colonnes, également en marbre rose. Quatre marches permettaient de descendre dans le jardin aux mille fleurs, qui embaumaient merveilleusement pendant la belle saison, accroissant le plaisir des baignades dans la grande piscine, et du repos autour de celle-ci après les jeux aquatiques. C'était une grande et magnifique demeure de style *greek revival*, bâtie au XVIIIe siècle par une ancienne famille de noblesse anglaise. Elle fut rachetée par l'arrière-grand-père de Tom au début des années 1920.

C'était le commencement des années folles, période faste pendant laquelle toutes les sociétés couraient vers le renouveau, dans tous les domaines. Les femmes, à cette époque, commençaient à s'émanciper en menant une vie plus libre et active, ce qui leur était interdit auparavant. L'absence des hommes pendant la première guerre mondiale leur avait appris à assumer à leur place les charges qui leur incombaient autrefois. Avec cette nouvelle liberté acquise, elles adoptèrent désormais des coiffures à la coupe garçonne, arborant des lèvres rouges et provocantes, fumant la cigarette, portant des jupes courtes et des pantalons qui facilitaient la conduite des automobiles et la pratique des sports. Aussi s'étaient-elles libérées de la rigidité des mœurs de la société d'avant-guerre. Les femmes vivaient dès lors l'amour libre, privilège qui était réservé aux hommes jusqu'alors.

Pendant que les femmes se métamorphosaient, suivant le mouvement du siècle et des événements que les hommes eux-mêmes avaient provoqués, les hommes oublièrent pour un temps la brutalité des conflits et se joignirent aux femmes pour s'amuser.

Ils adoptèrent alors une nouvelle mode vestimentaire en arborant une allure sportive et en portant des complets avec des motifs à carreaux, ainsi que des pantalons de golf, devenus très tendance. Les vestes se raccourcirent et devinrent vestons. Les chapeaux se portèrent mous.

C'était le temps de toutes les extravagances. Les gens profitaient du moment présent au sortir de la terrible guerre 14-18 qui venait de secouer le monde et qui avait changé les mentalités et bouleversé les convictions.

Grâce aux grands paquebots qui reliaient l'Europe et les États-Unis, les deux continents s'influencèrent en terme de mode, d'art, de musique et de danse. Le charleston, par exemple, qui se dansait de Paris à Londres, était pourtant né en Caroline du sud dans la communauté noire. La ville de Charleston lui avait donné son nom, même si, à cette époque, les Noirs américains n'avaient pas de droits. C'était l'époque de la ségrégation raciale qui allait durer jusque dans les années 1964, après de longues luttes conduites par des leaders comme Malcom X, Martin Luther King, Rosa Parks et tant d'autres.

C'était également une période où le rêve américain était encore possible, où ceux qui avaient de l'audace, du cran, des idées et du courage, pouvaient partir de rien et acquérir finalement une fortune qui leur permettait de réaliser les rêves les plus fous, comme d'acheter cette immense demeure et de la transformer entièrement en y ajoutant du marbre rose et des dorures. C'est ce que fit l'arrière-grand-père de Tom. Il avait fait fortune, près de quarante ans après son départ d'Angleterre à l'âge de cinq ans avec ses parents et ses deux frères.

Arold Maxwell avait bâti sa richesse grâce à son intelligence et à son audace. Il avait su comprendre très vite les rouages de l'expansion du capitalisme. À cette époque, tout était possible pour les aventuriers. C'était une période faste pour ceux qui avaient le goût du risque, pour ceux qui, très rusés, laissaient leur ambition guider leur instinct. Ils profitaient pleinement du boom spéculatif tout en étant prudents.

Les entreprises se développaient très vite grâce aux avancées industrielles qui permettaient la fabrication de nouveaux produits. Ce développement rapide des entreprises avait besoin de capitaux et de nouveaux investisseurs pour créer des sociétés par actions qui se cotaient alors en bourse. Toutes ces actions avaient permis la création du système économique basé sur la propriété privée des moyens de production. La détention du capital était à elle seule source de revenus.

Cette libre spéculation avait permis la naissance de trusts qui prenaient une position dominante sur un secteur de l'économie. Arold avait su profiter des facilités de ce système qui lui avait ouvert les portes de la réussite sociale et lui avait permis de sortir de la misère.

Les parents d'Arold n'avaient pas eu les moyens de lui payer de longues études. Il avait été obligé de quitter l'école dès l'âge de quatorze ans pour aider sa famille, comme ses deux frères aînés. En travaillant, il avait pu faire quelques économies qui lui avaient permis d'acheter ses premières actions, qui lui rapportèrent un peu d'argent. Il en acheta davantage, et, lorsqu'il eut une somme assez conséquente, il l'investit avec un ami dans l'achat de sa première entreprise. Au fur et à mesure que le temps passait, ses acquisitions augmentaient. Ce fut ainsi qu'il acquit sa fortune, évoluant dans le monde des affaires.

Il avait décidé, des années plus tard, d'acheter cette grande demeure et de la décorer avec humour et provocation face aux bourgeois qui snobaient les nouveaux riches. La plaisanterie et l'humour le caractérisaient. C'était un homme qui aimait s'amuser et profiter de toutes les distractions du moment. Toute sa vie, il avait gardé son espièglerie et sa joie de vivre. S'il était vrai que son petit-fils lui ressemblait physiquement, la ressemblance s'arrêtait là. En revanche, son arrière-petit-fils tenait beaucoup plus de lui par sa simplicité, sa gaieté et son obstination.

Au bout de la troisième génération, la décoration de la demeure familiale était devenue moins ostentatoire. Elle restait toujours aussi chic mais était devenue plus sobre et plus élégante, transformée au fil du temps par les goûts de chacun des fils aînés de la famille Maxwell. Tom, lui, ne souhaitait pas perpétuer cette tradition. Il avait envie de fonder une famille dans une maison plus simple et plus moderne qui refléterait ses goûts et ceux de Claudia au fur et à mesure du temps qui passerait.

Lorsqu'il arriva enfin devant la petite salle à manger de couleur blanche et jaune pâle, il vit à travers les carreaux de l'entrée ses parents qui étaient en train de déjeuner en silence.

Comme à son habitude, son père lisait son journal déplié devant lui. Il était complètement absorbé par sa lecture. Sa mère, par contre, déjeunait silencieusement, l'esprit ailleurs, comme si le temps s'était arrêté pendant la lecture de son mari.

Quand elle s'aperçut de l'arrivée de Tom, son visage se crispa. De ses deux mains, elle lissa sa jupe d'un geste nerveux, puis jeta un coup d'œil à son mari, qui avait l'air de ne pas remarquer la présence de leur fils.

Tom lui fit un sourire radieux, comme pour lui dire de se reprendre. Elle lui sourit nerveusement. Il entra dans la pièce en leur disant bonjour. Seule sa mère lui répondit. Son père resta silencieux, leva à peine les yeux de son journal, et se replongea dans sa lecture.

Tom s'installa à côté de sa mère et se servit une tasse de café, avant que son père ne daigne enfin refermer son journal. Puis, il ôta ses lunettes, les posa sur son journal replié sur la table, et fixa de ses yeux gris translucides son fils, comme pour le sonder. L'expression de ses yeux froids donnait une certaine dureté à son visage. Il avait un beau visage aux traits fins. Ses chevaux étaient gris, coupés à la mode Kennedy. Au bout de quelques secondes, il lui adressa enfin la parole.

— Ta mère m'a fait savoir que tu avais à me parler ce matin. De quoi s'agit-il, Tom ? demanda-t-il avant de jeter un coup d'œil à sa montre, comme pour lui signifier qu'il n'avait pas beaucoup de temps à lui consacrer.

Tom l'avait toujours vu faire ce geste. Il s'était toujours demandé s'il le faisait dans l'unique but d'intimider son interlocuteur en lui signalant qu'il n'avait pas de temps à perdre, ou si c'était simplement un tic, un réflexe.

Le jeune homme sourit, car il y avait bien longtemps que ce geste ne l'intimidait plus. Il prit le temps de boire une gorgée de café et de poser la tasse sur la table avant de fixer son père avec les mêmes yeux gris.

— Je viens vous annoncer mon mariage l'été prochain, dit-il tout à fait décontracté, avant de porter de nouveau sa tasse de café à ses lèvres.

— Avec quelle famille ? demanda son père sans que son visage n'exprimât le moindre sentiment.

— Je ne me marie pas avec une famille, mais avec une jeune femme avec laquelle je partage un certain nombre de sentiments et d'autres choses. Elle s'appelle Claudia Kerloeguen. Elle est Française et vit à Nantes. Elle est biochimiste.

— Que fait son père, dans la vie ?

Tom sourit de nouveau, d'un air amusé, parce qu'il savait ce que pensait son père, et où il voulait en venir.

— C'est un avocat à la retraite. Ses deux fils lui ont succédé dans son cabinet. Sa mère est également à la retraite. Elle était sage-femme. Et, enfin, sa sœur cadette est docteur en pédiatrie. C'est une famille très sympathique, que j'apprécie et que je respecte beaucoup. J'ai d'ailleurs partagé leur repas de Noël. Y a-t-il autre chose que tu désirerais encore savoir sur eux, papa ?

— Non, j'en ai assez entendu. Tu ne croyais tout de même pas que j'allais te féliciter d'être allé te faire prendre dans les filets d'une fille de rien du tout qui espère sans aucun doute mettre le grappin sur l'héritage des Maxwell.

Tom repoussa violemment sa chaise et se redressa, les traits marqués par la colère.

— Moi aussi, j'en ai assez entendu. Je pense que je n'ai plus rien à faire ici.

— Où comptes-tu aller ? demanda son père en se levant à son tour avec colère. Crois-tu pouvoir braver mon autorité en faisant n'importe quoi avec le nom des Maxwell ? Je t'interdis d'épouser cette femme qui n'est pas de notre milieu.

— Tu ne peux rien m'interdire du tout. Tu oublies que je ne suis plus un enfant. De quel milieu parles-tu ? demanda-t-il en ricanant. De celui qui consiste à épouser des filles soi-disant de bonne famille, puis à les traiter comme des moins que rien en leur retirant leur liberté, en détruisant leur personnalité et leur honneur afin de les assujettir et d'en faire vos choses, au mépris de toute dignité et de tout respect de la personne humaine ? Comme Adams fait avec Kath, ou comme tu l'as toujours fait avec maman !

Le père et le fils se tenaient l'un face à l'autre, les yeux étincelants de colère, pendant que la mère pleurait en les suppliant de se ressaisir.

— Va-t'en, dit son père dans un souffle en serrant les dents. Je ne veux plus jamais te revoir. Tu pourras désormais dire à ton arriviste de Française ceci :

Aussi pauvre elle viendra, aussi pauvre elle repartira, car à ma mort, vous n'aurez aucun centime de ma part.

Tom éclata de rire. Un rire cynique et glacial qui résonna comme un coup de fouet en plein hiver.

— Décidément, tu n'as jamais su voir que ce que tu voulais. Tu ne t'es même pas aperçu que j'avais grandi depuis longtemps et que, contrairement à maman et à Kath, tes deux fils s'étaient affranchis de ta tyrannie et de ta domination. Par conséquent, je n'ai besoin ni de ton argent ni de ton soi-disant puissant nom pour réussir ma vie. Je suis à la tête de ma propre entreprise depuis quelques années, et qui porte mon propre nom.

Comme tu peux t'en rendre compte, depuis que j'ai quitté ta maison, j'ai toujours vécu ma vie dans un domaine complètement différent du tien, sans jamais avoir besoin de ton aide, ni de tes amis hauts placés.

Et, pour en venir à ta mort, je serai là, que tu le veuilles ou non, pour organiser tes obsèques et inviter les gens de ton cher milieu sans scrupule, sans conscience ni sentiment, à venir cracher leur venin sur ta dépouille.

Quant à tes enfants, ce jour-là, ils regarderont ta dépouille en se demandant qui tu étais vraiment pour eux finalement.

De rage, son père voulut le gifler, mais Tom fut plus rapide et attrapa sa main au vol en lui disant :

— Non, papa. Des coups, j'en ai déjà reçu de ta part, comme les autres membres de la famille. Ta froideur, ton incapacité à nous témoigner de l'affection et de l'amour, furent autant de coups qu'on a reçus tout au long de notre vie. D'une manière ou d'une autre, nous avons avancé dans la vie avec les blessures que tu nous as infligées. C'est pourquoi je refuse de recevoir ce coup-là, celui de trop.

Tom lâcha la main de son père qu'il tenait en suspend et dit :

— Adieu, cher père.

Puis il tourna les talons. Avant de quitter la pièce, il se retourna et dit à l'intention de sa mère qui était en train de sangloter :

— Maman, quand tu auras fini de pleurer et que tu te seras mise devant ta glace pour te repoudrer le nez, avant de te cacher derrière ton maquillage, regarde-toi d'abord en face et demande-toi si tu peux être fière de ce que tu es devenue au fil du temps. N'oublie pas de penser également un moment à kath et à la vie qui l'attend, semblable à la tienne. Malgré tout, si tu ne trouves pas de réponse, alors laisse ta fille s'éteindre à petit feu, et sois fière de ton œuvre !

Puis il se retourna et jeta un dernier coup d'œil à son père avant de refermer la porte derrière lui.

Il monta les marches menant à sa chambre, très vite, la rage au ventre. Sans s'arrêter, il ouvrit la porte avec violence et la claqua derrière lui, puis il fonça droit devant lui et donna un violent coup-de-poing dans le mur, à se faire saigner les doigts. Il se couvrit ensuite le visage des deux mains. Le dos appuyé contre le mur, il se laissa glisser jusqu'au sol. La tête entre les genoux, il lutta contre l'envie de hurler sa souffrance et sa colère. Il sentait monter en lui les larmes, mais il ne voulut pas laisser libre cours à sa peine qui pesait lourd sur son cœur.

En décidant de venir discuter avec son père, il s'était bien douté qu'il y avait plus de chance pour que cet entretien se termine mal. Cependant, il ne s'attendait pas à ce que les choses dégénèrent à ce point. Il s'en voulait d'avoir espéré, ne fût-ce qu'un bref instant, dans un moment de faiblesse, que son père pouvait avoir un peu changé avec le temps.

Tom resta prostré quelques minutes, replié sur lui-même. Une vague de révolte vint le faire réagir. Il se redressa, refusant de se laisser anéantir par ce qui venait de se passer. Son orgueil lui interdisait de laisser voir à son père sa souffrance. Comme il le lui avait dit avec fierté quelques instants plus tôt, il avait grandi et était libre de vivre désormais sa vie comme il l'entendait, sans lui rendre compte. Il n'avait plus besoin de lui.

Avec conviction, il se dirigea vers le téléphone et commanda un taxi pour l'aéroport. Il ne voulait plus rester à Washington, préférant mettre le plus de distance possible entre ses parents et lui. Tom ne voulait surtout pas passer son temps à ressasser ce qui venait de se passer. Il était pressé de reprendre le cours de sa vie et de laisser derrière lui son chagrin. Il voulait se replonger dans son travail, chez lui à New-York, en attendant l'arrivée de Claudia.

Lorsque le vieux majordome tapa à sa porte pour l'avertir de l'arrivée du taxi, Tom était déjà prêt. Il avait eu le temps de se changer et de s'habiller chaudement. Il faisait très froid dehors. Il avait neigé toute la nuit. La ville était recouverte d'un épais manteau blanc, qu'un vent glacial faisait tourbillonner.

Le majordome prit la valise de Tom et la porta dans le coffre du taxi. Puis, avant que Tom ne monte dans la voiture, il le regarda avec tendresse. Il voyait l'extrême tristesse dans son regard. Il savait ce qui s'était passé entre son père et lui. Tom avait le visage fermé. Le vieux majordome lui parla comme il aurait parlé à un fils :

— Je suis vraiment désolé que les choses se soient si mal passées avec votre père. Ne vous laissez pas abattre. Reprenez-vous, comme vous l'avez toujours fait, Monsieur. Vous êtes le seul à pouvoir sortir votre mère et votre sœur de leur situation actuelle et aider votre père à changer un jour d'attitude.

Puis, pour donner à Tom un peu de légèreté dans une journée qui avait si mal commencé, il dit avec une pointe d'ironie et un léger sourire aux lèvres :

— Surtout, je vous souhaite beaucoup de courage pour votre future vie d'homme marié, car c'est une vie qui ne sera pas de tout repos. Je vous l'assure, les femmes, c'est comme le printemps, on ne sait jamais à l'avance, d'une année sur l'autre, comment sera leur humeur. J'en sais quelque chose. Cela fait plus de quarante ans que j'en ai une à la maison, et ça fait quarante ans que je n'arrive pas à savoir ce qu'elle fomente dans sa charmante tête. Quoi qu'il en soit, heureusement qu'elle est toujours là pour me surprendre de ses fantaisies et me rendre heureux par son amour.

John conclut en disant :

— Je vous souhaite tout le bonheur possible. Vous le méritez plus que quiconque.

Tom sourit avec reconnaissance et affection au vieux majordome qui savait toujours glisser le mot d'encouragement ou de tendresse au bon moment, avec discrétion.

— Merci, John. Ces mots me réconfortent, surtout en ce moment où je me sens un peu seul. Prenez soin de ma mère. Elle en aura bien besoin. Je n'ai pas de conseils à vous donner sur ce point, car je sais que vous avez toujours su comment lui donner un peu de douceur avec vos mots de réconfort, l'air de rien, au bon moment.

À bientôt je l'espère, John.

— Très certainement, Monsieur. Pour rien au monde je ne manquerai le moment où la belle Française qui a su vous apprivoiser vous passera la corde au cou. J'ai trop attendu pour manquer ce moment si douloureux pour vous, Monsieur, et si jubilatoire pour moi, dit-il en lui faisant un léger sourire en coin.

Tom rit de bon cœur et dit sur le même ton léger en montant dans le taxi.

— Jamais de mémoire d'homme l'on ne se souviendra de quelqu'un d'aussi heureux et impatient de se faire passer la corde au cou, John.

— Je n'en ai aucun doute, Monsieur, répondit-il en souriant toujours, puis il referma la portière.

Au moment où la voiture commença à rouler, Tom lui fit un dernier signe de la main avant que la maison ne disparaisse derrière lui.

Durant ce bref moment d'échange avec le vieux majordome, Tom ne s'était pas aperçu que, de la fenêtre de son bureau, son père l'avait observé, le regard triste, avec trop d'orgueil dans le cœur pour reconnaître qu'il avait fait une bêtise de plus dans sa vie de père et d'époux, préférant laisser la place à la colère plutôt qu'au regret et la tristesse.

Quant à sa mère, qui observait la scène de la fenêtre de sa chambre en pleurant, elle fut reconnaissante à John parce qu'elle se doutait de ce qu'il était en train de faire. Dans son cœur, une étincelle venait de s'allumer sans qu'elle ne s'en rende compte.

Dans l'avion qui le ramenait à New-York, Tom repensa à tout ce qui venait de se passer. Il pensa à Claudia qui était en train de se préparer à tout quitter pour venir vivre avec lui. Il était triste de ne même pas pouvoir lui offrir le plaisir d'être accueillie par ses futurs beaux-parents, comme lui fut bien reçu par sa famille à elle. Il ressentit à ce moment-là un sentiment de solitude qui le rendit malheureux à tel point qu'il eut envie de se confier à un ami capable de le comprendre et de le réconforter.

Dès qu'il arriva à Manhattan, il passa un coup de fil à Nathan et Neil. Le soir même, ils arrivèrent tous les deux au même moment chez Tom. Ils avaient senti la détresse de leur ami au téléphone.

Lorsque Tom leur raconta ce qu'il venait de vivre chez ses parents, il ne put leur cacher son émotion et sa peine. Nathan lui dit alors :

— Je comprends ce que tu ressens en ce moment, après ce que tu viens de nous raconter. Cependant, connaissant ton père, tu aurais dû te préparer psychologiquement au pire avant d'aller lui annoncer ton mariage. C'était évident que cette annonce allait provoquer un scandale. Sauf évidemment si Claudia était issue d'une grande et puissante famille, de préférence américaine, et encore mieux, si elle avait été la fille d'un de ses nombreux amis très influents. Alors, dans ce cas de figure, tu aurais été accueilli les bras grands ouverts.

Ça aurait été l'occasion pour lui de pouvoir diriger ta vie comme il a toujours voulu le faire. Au lieu de cela, tu lui prouves encore une fois qu'il n'a aucun pouvoir sur toi parce qu'il n'arrivera jamais à influencer tes choix. Tom, fais-toi une raison. Vis ta vie du mieux que tu peux, et essaie d'oublier toute cette histoire, même si ce n'est pas évident et que tu en souffres. Pense à Claudia et à la nouvelle vie qui t'attend. Comme tu sais, les premiers temps, Claudia aura besoin de ton aide pour trouver sa place et bien s'intégrer. Pour cela, elle aura besoin de voir que toi tu vas bien, et qu'elle peut compter sur toi.

Un jour peut-être, ton père changera. Lorsqu'il changera, il saura où te trouver et quoi te dire pour renouer avec toi afin que vous puissiez enfin vous connaître.

— Nathan a raison, Tom, dit à son tour Neil. Les choses ne sont jamais aussi simples et évidentes qu'on le croit. Laisse le temps travailler à ta place. Ton père ne va pas en rajeunissant. À un moment de sa vie, il va falloir qu'il se rende compte du vide qu'il a créé autour de lui. C'est un homme intelligent, ton père. Quand le moment sera venu, il sera obligé de faire le bilan de sa vie et de prendre les décisions qui s'imposent. Soit il continue tout seul les quelques années qui lui restent à vivre, soit il prend la décision d'ouvrir enfin son cœur.

Pour ta mère et ta sœur, tu ne peux pas en faire plus. C'est à elles de prendre leur destin en main et de se libérer de leurs chaînes, quoi qu'il puisse leur en coûter. Elles sont toutes les deux adultes, et savent qu'elles pourront toujours compter sur ton appui.

Ils restèrent avec Tom encore un bon moment à discuter. Leur présence lui fit beaucoup de bien. Vers trois heures du matin, Neil et Nathan s'en allèrent.

Après leur départ, Tom passa un coup de fil à Claudia. La jeune femme venait de se réveiller car, de l'autre côté de l'Atlantique, il était huit heures du matin. La jeune femme s'apprêtait à prendre son petit-déjeuner avant de se remettre à ses cartons.

Tom ne lui dit rien de ce qui s'était passé la veille chez ses parents. Il ne voulait ni lui faire de la peine, ni angoisser Claudia avec ses problèmes personnels. Il estimait qu'elle avait l'esprit déjà assez pris par les préparatifs de son voyage.

Près d'un mois plus tard, après la violente discussion entre Tom et son père, Ellen et Thomas Maxwell furent invités un soir chez leur gendre et leur fille pour dîner. Lors de ce dîner, comme d'habitude, Kath fut inexistante. Elle ne participa à aucune discussion. La jeune femme avait l'air d'être ailleurs, souriant machinalement.

Il se passa ce soir-là une chose qui, en d'autres temps, serait passée presqu'inaperçue, ou plutôt, ignorée. Mais ce soir, pour la première fois, cet incident allait faire naître en Ellen un sentiment de colère et de révolte. Elle osa enfin regarder la souffrance de sa fille en face.

Comme d'habitude, pendant le dîner, les deux hommes discutèrent entre eux, n'adressant la parole aux femmes que lorsqu'il s'agissait d'un sujet domestique ou de potins qui, soi-disant, étaient à leur portée.

Soudain, kath reprit vie en annonçant avec enthousiasme qu'elle s'était inscrite à un groupe de lecture formé de plusieurs femmes du quartier. Les réunions auraient lieu tous les jeudis soirs dans le petit café non loin de la maison.

Quand elle voulut leur expliquer comment les soirées allaient se dérouler, Adams, son mari, lui coupa la parole en lui disant qu'il ne voyait pas l'intérêt de ces réunions où les femmes passent leur temps à colporter des potins, comme si les autres jours ne leur suffisaient pas déjà.

Pour clore cette discussion, il lui dit qu'il préférait la voir utiliser son jeudi soir à faire des choses plus respectables et plus intéressantes que d'aller perdre son temps dans un café.

Kath voulut lui faire comprendre malgré tout l'intérêt qu'elle portait à ces soirées passées à discuter autour des livres sélectionnés pour la semaine, permettant de s'exprimer et de partager ses impressions avec les autres lectrices après avoir lu les livres, tout cela sous la directive d'un professeur de littérature, ou d'un écrivain.

Adams lui coupa la parole une fois de plus avec une pointe d'agacement dans la voix, lui faisant comprendre qu'il était inutile de revenir là-dessus et que la discussion était close. Il la fixa d'une manière appuyée, une sorte de code entre eux qui signifiait qu'elle n'avait pas intérêt à vouloir aller contre sa volonté. Elle comprit le message et se tut.

Adams était le genre de personne qui ne donnait pas envie de le connaître, à cause de son air suffisant et hautain du fils de riche qui se croit tout permis sans jamais penser que les autres aussi ont droit au respect, même s'ils n'ont aucune richesse.

C'était un jeune homme d'une trentaine d'années. Il avait une allure moderne et chic. Il était très brun et avait les cheveux coupés courts en arrière et un peu plus longs au sommet, avec quelques mèches en dégradé qui lui retombaient sur le front. Cette coiffure donnait une forme allongée à sa tête. Il avait des yeux très sombres. Ses mâchoires carrées accentuaient la dureté de ses expressions. Il portait toujours une barbe et une moustache de trois jours soigneusement dessinées. Il était très soigné de sa personne, plutôt agréable à voir. Il aurait paru plus sympathique s'il n'avait pas eu cet air de suffisance et de mépris.

Le reste de la soirée se déroula normalement, comme si de rien n'était. Les hommes avaient continué leur discussion comme si rien d'autre n'existait. Ellen n'avait pas quitté sa fille des yeux. Celle-ci essayait de cacher sa tristesse à sa mère en servant et desservant les différents plats, sans que son mari ne daigne lever le petit doigt pour l'aider. Tout se passa sans que son père ne trouvât cela anormal, tout simplement parce qu'il voyait la projection de sa manière de traiter son épouse depuis toujours, sans que personne ne lui en fît jamais le reproche.

D'habitude, lorsqu'un incident semblable survenait, Ellen fuyait le regard de sa fille pour ne pas voir la détresse dans ses yeux. Avec le temps, la fille avait compris qu'il était inutile de chercher de l'aide auprès de sa mère. Elle avait donc appris à baisser les yeux et à ravaler sa fierté.

Mais ce soir-là, Ellen refusa de fermer les yeux sur l'humiliation que sa fille venait de subir. Sur le chemin du retour, elle resta silencieuse comme à son habitude, mais en elle, un grand changement était en train de se produire. Une bonne partie de la nuit, elle ne dormit pas. Elle repensa à ce qui s'était passé sous ses yeux. Elle pensa alors à sa propre vie et à tout ce que son mari lui avait fait subir aux yeux de tous depuis leur mariage et durant toutes les années où Thomas l'avait réduite au silence, petit à petit, par des regards de dépit, des sourires narquois ou des gestes d'impatience. Il savait toujours quoi lui dire pour la tourmenter pendant des jours, son but étant de la faire douter d'elle-même pour qu'elle se persuade d'être une personne sans intérêt, ne méritant pas le mari qu'elle avait.

Elle revoyait ces longues et pénibles années où elle marchait dans l'ombre toute puissante de son époux, ne se sentant pas à sa place après tant de brimades destinées à lui faire perdre l'estime d'elle-même. Elle avait subi cela passivement, jusqu'à ce soir où enfin, la colère et la révolte s'étaient réveillées en elle.

Sans qu'elle s'en rende compte, cette révolte au fond de son cœur avait commencé à naître le jour de la dispute entre Tom et son père, ce jour où elle avait vu son mari jeter dehors leur fils comme un malpropre, alors qu'il était venu leur annoncer son intention de se marier. Tout s'était passé comme si elle n'avait pas existé. La seule chose qu'elle avait eu le droit de faire ce jour-là avait été de sangloter.

Elle s'était résignée, l'âme en peine, à voir partir son fils aussi malheureux et seul que pouvait le ressentir l'orphelin qui vient de tout perdre. Elle ne pouvait supporter davantage cette injustice. La colère et la révolte commencèrent, à partir de ce jour-là, à gronder sournoisement en elle, attendant l'étincelle qui allait tout faire exploser. Cette étincelle fut, ce soir, le dîner chez Kath.

Il est temps, pensa-t-elle, que tout cela prenne fin, quelles qu'en soient les conséquences. Elle était prête à aller jusqu'au bout pour enfin renaître à la vie et à l'estime de soi. Elle voulait acquérir la liberté, pour elle et pour sa fille, donner enfin à Kath la chance de trouver le bonheur et l'aider à prendre son envol pour vivre enfin pleinement.

Avant de s'endormir, elle prit la décision d'annoncer dès le lendemain matin à Thomas ce qu'elle avait décidé. Ellen comptait se rendre à New-York pour rendre visite à Tom et le féliciter pour ses fiançailles. Qu'il sache que, désormais, il pouvait compter sur elle pour tout. Puis, elle irait passer quelques jours chez Phil pour lui annoncer la même chose. Et, pour finir, elle rendrait visite à Kath pour lui ouvrir les yeux et l'encourager à demander le divorce. Forte de sa décision, elle s'endormit le cœur léger.

Lorsqu'Ellen descendit ce matin-là les marches pour rejoindre Thomas dans la petite salle à manger, elle se sentit pour la première fois de sa vie légère et fière d'elle, malgré son cœur qui battait à tout rompre, ses lèvres sèches et ses mains moites. Elle savait ce qui l'attendait. Ellen fit une petite prière pour que son courage ne faiblisse pas afin qu'elle puisse aller jusqu'au bout de sa décision.

Arrivée dans la pièce, elle vit son époux qui était en train de lire son journal en prenant son petit-déjeuner. Elle lui dit bonjour. Comme à son habitude, il ne répondit pas à son salut, ni même ne leva les yeux de son journal. Elle vint s'asseoir face à lui. Au prix de mille efforts, elle se servit une tasse de café sans trembler, puis but une gorgée avant de rassembler son courage à deux mains. Elle parla sans que sa voix ne tremble :

— Je voudrais te parler d'une chose très importante pour moi.

Il ne répondit toujours pas et leva à peine les yeux de son journal d'un air agacé. Ellen ne se laissa pas démonter par son indifférence.

— Thomas, je pense que tu as entendu ce que je viens de te dire. Le minimum de respect qu'un homme doit à son épouse, c'est de lui prêter attention lorsqu'elle lui parle, comme je l'ai toujours fait chaque fois que tu m'adressais la parole.

Intrigué par cette nouvelle manière de lui parler, il daigna enfin la regarder en posant son journal. Dans ses yeux, la colère commençait à se lire. Elle reprit, sans se laisser intimider.

— J'ai décidé de rendre visite à Tom, ce matin, afin de le féliciter pour ses fiançailles et de lui proposer mon aide pour l'organisation de son mariage, s'il le souhaite. Et ensuite…

Le bruit que fit le poing de Thomas en s'abattant sur la table l'interrompit un bref instant. Elle reprit comme si de rien n'était :

— Puis, j'irai séjourner chez Phil quelques jours et, pour terminer, je rejoindrai kath afin d'avoir une discussion avec elle sur le non-sens de son mariage, pour qu'elle puisse enfin trouver le courage de demander le divorce.

Thomas se redressa, les yeux étincelants de rage, et dit :

— Je t'interdis de te mêler de quoi que ce soit. Rien de tout ça ne te concerne.

— Tu n'as rien à m'interdire concernant mes enfants, dit-elle d'une voix posée. Tu n'as pas plus de droits les concernant que moi. J'ai l'impression que tu l'as oublié depuis trop longtemps. Tu n'as pas le droit d'exiger d'eux qu'ils sacrifient leur vie à ton bon plaisir.

— Qui te donne le droit de me tenir de tels propos ?

— Et toi, qui te donne le droit de diriger nos vies comme tu l'as toujours fait ? Ouvre enfin les yeux et regarde tout le gâchis que tu as fait de nos vies. Regarde par ta faute ce que notre fille est en train d'endurer en vivant avec un homme qui la traite comme une moins que rien, au vu de tout le monde. Exactement comme tu l'as toujours fait avec moi.

Nos fils ne viennent plus nous rendre visite parce qu'ils ne veulent plus te voir à cause de ta tyrannie. Tout ce que tu as réussi à faire, c'est détruire notre famille. Malheureusement, cela s'est fait avec ma complicité, du fait de mon silence, de mon incapacité à te tenir tête et à défendre mes enfants face à ton égoïsme. Mais à partir de maintenant, tout cela est terminé. Je ne te permettrai plus de me dire comment je dois voir la vie, ou comment je dois la vivre.

Elle se leva et se dirigea vers la porte :

— Si tu quittes cette maison, ce n'est plus la peine de revenir, cria-t-il.

— Avec joie, Thomas. De cette maison, je ne retiens aucun moment heureux. Je t'enverrai ma nouvelle adresse afin que tu puisses me joindre pour les papiers du divorce.

— Si tu comptes obtenir de l'argent de ma part en demandant le divorce, tu te trompes lourdement. Je payerai les meilleurs avocats pour te réduire à la misère la plus noire et tu regretteras durant le peu de temps qu'il te reste à vivre d'avoir quitté cette maison.

Ellen sourit et dit :

— Tout ce que j'espère, c'est de pouvoir oublier la vie que j'ai vécue auprès de toi. En ce qui concerne l'argent, n'oublie pas que j'ai une fortune personnelle qui me vient de ma famille. Pour ce qui est de ton argent, garde tout. Je ne veux plus rien de toi. La seule chose qui m'a retenue chez toi tout au long de ces années, c'était l'espoir que tu puisses m'aimer, me considérer et me respecter un jour. Mais, vois-tu, j'y ai renoncé. Je préfère vivre seule plutôt que de vivre un jour de plus avec toi. C'est l'un des plus beaux cadeaux que la vie peut m'offrir après avoir vécu avec toi. Je serai plus heureuse sans toi, et surtout n'essaie pas de m'en empêcher. Je ne voudrais pas avoir à traîner le nom des Maxwell dans la boue. Trop de gens seraient heureux de profiter du spectacle, ajouta-t-elle avant de quitter la pièce.

Une heure plus tard, elle montait dans un taxi, enfin libre, sous le sourire approbateur de John, laissant son mari écumer sa rage dans son bureau. Ellen était heureuse et soulagée d'aller vers sa nouvelle vie. Elle espérait malgré tout que, pour une fois, Thomas se remettrait en cause quant à l'échec de leur vie familiale.

Chapitre VIII

À peine arrivée à l'hôtel, Ellen passa un coup de fil au secrétariat du bureau de Tom pour savoir s'il était disponible. Elle voulait lui faire la surprise le soir après sa journée de travail. Ellen espérait dîner et discuter avec son fils.

Elle demanda à la secrétaire la plus grande discrétion concernant son appel pour que la surprise soit parfaite. La secrétaire lui apprit qu'il travaillait très tard la plupart du temps et qu'il ne quittait le bureau que plusieurs heures après tout le monde. Elle suggéra à Ellen de s'annoncer elle-même lorsqu'elle arriverait, afin d'éviter de l'attendre trop longtemps.

La secrétaire avait une voix très avenante. En riant, elle apprit à Ellen que sa visite tombait à point nommé parce qu'il était temps que quelqu'un fasse voir à Tom qu'il n'y avait pas que le travail dans la vie. Elle craignait qu'il ne se rende malade avec le rythme qu'il s'était imposé depuis un certain temps.

Ravie de cet échange avec la secrétaire de son fils, Ellen décida de profiter des heures qui lui restaient avant la fin de la journée pour organiser son premier jour de liberté en fonction de ses envies. Elle voulait changer son apparence de bourgeoise guindée en une apparence de femme chic, moderne et bien dans sa peau.

Elle se rendit donc chez le coiffeur pour se débarrasser de sa longue chevelure sombre et légèrement ondulée qu'elle avait toujours porté bien ordonnée sur les épaules. Elle laissa au coiffeur le soin de lui façonner une nouvelle coiffure en rapport avec la forme de son visage et avec ses envies.

Elle fut satisfaite du résultat lorsque la séance se termina. Son joli visage rond aux traits fins était mis en valeur par une coupe carrée assez courte, aux reflets cuivrés, légèrement en dégradé. Cette coiffure rendait son visage moins austère et la rajeunissait

Satisfaite de son nouveau look, elle se sentit légère et heureuse comme elle ne l'avait pas été depuis bien longtemps. Elle se dirigea alors vers un magasin de vêtements pour y achever son image de femme moderne. Deux heures plus tard, elle ressortait les bras chargés de paquets, contente et fière de dépenser enfin son argent pour son propre plaisir, sans se demander ce que son mari pourrait en penser.

Après le déjeuner, elle fit une longue sieste, puis se prépara soigneusement en redécouvrant les joies du maquillage. Elle s'habilla. Un peu plus tard, ce fut une nouvelle Ellen qui monta dans un taxi, impatiente de voir la tête que ferait Tom en la voyant ainsi transformée.

Quelques minutes plus tard, la secrétaire de Tom vit entrer dans son bureau une superbe femme d'une cinquantaine d'années, bien entretenue, habillée, coiffée et maquillée avec goût. Ellen portait un long manteau blanc sur un jean bleu profond, un joli bustier en soie bleu nuit et une petite veste très ajustée de couleur blanche qui soulignait sa taille fine. Ses escarpins noirs à talons hauts allongeaient encore plus sa taille.

La secrétaire était une femme d'une quarantaine d'années, assez jolie. Ses cheveux décolorés étaient longs et lisses. Ses yeux sombres étaient pétillants. Elle portait un tailleur clair un peu court qui laissait voir ses longues jambes perchées sur des talons aiguilles.

Ellen fut reçue très chaleureusement par la secrétaire qui lui dit qu'elle avait fini sa journée de travail et qu'elle était sur le point de partir pour aller chercher ses enfants avant de rentrer chez elle.

La secrétaire lui souhaita une bonne soirée, laissant donc à Ellen le soin de s'annoncer elle-même et de faire la surprise de sa visite à son fils. Quand elle pénétra dans le bureau de Tom, après avoir frappé à la porte, il était assis à son bureau, absorbé par son travail. Il ne leva pas la tête lorsqu'elle entra, croyant sans doute que c'était sa secrétaire qui, avant de partir, s'était aperçue qu'elle avait oublié de lui faire signer un papier ou de lui donner une information de dernière minute.

Ellen sourit en le voyant si absorbé. Elle avait l'impression de voir le petit garçon qu'il avait été, toujours aussi sérieux dans ce qu'il faisait au point d'oublier le temps qui passe. Lorsqu'il était petit, il arrivait souvent qu'elle aille le chercher pour l'obliger à venir manger.

Tom leva un instant les yeux de son travail et fut surpris de ne pas voir sa secrétaire. Sur l'instant, il ne reconnut pas sa mère. Il la regarda avec étonnement, se demandant qui était cette femme dont le visage lui semblait familier. Ellen continua à avancer en lui souriant, s'amusant de l'étonnement qui se lisait dans ses yeux.

— Bonsoir, Tom. Je m'attendais à être reçue avec plus de joie par mon fils.

Il reconnut le son de sa voix. Il mit quelques secondes avant de réagir. Il se leva, les sourcils froncés, une expression de surprise peinte sur le visage.

— Maman, s'exclama-t-il, c'est incroyable ! Toi ici ? Tu es méconnaissable. Mais qu'est-ce qui t'est arrivé ? Où est papa ?

Sa mère était satisfaite de l'effet produit sur son fils. Elle éclata de rire et lui dit :

— C'est une très longue histoire. Si tu veux que je te la raconte, tu devrais te dépêcher et remettre à demain le reste de ton travail, faire comme tous ceux qui sont rentrés chez eux après une longue journée de travail, et m'emmener dîner dans un restaurant de ton choix.

— D'accord, donne-moi cinq minutes, juste le temps de mettre de l'ordre dans certains dossiers, et nous pourrons y aller. Encore une fois, ta métamorphose m'impressionne. Assieds-toi en attendant. Où est papa ? Il sait que tu es là ?

— À Washington, je crois. Du moins, il y était ce matin quand j'ai quitté la maison avant de commencer ma première journée de femme libre.

Tom interrompit ce qu'il était en train de faire et fixa toute son attention sur sa mère, déconcerté par ce qu'il venait d'entendre.

— Que veux-tu dire, maman ? Tu commences à m'inquiéter. Tu es sûre que tout va bien ? Je ne t'ai jamais vue comme ça. J'ai l'impression que tu es devenue une autre personne.

— Je sais, Tom. J'en arrive à me surprendre moi-même. Je pense tout simplement que c'est la liberté qui me donne des ailes. J'ai quitté ton père ce matin. Pour la première fois de ma vie, j'ai eu le courage de l'affronter. À partir d'aujourd'hui, je suis libre de décider comment je veux vivre ma vie. Si tu veux savoir comment c'est arrivé, tu ferais bien de te dépêcher. Comme je viens de te le dire à l'instant, c'est une longue histoire qui a besoin d'être racontée à tête reposée devant un bon repas.

Dis-moi, Tom, quand est-ce que tu me présenteras ma future belle-fille ? Je suppose qu'elle n'est pas encore arrivée. C'est la raison pour laquelle tu passes tant d'heures au bureau tous les jours ?

La remarque de sa mère le fit sourire. Il lui demanda alors :

— Comment tu sais que je passe beaucoup d'heures à travailler ? Tu me fais suivre, ou quoi ? Remarque, si tu dis oui, je ne serais pas étonné quand je vois combien tu as changé.

Claudia n'arrive qu'au début du mois de mai. Elle doit d'abord terminer son contrat et mettre en location son appartement avant de pouvoir partir. Tu n'as pas tort en supposant que, si elle était déjà là, je passerais moins de temps au bureau. Ça me fait plaisir de t'entendre parler d'elle.

— Je sais. Malheureusement, je n'ai pas pu te féliciter lorsque tu es venu nous annoncer ton projet de te marier bientôt. Avez-vous déjà choisi la date du mariage ?

— Non, pas pour le moment. Ce sera fait lorsqu'elle arrivera. Je pense que la cérémonie aura lieu cet été. Je me réjouis à l'avance de savoir que tu seras à mes côtés le jour le plus important de ma vie.

— Et moi donc ! J'espère pouvoir être une meilleure grand-mère pour mes futurs petits-enfants que je n'ai été une bonne mère pour mes enfants. Je suis impatiente de pouvoir enfin rencontrer celle qui a réussi à emprisonner le cœur de mon fils. Je suis convaincue que tu sauras la rendre heureuse. En tout cas, je te souhaite de trouver le bonheur auprès d'elle, Tom. Tu le mérites vraiment.

Ils se regardèrent quelques secondes silencieusement, tous deux très émus. Ces mots avaient un sens profond parce qu'ils résumaient l'histoire de leurs blessures.

— Merci, maman. J'espère que toi aussi, tu pourras enfin trouver le bonheur.

Elle sourit et détourna le regard pour qu'il ne voie pas ses yeux remplis de larmes. Tom le comprit et termina de ranger ses dossiers sans rien dire.

— Viens, maman, j'ai enfin terminé. Il est temps de partir. Je suis content de pouvoir t'inviter à dîner, dit-il.

Ils quittèrent l'immeuble pour rejoindre la voiture de Tom. La nuit était tombée. Les lumières artificielles de la ville avaient pris le relais des rayons du soleil, qui leur avaient passé le témoin en cette fin de journée.

Comme d'habitude, à n'importe quelle heure du jour et de la nuit, les rues grouillaient de monde. Ce mouvement perpétuel rendait presque normal les bruits de pas des passants et le vacarme assourdissant des moteurs, des klaxons et des sirènes de voiture, comme si New-York n'avait jamais le temps, ni l'envie, de dormir.

Pendant un long moment, ils furent pris dans les embouteillages. Presque toute l'avenue était encombrée par les célèbres taxis jaunes, donnant l'impression que les rues leur appartenaient. Toutes les enseignes, les panneaux publicitaires géants et animés, changeaient inlassablement en clignotant à outrance. Les enseignes lumineuses, ainsi que toutes les scènes de la vie, se reflétaient sur les immenses façades miroitantes des gigantesques tours qui dominaient la ville, comme si chaque acte de la vie était joué deux fois.

Tom finit par trouver son chemin dans cette agitation nocturne, et put enfin stationner. Ils durent parcourir une bonne distance à pied avant d'atteindre le restaurant situé sur la 5e Avenue. C'était un restaurant au cadre chic et moderne. Les menus étaient très raffinés.

Tom y avait ses habitudes. Il y dînait régulièrement dans la tranquillité après une longue journée de travail, avant de rentrer chez lui.

Il y avait toujours une table réservée à son nom, lui permettant de venir à n'importe quelle heure en ayant passé un coup de fil auparavant, excepté certains jours où il avait envie de fuir toute cette agitation qui lui portait parfois sur les nerfs.

La plupart du temps, Tom préférait travailler à son bureau plutôt que de rentrer chez lui dans un appartement vide qui lui faisait sentir encore plus le poids de la solitude, surtout depuis qu'il avait fait la connaissance de Claudia.

Pendant le dîner, Tom demanda à sa mère ce qui s'était passé avec son père. Il voyait bien qu'elle était devenue une autre personne.

— Jamais je n'aurais imaginé que tu puisses avoir le courage de quitter papa un jour. Je m'étais habitué à te voir baisser les yeux devant lui. Même si j'espérais qu'un jour tu puisses enfin réagir et mettre fin à cette situation. J'avoue que j'y avais presque renoncé. Malgré ta présence ce soir et tout le changement qui s'est produit sur toi, j'ai du mal à y croire.

— Je te comprends. Il m'a fallu une bonne dose de courage pour affronter ton père après toutes ces années passées à trembler dès qu'il était contrarié.

Je ne veux pas dire que tout ce que j'ai enduré était de sa faute. Je ne veux pas non plus excuser sa tyrannie. Mais je suis consciente aujourd'hui que, si j'avais été moins lâche et que je m'étais comportée comme une épouse et comme une mère, tant de choses auraient pu être évitées.

— Comment en es-tu arrivée à cette situation si dramatique qui a duré si longtemps ? Je veux dire, pourquoi as-tu laissé papa te traiter de cette manière, sans jamais réagir, d'autant plus que tu es issue d'une famille riche et influente, comme celle de papa ? C'est la question que je me suis posée depuis longtemps.

Ellen sourit et resta silencieuse un bref moment, comme si elle cherchait les mots justes pour faire comprendre le drame de sa vie, laquelle, avec le recul, lui semblait si absurde.

— Je comprends ce que tu veux dire. Tu sais, lorsqu'on s'est connus, il était différent. On s'aimait, ou du moins c'est ce que je croyais, jusqu'à ce qu'il commence à changer d'attitude envers moi, peu après notre mariage. Il n'a pas brusquement changé, non ! Ça s'est passé très doucement, progressivement, par des choses banales et insignifiantes qui, au fur et à mesure, prenaient de l'ampleur, sans que je m'en rende compte, ou que j'ai refusé de voir inconsciemment.

Puis un jour, ces choses qui paraissaient si banales, comme un sourire ou un regard moqueur, comme aussi chaque fois que je m'exprimais en privé ou en public, se sont transformées en sourire narquois, puis, de temps à autre, il me laissait entendre certaines remarques insidieuses, dites d'un ton léger, me faisant comprendre à demi-mot que j'étais ennuyeuse ou pas assez intelligente, en me comparant sans cesse à d'autres femmes de notre entourage qui étaient, soi-disant, plus intéressantes.

Au début, il prenait la peine d'atténuer la nuance en disant tout simplement que j'étais différente de ces femmes-là. Puis, le temps passant, il a trouvé le moyen d'ajouter que leurs maris avaient de la chance de les avoir comme épouses.

Tous ces détails n'avaient qu'un but : me dévaloriser à ses yeux et aux miens en me mettant en position de faiblesse face à lui et aux autres, et cela me poussait à chercher continuellement à lui plaire, en essayant de devenir ne serait-ce qu'un peu ce qu'il voulait voir en moi. Chercher à exister en faisant tout ce qui m'était possible pour y parvenir était une chose vaine.

Il pouvait arriver qu'il me fasse un compliment, comme pour m'encourager. Quand cela arrivait, j'étais si fière et si heureuse que je me mettais à croire naïvement que tout était possible, que peut-être il m'aimait encore.

Puis, très vite, il me ramenait à la dure réalité en me traitant avec un peu plus de mépris, dans le seul but de m'anéantir encore plus, et cela me plongeait de nouveau dans le doute, me poussant à chercher encore et encore à vouloir changer pour lui plaire et espérer voir dans son regard un peu d'amour ou de la compassion.

C'est dans cette perpétuelle quête de reconnaissance, d'affection et d'amour de l'être aimé dont je suis tombée amoureuse et que j'ai épousé, que je me suis perdue en chemin, parce que je ne comprenais pas pourquoi il ne m'aimait plus.

Durant toutes ces années, je n'ai cessé de culpabiliser, me demandant ce que j'avais pu faire pour qu'il change à ce point. Je me sentais de plus en plus responsable de tout ce qui n'allait pas dans notre couple.

C'est ainsi qu'un beau jour je me suis réveillée sans personnalité, ni fierté, et avec encore moins de dignité, incapable désormais de raisonner par moi-même, ne vivant que pour recevoir les ordres et les brimades de celui que j'avais aimé un jour, et qui maintenant n'avait plus aucun respect, ni aucun amour pour ce que j'étais devenue par sa faute.

Je me résignais finalement à n'être plus que sa chose. Rien ne pouvait plus désormais l'empêcher de faire de moi ce qu'il voulait parce que, chaque fois que je m'étais montrée en position de faiblesse face à lui, son emprise sur moi s'était renforcée.

À ce moment-là je ne cherchais plus son amour mais sa pitié, puisqu'il avait fini par me convaincre que la seule valeur que je pouvais avoir, c'était celle d'être son épouse.

Lorsque j'ai atteint ce stade, je n'avais plus la force de remonter à la surface. J'ai donc continué à couler en fermant les yeux sur ma lâcheté. Je me sentais inutile à mes yeux et à ceux des autres, préférant me faire passer pour une victime. C'est comme ça qu'on en arrive là, un jour. Que l'on vienne d'une famille pauvre ou riche, la source de cette déchéance, c'est l'amour et la quête permanente de plaire à l'autre.

— C'est terrible ce que tu me racontes, dit Tom qui avait écouté silencieusement sa mère lui raconter comment le drame de sa vie avait commencé.

Mais pourquoi tu ne t'es pas confiée à quelqu'un de ta famille ?

— Tu penses bien que ton père avait pensé à tout en me faisant perdre ma crédibilité au sein de notre entourage, en ne perdant pas une occasion de raconter les anecdotes les moins valorisantes me concernant, avec suffisamment d'humour et de tendresse pour ne pas choquer, mais assez pour me mettre mal à l'aise. Pendant que les autres riaient, j'essayais de faire bonne figure.

C'est ainsi qu'autour de nous, il laissait une fausse image de moi. Pendant ce temps, lui, passait pour quelqu'un de très bien, et moi, pour celle qui avait la chance de partager sa vie.

Ensuite, il s'est arrangé pour me donner le moins de liberté possible en surveillant mes faits et gestes, triant mes connaissances et, comme si ça ne suffisait pas, il me traînait partout avec lui. Ainsi il pouvait mieux me surveiller et, surtout, il pouvait me montrer combien il était puissant, parce qu'il en imposait partout où il allait. Et puis tu sais, les gens préfèrent en général faire semblant de ne pas voir les problèmes des autres, et plus encore dans les milieux où il y a beaucoup d'intérêts en jeu.

— C'est sans doute pour ça qu'on a presque grandi sans toi, parce que tu le suivais la plupart du temps où il allait et, pendant des années, nous t'en avons voulu parce que nous aurions voulu avoir une mère plus présente à nos côtés, surtout pour nos anniversaires et pour les fêtes à l'école.

— Tu ne peux pas savoir à quel point j'ai regretté de ne pas être avec vous, quand je pense à toutes ces heures passées dans les chambres d'hôtel à attendre mon mari pendant qu'il était à ses rendez-vous d'affaire ou à certains de ses dîners, au lieu d'être à la maison avec mes enfants. Personne ne pourra comprendre ce que je pouvais éprouver au fond de mon cœur. Je ressens comme un énorme gâchis quand je pense à mon passé, dit-elle avec amertume. Ce sont mes plus belles années qui se sont envolées en me laissant les mains pleines de regrets et de remords.

Dans cette phrase, Tom sentit le poids d'une vie remplie de chagrin. Cela le toucha.

— Pourquoi as-tu décidé seulement maintenant de mettre fin à ton calvaire, après tant d'années ?

— Parce qu'il arrive un jour où l'on se dit qu'on n'a plus rien à perdre. J'avais renoncé depuis bien longtemps à recevoir de l'amour de la part de votre père, mais, ce que je ne voulais pas perdre, c'était l'amour de mes enfants et l'espoir de devenir un jour grand-mère. C'était la seule chose qui me donnait du courage pour survivre.

Lorsque je t'ai vu partir après la dispute avec ton père, j'ai repensé à tout ce que tu m'avais dit la veille au soir au sujet de Kath. Alors, les jours qui ont suivi, je me suis obligée à voir la réalité en face. J'ai accepté de reconnaître que mon mariage n'avait plus de raison d'être depuis belle lurette et, surtout, j'ai accepté de voir que ma famille était en train de voler en éclat à cause de ma lâcheté. Ça a été des semaines très douloureuses, parce que j'étais en lutte avec moi-même.

J'ai dû prendre mon courage à deux mains pour mettre fin à cette situation dramatique que j'endurais déjà et qui s'était répercutée sur toute ma famille. J'avais décidé d'assumer ma vie et d'essayer de sauver celle de ma fille pour lui éviter de finir comme moi, et de me rapprocher un peu plus de mes fils, pour qu'ils sachent qu'ils pouvaient désormais compter sur moi.

Malgré tout, je n'arrivais pas à avoir assez de courage pour affronter votre père, jusqu'au jour où on a été invités à dîner chez ta sœur.

Puis, elle lui raconta comment la soirée s'était déroulée.

Cette fois-ci je n'ai pas pu supporter la manière dont Adams a traité Kath. C'était l'humiliation de trop. J'ai refusé d'accepter de voir une fois de plus ma fille se faire traiter comme une moins que rien devant nous sans qu'aucun de nous ne réagisse.

Comme d'habitude, ton père trouva cela normal puisqu'il s'était toujours comporté de la même manière avec moi devant tout le monde. Quant à moi, mon silence avait toujours été dicté par ma lâcheté, due à la peur d'avoir à contrarier ton père. Mais cette nuit-là, je n'ai pas pu dormir. Ce fut cette nuit que le courage m'est enfin venu. Et, le lendemain, j'ai pu affronter votre père avant de partir. Aujourd'hui, quand j'y pense, je me demande pourquoi je ne l'ai pas fait plus tôt. Cela aurait évité tant de souffrance au sein de notre famille.

— Comment a-t-il pris ce brusque changement venant de toi, alors que tu étais sous sa domination pendant des années ?

— Comme tu peux t'en douter, ça n'a pas été facile pour moi de lui faire comprendre le désir de retrouver enfin ma dignité et mon besoin de donner du bonheur à mes enfants, que j'avais négligés. J'ai dû faire beaucoup d'efforts pour garder mon sang-froid face à sa colère et à sa tentative d'intimidation. Quand j'ai quitté la maison, je pense qu'il a compris que les choses avaient changé définitivement, que désormais ma vie m'appartenait, et que c'était la fin de sa domination sur moi.

Je vais passer un mois ici à New-York, avec Phil et toi. Ensuite, je vais acheter une maison en Californie. J'ai toujours rêvé d'y vivre. Après, j'irai voir ta sœur pour qu'elle comprenne qu'il est temps de mettre fin à son mariage absurde. Je ne peux pas aller la voir avant parce que, le soir de ce fameux dîner, Adams avait annoncé qu'ils partaient tous les deux en voyage pour un mois.

— Tu vas demander le divorce, je suppose ? demanda-t-il.

— Je crois que c'est la décision la plus sage que je puisse prendre. Ton père et moi avons atteint la zone de non-retour. Je ne me vois plus revivre avec lui après tout ce qu'il m'a fait endurer tout au long de notre mariage.

— Je comprends. Je te souhaite enfin de t'épanouir dans la vie que tu as choisie. J'espère que papa en tirera une bonne leçon, et qu'il deviendra plus humain. Même si j'en doute.

— Malheureusement, je le crains aussi.

À la fin du dîner, Tom proposa à sa mère de venir passer chez lui les quelques jours qu'elle avait à faire à New-York. Elle accepta son invitation avec joie. Elle put enfin découvrir l'intérieur de l'appartement de son fils, qu'elle apprécia beaucoup, même si elle trouva la décoration horriblement masculine. Elle se dit en souriant qu'il était temps que Claudia arrive pour mettre un peu plus de couleurs gaies et de féminité dans cet appartement.

Durant les deux semaines qu'elle passa chez lui, ils discutèrent beaucoup. Ellen put apprendre à connaître un peu mieux son fils. Grâce à la présence de sa mère, Tom rentrait du travail à des heures plus raisonnables.

Durant la journée, elle se promenait dans la ville, appréciant chaque moment de sa liberté retrouvée. Le soir, lorsque Tom rentrait, il était accueilli par de bonnes odeurs venant de la cuisine. Ils prenaient plaisir à manger ensemble tout en discutant des choses simples de la vie. C'est ainsi qu'un soir, Tom lui raconta comment il avait rencontré Claudia, ainsi que tous les événements qui étaient survenus ensuite.

L'épisode du tsunami la bouleversa. Elle se rendit compte à quel point la vie de ses enfants lui était étrangère, et combien elle avait manqué à ses devoirs, au point que son fils avait traversé une terrible tragédie qui aurait pu lui coûter la vie, sans qu'il ait eu le besoin de lui en parler, et cela depuis plus d'un an.

Elle remercia Dieu de lui avoir épargné le coup de fil terrible qui lui aurait appris la mort de son fils au cours de la catastrophe à l'autre bout du monde. Elle ne s'en serait jamais remise, et s'en serait voulu toute sa vie.

Ellen espérait pouvoir créer une nouvelle relation avec ses enfants, en étant un peu plus proche d'eux désormais.

À la fin de son séjour chez Tom, elle s'en alla rejoindre Phil, le cœur rempli de bonheur, ayant partagé avec son fils tous ces bons moments. C'était quelque chose qui n'était jamais arrivé, et qu'elle n'aurait jamais cru possible.

Ellen espérait que, lorsqu'elle achèterait sa maison en Californie, elle aurait la joie de les recevoir aussi souvent que possible, et surtout, qu'elle aurait le bonheur de prendre avec elle ses futurs petits-enfants durant les vacances. Elle espérait pouvoir, dans les mois à venir, recevoir tous ses enfants pour le prochain réveillon de Noël dans sa maison. Son rêve était qu'ils passent pour une fois un merveilleux réveillon tous ensemble.

Ce soir-là, Phil avait passé une soirée bien arrosée dans l'une des boîtes les plus branchées du moment. Au petit matin, il était rentré bien éméché, accompagné d'une superbe jeune blonde, comme la plupart du temps, rencontrée en boîte.

Les deux jeunes gens avaient passé une nuit très agitée au salon. Les vêtements et les chaussures étaient éparpillés sur le tapis noir, tandis que les deux corps entièrement dénudés étaient étendus, à peine recouverts par une couverture en fausse fourrure noire. Autour d'eux, des coussins de velours noir et mauve jonchaient le sol. À portée de main, il y avait un seau à champagne et des flûtes vides renversées non loin. L'appartement était à présent silencieux après avoir couvert les ébats tumultueux des jeunes gens. Seules restaient les odeurs sensuelles émises par leurs corps qui avaient assouvi leurs désirs.

Ce matin-là, aux environs des dix heures, habillée d'un élégant tailleur à la coupe bien ajustée, de couleur beige, assorti de chaussures noires à talons hauts, de la même couleur que son petit sac à main, Ellen descendit du taxi dans la rue où habitait son second fils. Devant son immeuble, sa Ferrari bleu nuit était stationnée. Elle sut qu'il était encore chez lui, et cela ne l'étonna presque pas. Elle savait que son jeune fils avait une vie assez tumultueuse parce que son mari avait fait faire une enquête, à une certaine époque.

Elle prit l'ascenseur pour le vingtième étage où était situé son appartement. Lorsqu'elle sonna à sa porte, elle n'eut d'abord aucune réponse. Elle dut s'y reprendre par trois fois avant de percevoir un léger bruit derrière la porte.

Phil s'obligea à quitter sa couche bien douillette en pestant contre l'énergumène qui osait venir le tirer de son sommeil si tôt le matin. Sans prendre la peine de s'habiller, il alla ouvrir en se disant que ça ferait fuir plus vite l'intrus.

Lorsqu'il ouvrit la porte, sur le coup, il ne fut pas perturbé par la vision de l'inconnue qui se trouvait en face de lui, tant l'apparence de sa mère avait changé. Sa mère, qui ne s'attendait pas à cette vision, trouva que cela était amusant et collait parfaitement à son personnage. Elle prit donc le parti de s'en amuser en lui disant :

— Bonjour, Phil. Je comprends que tu aies autant de succès auprès de la gent féminine. Je dois dire que je suis assez fière d'en être partiellement responsable. Mais, tout de même, mon fils, il serait plus convenable que vous ne vous exposiez pas ainsi à tous vents, même si vous avez des raisons d'être fier. Ne croyez-vous pas ?

Après avoir reconnu la voix de sa mère, le jeune homme devint rouge de confusion. Il sortit brusquement de sa brume en tentant autant que possible de cacher de la main sa nudité. Il se mit à dandiner d'un pied sur l'autre, cherchant le meilleur moyen de sortir de cette situation si gênante pour lui.

Sans plus réfléchir ni chercher son reste, comme si tout d'un coup son cerveau s'était remis à fonctionner très vite et dans le désordre, il recula précipitamment et lui claqua la porte au nez.

Il resta quelques secondes adossé à la porte pour reprendre le semblant d'esprit qui lui restait après une longue nuit bien arrosée par tous les excès. Phil se souvint alors qu'il n'était pas seul dans l'appartement. Il se précipita vers la jeune personne entièrement nue toujours endormie au milieu du salon pour la réveiller. Il la poussa littéralement dans la chambre. Il essaya de mettre un peu d'ordre au salon avant de sauter dans ses vêtements et courut rouvrir à sa mère qui attendait toujours derrière la porte. Il lui ouvrit avec un sourire gêné.

— Bonjour, maman ! s'exclama-t-il. Quelle surprise de te voir ce matin… et si différente !

— Oui, je n'en doute pas. Puis-je entrer, ou préfères-tu que je revienne un peu plus tard, lorsque tu seras plus disposé à me recevoir ?

— Bien sûr que non. Entre, je t'en prie, maman. Comme tu as changé ! J'ai failli ne pas te reconnaître.

— Je sais. Rassure-toi, je fais le même effet à tous ceux qui m'ont connue auparavant.

Lorsqu'elle vit l'état dans lequel était le salon, elle comprit ce qui s'y était passé durant la nuit. L'apparition d'une jeune femme vêtue uniquement d'un minuscule string noir vint confirmer ce qu'elle pensait.

L'arrivée inattendue de la jeune femme presque nue mit de nouveau le jeune homme mal à l'aise. Parfaitement à l'aise, sans aucune gêne, comme si elle avait l'habitude de se promener nue, elle dit bonjour à Ellen et alla ramasser ses vêtements derrière le divan avant de retourner dans la chambre.

Phil eut un petit rire gêné en regardant sa mère avant de dire :

— C'est Stella, une amie que j'ai hébergée pour la nuit. Qu'est-ce que je te sers, maman ? demanda-t-il pour en finir avec cette série de situations inconfortables depuis son réveil.

— Ça se voit, c'est très généreux de ta part, dit-elle avec amusement. Je prendrais bien un café, si ça ne te dérange pas. Ça nous aidera à bien nous réveiller.

— Ça ne me dérange pas du tout. C'est d'ailleurs l'heure pour moi de prendre mon petit-déjeuner. Laisse-moi juste le temps de prendre une douche rapide.

— Tu peux prendre ton temps, Phil. Je ne suis pas pressée, j'ai tout mon temps.

Pendant qu'il était occupé à prendre sa douche, la jeune femme réapparut, mais cette fois-ci, entièrement vêtue. Elle vint se présenter à Ellen.

— Bonjour, je m'appelle Caroline.

— Bonjour, enchantée, je suis la mère de Phil.

— Très heureuse de vous rencontrer. J'aurais voulu rester pour faire plus ample connaissance, mais je dois partir. Bonne journée. Vous direz à Phil que j'ai passé une superbe soirée et qu'il sait où me trouver quand il voudra qu'on remette ça. Au revoir, dit-elle avec un sourire très équivoque.

— Je le lui dirai. Bonne journée à vous aussi.

Lorsque Phil revint au salon, quelques minutes après le départ de la jeune femme, sa mère lui dit :

— Au fait, Caroline vient de partir, satisfaite de sa soirée et prête à remettre ça quand tu voudras, selon ses dires.

— Ah, dit-il sans faire de commentaires, préférant changer de conversation. Je vais préparer le petit-déjeuner. Tu ne veux rien prendre avec ton café ?

— Non merci. Je viens de prendre mon petit-déjeuner à l'hôtel avant de venir. Un café suffira amplement.

Il revint quelques minutes plus tard avec un plateau bien garni, sur lequel étaient disposés des toasts, un pot de confiture, deux tasses et une cafetière, qu'il déposa sur la petite table basse en bois noir sculpté qui se trouvait en face du canapé. Il versa le précieux liquide noir et fumant dans les deux tasses blanches et tendit l'une d'elle à sa mère. Puis il vint s'asseoir sur un des deux fauteuils en face du canapé où était assise sa mère. Il but une gorgée de café et, pendant qu'il tartinait ensuite un toast, il demanda à sa mère les raisons de sa visite.

— Je me doute que tu sais que ta visite me surprend, surtout que j'ignorais que tu savais où j'habitais. La dernière fois que je t'ai vue, tu étais semblable à l'apparence à laquelle tu nous avais habitués depuis toujours. Là, j'avoue que j'ai failli ne pas te reconnaître. Je suis curieux de savoir ce qui t'arrive.

Ellen lui sourit en se demandant comment elle devait prendre cette remarque.

— J'ai toujours su où chacun de mes enfants vivait, même si je n'avais pas la possibilité de leur rendre visite. Tu sais très bien pourquoi d'ailleurs. Si je suis là aujourd'hui, en plus d'avoir changé d'apparence, c'est que ma vie a pris une nouvelle tournure qui me permet désormais de profiter de ma liberté. J'espère qu'à partir de maintenant je pourrai voir chacun de vous aussi souvent que vous le voudrez.

Phil la regardait sans vraiment comprendre ce qu'elle voulait lui dire.

— Que veux-tu dire, maman ? demanda-t-il les sourcils froncés.

— Que j'ai quitté votre père depuis quelques jours. Je viens d'ailleurs de passer deux semaines avec Tom. Je lui ai appris également la nouvelle et j'en ai profité pour le féliciter pour ses fiançailles.

Sous le choc et la surprise de ce qu'il venait d'entendre, il fut sur le point de s'exclamer avec un gros mot, mais il se retint à la dernière seconde. Effaré et surpris, il oublia de croquer le toast qu'il s'apprêtait à manger. Son geste resta un moment en suspens, puis il reposa le toast sur le plateau.

— Pourquoi maintenant, après tant d'années ?

Sa mère lui raconta alors comment les choses s'étaient déroulées.

— Je suis content que tu aies eu le courage de prendre cette décision qui a l'air de te convenir pour le moment. Pour ça, il suffit de te voir pour le constater. Tu as l'air épanoui, espérons que ça dure. Et quelle est la suite des événements maintenant ? Allez-vous divorcer ? demanda-t-il sans la moindre émotion.

Ellen ne fut pas surprise par sa froideur une fois l'instant de la surprise passé.

— Comme j'ai eu à le dire à ton frère, après tout ce que j'ai enduré auprès de votre père, il m'est impossible d'imaginer revivre avec lui. Il y a trop de souffrance pour que cela soit de nouveau possible.

— Je comprends. Et qu'est-ce que tu envisages pour l'avenir ?

— Je vais m'installer en Californie et profiter enfin librement de la vie, tout en espérant que vous viendrez souvent me rendre visite. Mais, je vais d'abord passer deux semaines de plus ici avant d'y aller pour acheter une maison qui me convienne et me ressemble. Ensuite, ce qui me tient vraiment à cœur, c'est d'aller discuter avec Kath pour l'aider à mettre fin à son mariage qui n'en vaut pas la peine.

— J'espère que tu vas arriver à le lui faire comprendre. Si tu restes deux semaines de plus à New-York, pourquoi tu ne les fais pas chez moi ?

— Tu es sûr que ma présence ne va pas bouleverser tes habitudes nocturnes ? demanda-t-elle ironiquement.

— Bien sûr que non, tu te fais de fausses idées sur ma vie. Je ne suis ni ange, ni démon. Je mène ma vie selon mes envies comme tout un chacun, enfin je crois. Toujours est-il que ma vie, je l'aime comme elle est.

— Je ne juge pas ta manière de vivre. L'essentiel, pour moi, c'est que tu sois heureux et satisfait de la vie que tu mènes. Si je suis là aujourd'hui, c'est uniquement pour passer un peu de temps avec chacun de vous, individuellement. Je sais parfaitement que je ne pourrai jamais rattraper le temps perdu en si peu de temps. Mais j'espère qu'on partagera ne serait-ce que quelques instants de bonheur familial entre mère et fils.

Ellen s'installa donc chez Phil durant les deux semaines qui suivirent. Pour la première fois de leur vie, ils purent partager sans aucune tension quelques banals instants de bonheur. Ce qui aurait paru normal pour des personnes ayant l'habitude de ce genre de relations familiales, devenait quelque chose d'intense pour eux qui n'avaient jamais eu cette chance.

Ces deux semaines leur firent du bien à tous les deux. Phil n'éprouva pas le besoin de passer ses soirées dans les boîtes ou dans les bars. Il préférait emmener sa mère dîner certains soirs au restaurant, ou bien ils passaient tout simplement leur soirée à apprécier les moments passés ensemble, à parler du passé ou de l'avenir.

Phil n'était pas quelqu'un de très bavard. Il préférait rester le plus souvent silencieux comme s'il s'évadait dans un monde où lui seul avait le pouvoir d'accéder. Ces silences ne dérangeaient pas sa mère qui profitait de ces moments où il semblait loin pour le regarder, se demandant qui il était vraiment, et si un jour il parviendrait à guérir des blessures du passé.

Il était très différent de son frère. Tom savait mettre de la légèreté et du rire dans sa vie, même si c'était un homme très sérieux, pouvant paraître quelque fois froid et impitoyable, en raison de la sérénité qu'il affichait. Il était d'un naturel plus posé.

Tom savait montrer ses sentiments quand il le fallait, contrairement à Phil qui, à certains moments, faisait peur par sa froideur qu'accentuaient des yeux d'un bleu très clair, presque irréels, qui vous transperçaient comme s'ils ne vous voyaient pas, surtout quand il se réfugiait dans son monde de manière tout à fait inattendue et déroutante. Il était imprévisible.

Un certain mystère planait toujours sur lui à cause de son aspect physique et de son comportement. Phil, c'était un très bel homme, du genre beauté de glace. Il fascinait et éblouissait comme le tigre des neiges. Les femmes le craignaient autant qu'il les attirait. Elles voyaient en lui la force, la virilité, la beauté et le mystère.

À la fin de ces deux semaines, Ellen s'envola pour la Californie, heureuse d'avoir passé quatre merveilleuses semaines avec ses deux fils. Ils avaient partagé plus de choses pendant ces semaines qu'ils n'avaient pu le faire auparavant.

Une fois arrivée en Californie, elle passa la majeure partie de son temps à visiter des maisons avant de trouver celle qui lui convenait, à Bel Air non loin de Sunset Boulevard, dans la ville de Los Angeles. Le reste du temps, elle se promena en profitant des bons moments qui se présentaient à elle.

Vivre un jour à Los Angeles avait toujours été le rêve d'Ellen. La première impression qu'elle eut en arrivant dans la ville confirma son sentiment. D'office, elle s'y sentit bien, comme si un lien très fort et invisible la reliait à la ville, lui donnant l'impression d'avoir enfin trouvé sa place quelque part dans ce monde.

Le climat à los Angeles est méditerranéen, favorisant des hivers doux et humides et des étés chauds et secs. Le relief également est assez méditerranéen. La ville s'étire le long de l'Océan Pacifique au sud de l'état de Californie, permettant de bénéficier sur toute sa longueur d'une vaste étendue de plages de sable blanc dont profitent les habitants avec trois cent vingt jours de soleil par an du fait de la situation géographique. Los Angeles fait partie de la ceinture du soleil, la « Sunbelt ».

C'est d'ailleurs l'une des villes qui permet de faire du ski et du surf dans la même journée, et cela en raison de ses chaînes de montagne, de ses baies et de ses plages. Los Angeles est la deuxième plus grande ville des États-Unis après New-York. Cosmopolite, elle est très ouverte au monde, à la diversité, à la culture et au sport, ce dont elle est très fière.

Au bout de deux semaines de tourisme, elle se résigna à quitter Los Angeles pour Washington. Quand elle y arriva, elle s'installa dans l'un des hôtels les plus proches de chez Kath. Le lendemain de son arrivée, elle lui passa un coup de fil pour lui donner rendez-vous au restaurant de l'hôtel en début d'après-midi. Elle prit soin de préciser qu'elle ne voulait pas la présence de son mari.

Peu après l'heure du déjeuner, Kath arriva. C'était une très jolie jeune femme d'une trentaine d'années, assez grande, avec un agréable visage aux traits réguliers. Elle ressemblait à sa mère mais, contrairement à elle, elle était très blonde. Elle avait de longs cheveux bouclés. Kath était habillée assez simplement : un jean, un long pull blanc à col roulé, des bottines blanches et un grand sac à franges en cuir blanc.

Après avoir embrassé sa mère, la jeune femme s'assit en face d'elle. Ellen remarqua immédiatement son air angoissé.

— Quelque chose ne va pas, Kath ? lui demanda-t-elle.

— Non, tout va bien, mais je ne comprends pas pourquoi tu n'as pas voulu venir à la maison. Cela a un peu contrarié Adams.

— Si j'ai souhaité te rencontrer seule, c'est parce que j'ai à te parler de ton avenir. Et j'estime que cela ne concerne plus ton mari, à partir de maintenant.

— Comment cela ? Qu'est-ce qui se passe, maman, tu as tellement changé. J'ai appelé plusieurs fois à la maison les jours passés pour te parler, et chaque fois on m'a répondu que tu t'étais absentée. Et personne ne voulait me dire où je pouvais te joindre. Impossible de parler à papa, également. Et, aujourd'hui, je te découvre complètement différente et mystérieuse.

— Je vois que personne n'a voulu te dire que j'avais quitté ton père. Ça ne me surprend pas du tout. Si je suis là, c'est pour te parler de la vie que tu mènes avec Adams. Es-tu heureuse ?

La question la surprit et la gêna. Elle se tortilla légèrement sur son siège avant de répondre en fuyant le regard de sa mère :

— Pourquoi tu me poses cette question, maman ?

— Parce que je vois comment ton mari te traite depuis votre mariage.

— Je ne vois pas ce que tu veux dire. Tu te fais des idées, répondit-elle en baissant les yeux.

— Kath, arrête de jouer ce jeu-là avec moi. Tu ne crois pas que je suis la mieux placée pour savoir ce que tu endures avec ton mari ? N'oublie pas que c'est ce que j'ai vécu pendant des années avec ton père, au vu et au su de tout le monde. Alors je te repose la question, kath, es-tu heureuse avec Adams ?

Sans lever les yeux et en se triturant les doigts, elle lui répondit d'une petite voix :

— Non.

— Je le sais, Kath. N'aie pas honte de le dire. Est-ce que tu l'aimes ?

— Non, dit-elle les yeux pleins de larmes.

Pour la réconforter sa mère lui prit les mains en lui disant :

— Je sais pourquoi tu as épousé un homme que tu n'aimais pas. Mais tu aurais pu l'aimer avec le temps, s'il l'avait mérité, comme il peut arriver pour certains couples. Malheureusement, tu es tombée sur le pire des hommes, cynique, insensible et détestable. Il est temps à présent de mettre fin à ce mariage, Kath. C'est pourquoi je suis là, afin de t'aider à te libérer de l'enfer que tu vis par notre faute.

La jeune femme resta silencieuse et garda les yeux baissés comme si elle avait peur de trop en dire. Ellen continua donc à parler pour lui donner le courage de réagir.

— Kath, regarde-moi. Je sais que tu as peur de lui, et que ta peur t'empêche de songer à le quitter. Mais si je te parle ainsi, c'est pour ton bien. Si tu ne prends pas ton courage à deux mains pour le quitter, tu risques de te réveiller un jour et de te rendre compte que toutes tes plus belles années se sont envolées sans que tu aies pu vraiment savoir ce qu'est vraiment l'amour, et surtout, en te rendant compte que tes enfants ont grandi sans amour, sans tendresse ni sérénité, tout ce dont ils auraient eu besoin pour s'épanouir.

Regarde autour de toi, Kath, l'amour est beau. Il est partage, compassion, respect mutuel. Il est également sincérité. L'amour n'est pas humiliation, asservissement, mépris, comme tu as pu le voir depuis toujours entre ton père et moi, malheureusement.

Je me rends compte que l'histoire se répète dans ton couple et je refuse de l'accepter parce que je me sens en partie responsable, par mon silence et par ma lâcheté passée. D'autre part, le plus important, ma fille, c'est que je t'aime par-dessus tout, et que je veux te voir heureuse dans ta vie.

Ne détruis pas ta vie comme je l'ai fait, par peur et par lâcheté. Tu es si jeune et si jolie. Profite de la vie pendant que les rêves sont encore possibles. Ne crois surtout pas que ton père fera plus attention à toi parce que tu auras fait ce qu'il attend. Il en est incapable. Crois-moi, j'ai passé ma vie à courir après son attention et son amour, mais en vain. Je peux te dire aujourd'hui que ça n'en vaut pas la peine. Si tu persistes dans cette voie, la seule chose que tu pourras y gagner, c'est de détruire ta vie.

Si ton père n'est pas capable de t'aimer uniquement parce que tu es sa fille, il ne mérite pas que tu détruises ta vie pour lui. N'oublie jamais que ta vie t'appartient. Dompte-la afin de la vivre pleinement.

Dis-moi maintenant, kath, est-ce que tu veux continuer à vivre ainsi avec ton mari ? Mais avant, sache que je ne t'obligerai à rien. Les décisions, c'est toi qui dois les prendre. Comme je viens de te le dire, c'est ta vie, et tu as le droit d'en faire ce que tu veux, quitte à choisir de la vivre dans la souffrance et l'humiliation.

— Je voudrais pouvoir divorcer, dit-elle sans conviction, mais il me terrorise. J'ai peur de ses réactions.

— À ton avis, tu penses qu'il sait que tu as peur de lui et qu'il en profite ?

— Oui, je crois qu'il le sait et que ça lui plaît de me voir complètement perdue et terrorisée face à lui.

— Et qu'est-ce que tu éprouves, sachant que ça lui plaît de t'écraser ?

— J'éprouve de la haine pour lui. Même si au départ je l'appréciais et que j'espérais trouver de l'amour auprès de lui, avec le temps.

Malheureusement, moins d'un an de mariage plus tard, j'ai commencé à le détester et à éprouver du dégoût pour lui. Chaque fois qu'il me touchait, j'avais envie de vomir. Dès qu'il finissait de me faire l'amour, la plupart du temps, au moment où il s'endormait, je courais à la salle de bain pour prendre une longue douche. J'avais l'impression d'avoir été souillée.

Je ne pouvais plus faire machine arrière, de peur de vous décevoir. Je me sentais prise au piège, et il le savait. C'est pourquoi, lorsqu'il me surprenait en train de pleurer, ça l'amusait. Il me disait d'une manière cynique que, de toute façon, il pouvait faire de moi ce qu'il voulait parce que papa avait la même vision de la vie que lui. Que, si l'envie me prenait de le quitter, non seulement papa me déshériterait, mais que lui, il ferait tout ce qui est en son pouvoir pour que je n'obtienne rien, et que, de toute façon, quoi qu'il arrive, moi je n'aurais aucun mot à dire puisque mon avis n'avait pas d'importance.

Ces deux années furent les plus horribles de ma vie. Je voudrais le quitter mais j'ai peur de ce qui pourrait arriver et de ce que pourraient penser nos connaissances.

— Tu ne pourras jamais empêcher les gens de dire ou de penser. Quoi que tu fasses, les gens trouveront toujours quelque chose à redire. La médisance, c'est ce qui permet à tout un chacun de se croire plus important que l'autre, soit par jalousie, soit par égocentrisme ou suffisance. Ne laisse jamais la peur de la médisance diriger ta vie, sinon tu donneras le pouvoir à ceux qui te critiquent.

Je viens d'acheter une maison à Los Angeles. Si tu veux, tu peux venir habiter avec moi, le temps de reprendre confiance en toi et en la vie. Tu verras comment on se sent légère et heureuse, la tête pleine de projets. On se sent libre. C'est un sentiment qui vient assez vite, crois-en mon expérience, dit-elle en souriant.

Mais avant, il faut que tu quittes Adams. Que comptes-tu faire, vas-tu partir sans rien lui dire, ou vas-tu lui parler avant ?

— Je voudrais lui parler avant de partir mais ses réactions me font très peur. Il ne m'a jamais battue, à part quelques gifles que j'avais méritées.

— Kath, pour battre quelqu'un, il faut d'abord commencer par lui donner un coup, et les gifles en font partie. Pourquoi faut-il que tu justifies les gifles que tu as reçues de lui ? Et toi, lui donnais-tu des gifles chaque fois qu'il le méritait ?

— Non, dit-elle d'une petite voix.

— Tu vois, quoi qu'il arrive au sein du couple, la violence ne doit jamais être utilisée comme une forme de communication parce que la raison du plus fort sera toujours la meilleure. Veux-tu prendre le risque de lui parler avant de le quitter, ou préfères-tu laisser cela à ton avocat ? À mon avis, le connaissant, la décision la plus sage, c'est de laisser ton avocat le faire à ta place.

— Tu as sans doute raison, maman. Je vais rentrer faire mes bagages. Puis après, je viens te rejoindre dès que j'aurai fini. J'ai tout le temps de me préparer parce qu'il rentrera assez tard, ce soir. Il doit participer à une réunion très importante.

— Si tu n'es pas sûre, je peux venir avec toi.

— Non, ce n'est pas la peine, tout va bien. Je suis certaine qu'il ne sera de retour que très tard dans la nuit. Dans deux heures j'aurai fini et je te rejoindrai.

— D'accord. Pendant que je t'attendrai, je me renseignerai sur les horaires des vols. Si c'est possible, je préfère qu'on parte ce soir pour New-York. Tu pourras voir Tom et Phil. Je suis certaine qu'ils seront heureux de te revoir. Ils se sont fait beaucoup de soucis pour toi. Tu pourras en profiter pour féliciter Tom parce qu'il va bientôt se marier, il sera heureux de savoir qu'il aura presque toute sa famille auprès de lui le jour de ses noces. Après ces quelques jours passés là-bas, nous pourrons nous envoler pour Los Angeles.

— Tom va se marier ! s'exclama-t-elle. Ça alors, qu'elle bonne nouvelle. Et depuis quand es-tu au courant ? Qui est l'heureuse élue ?

Ellen raconta alors à sa fille dans quelles conditions elle l'avait appris et comment l'attitude de leur père l'avait révoltée au point de faire naître en elle la colère qui se transforma en révolte, le soir où ils avaient dîné chez elle.

— Je serais très contente de les revoir tous les deux. Je suis vraiment ravie pour Tom. Il mérite d'être heureux. Ça fait au moins un an que je ne les ai plus revus. Je vais y aller maintenant, si je veux être prête à temps. À tout à l'heure, maman, dit-elle en se levant, le visage rayonnant de joie et d'espoir. Puis elle s'en alla.

Ellen se leva à son tour pour passer quelques coups de fil de sa chambre. Elle réserva un vol pour le soir même, et des chambres d'hôtel également. Elle ne voulut pas prévenir ses garçons de leur arrivée, préférant leur faire la surprise.

Pendant qu'elle attendait le retour de Kath, sans savoir pourquoi, elle repensa aux instants après qu'elle ait quitté Thomas. Ellen revit comment elle avait eu du mal à rejoindre sa chambre après cette dernière dispute avec son mari. Ses jambes tremblaient tellement qu'elles la soutenaient à peine. Elle avait été soulagée lorsqu'elle avait pu enfin rejoindre sa chambre et s'asseoir sur son lit.

Elle se souvient alors avoir éclaté en sanglot à cause de la peur, de l'angoisse, de la révolte et de toute la colère qui couvaient en elle depuis des jours. Elle avait pleuré pendant un long moment jusqu'à ce que la tension accumulée soit retombée, la laissant vidée et fatiguée. Ce fut à ce moment-là qu'elle avait pu recommencer à réfléchir à la suite des événements, allongée sur le lit.

— Aujourd'hui, lorsque je repense à ma vie et à celle de mes enfants, pensa-t-elle, j'ai l'impression que, le jour où j'ai épousé Thomas, j'ai laissé entrer un tsunami dans ma vie et qu'il a tout dévasté, ne laissant que des blessures, même si aujourd'hui j'ai eu le courage de mettre fin à toutes ces années de souffrance. Tout ce que je souhaite désormais, c'est que ma fille puisse enfin reconstruire sa vie, et je ferai tout pour qu'elle y parvienne.

Trois heures plus tard, elle ne voyait toujours pas revenir Kath. Elle commença alors à s'inquiéter, se demandant pourquoi elle avait du retard. Une foule de choses commença alors à traverser son esprit. Elle se mit à arpenter sa chambre de long en large, l'estomac noué par l'angoisse.

Au bout d'un moment, n'y tenant plus, elle prit le téléphone pour essayer de la joindre, en vain. Ellen fut obligée de s'y reprendre à plusieurs fois, sans succès. Elle essaya alors de la joindre sur son portable, se disant qu'elle était peut-être en route et, dans ce cas, elle ne pouvait pas décrocher le téléphone de la maison. Mais son portable sonnait, comme le fixe, dans le vide. Elle comprit à cet instant que quelque chose d'anormal était arrivé.

Ellen appela un taxi, et en quelques minutes, elle se retrouva devant la maison de Kath. Du taxi, elle put voir qu'il y avait de la lumière dans la maison et que les voitures étaient stationnées devant leur allée. Ellen se douta alors de ce qui se passait. Très vite, elle sut ce qu'il fallait faire si elle voulait sauver la vie de sa fille.

De son portable, Ellen appela la police et lui expliqua les raisons de ses craintes. La police lui conseilla de ne pas essayer d'intervenir, car elle risquait d'aggraver les choses ; le mieux qu'elle pouvait faire, c'était d'attendre leur arrivée en sécurité dans le taxi.

Moins de cinq minutes plus tard, rongée par la peur et l'angoisse, elle entendit le bruit d'une sirène de police qui résonnait. L'instant d'après, elle voyait les lueurs des gyrophares de la voiture de police qui clignotaient avant de venir stationner devant la maison. Soulagée, Ellen sortit de la voiture et courut vers eux.

Chapitre IX

Le printemps avait commencé depuis quelques jours déjà. L'air sentait bon la renaissance de la nature. Les rayons du soleil caressaient avec un peu plus d'insistance la peau qui soupirait sous l'effet de leur douce et bienfaisante chaleur.

Les bourgeons et les fleurs attendaient patiemment un peu plus de chaleur pour se laisser aller à l'explosion du renouveau, après le long sommeil de l'hiver. Toute la nature était fin prête pour le grand changement du printemps. Les oiseaux chantaient gaiement. Tandis que, les hommes, eux, commençaient à s'ouvrir de nouveaux les uns aux autres. Dans les rues, les styles vestimentaires étaient en demi-teinte, comme l'humeur des gens et de la nature.

Claudia, elle, était enfin prête pour aller à la rencontre de sa nouvelle vie qui allait bientôt commencer avec l'arrivée du printemps. Son contrat s'était enfin achevé au laboratoire, au grand regret de ses collèges et de son patron.

Ses collèges lui avaient organisé une belle fête d'au revoir après sa dernière journée de travail. Cette attention avait touché la jeune femme. Les six années de travail, d'amitié et de complicité qu'elle avait partagée avec eux faisaient partie des bons souvenirs qu'elle garderait au fond de son cœur.

Les jours qui suivirent, Claudia put s'occuper exclusivement de faire ses cartons, rangeant chaque chose méticuleusement, avec amour. Tous ces objets avaient une histoire après avoir fait partie de sa vie. Ils comportaient des souvenirs qui lui tenaient à cœur. Elle voulait emporter avec elle ceux qui avaient le plus marqué sa vie.

Un samedi matin, ses deux copines Stéphanie et Amanda vinrent l'aider à faire quelques rangements. C'était également pour elles l'occasion de papoter, histoire de se mettre au courant des derniers événements concernant leur vie.

La plupart des objets sans intérêt sentimental étaient destinés à être vendus de particulier à particulier sur un des sites internet qui permettait de mettre en ligne du matériel d'occasion. C'était une pratique très tendance en ce moment. Elle permettait de recycler tout ce dont on n'avait plus l'utilité et de moins polluer en diminuant les déchets.

Claudia était perdue dans ses souvenirs, feuilletant un de ses albums photos, lorsque la voix de Stéphanie la fit sortir brusquement de ses pensées.

— Claudia ! cria-t-elle avec une pointe de dépit dans la voix. Tu es assise sur tes oreilles, ou quoi ? Ça fait un moment que je te parle sans avoir l'impression que tu m'écoutes. Ça en devient énervant. J'ai l'impression de parler à une statue. Coucou ! Ici la Terre, tu veux bien redescendre, c'est là qu'on est.

Claudia sursauta en entendant Stéphanie lui crier dessus, les poings sur les hanches, penchée sur elle. Claudia était tellement absorbée par ses pensées qu'elle ne l'avait pas vu arriver. Elle comprit qu'elle s'était de nouveau évanouie dans ses souvenirs, comme ça lui arrivait très souvent ces derniers temps.

— Excuse-moi, Stéphanie. Je suis souvent distraite en ce moment.

— Ah oui ? Je ne m'en étais pas rendue compte, dit-elle avec une pointe d'ironie dans sa voix.

— Je suis vraiment désolée, tous ces préparatifs me prennent la tête.

— Je compatis, mais tout de même. À te voir ainsi, on ne croirait pas que tu t'apprêtes à rejoindre l'amour de ta vie.

— Tu exagères un peu, tu ne trouves pas ? J'aimerais t'y voir. Ça fait des semaines que je travaille inlassablement pour pouvoir rendre cet appartement entièrement vide et propre. C'est quand même normal que je sois fatiguée et tendue, sans compter que, dans quelques jours, je vais devoir quitter toutes mes habitudes pour aller un peu vers l'inconnu et reconstruire une autre vie. Même si c'est avec l'homme de ma vie, c'est normal que je sois perturbée. Tu ne crois pas ?

— Excuse-moi, Claudia, mais je n'arrive pas à te plaindre. Tu vis un conte de fée depuis un moment. Tu as trouvé l'homme idéal dont rêvent toutes les filles. Il est beau, séduisant, sérieux, riche et il t'aime au point de traverser toute l'Asie au risque de sa vie pour te retrouver, et lorsqu'il te perd, il engage un détective privé pour te rechercher. Aujourd'hui, il attend que tu viennes le rejoindre pour t'épouser. Et tu veux que je te plaigne ? Ah non alors ! s'exclama-t-elle, ne compte pas sur moi pour ça. Tu sais ce que moi j'aurais fait, à ta place ? Eh bien, je serais partie le rejoindre, même sans bagages, depuis longtemps.

Claudia et Amanda se mirent à rire, sans se rendre compte que Stéphanie était très triste et avait les larmes aux yeux. La nature gaie et sulfureuse de Stéphanie, s'amusant de la moindre chose en donnant de la légèreté à tout ce qu'elle vivait, empêcha ses deux copines de se rendre compte qu'elle était malheureuse. Ses copines avaient du mal à la prendre au sérieux en général, puisqu'elle-même ne se prenait presque jamais au sérieux. La plupart du temps, elle bavardait sans cesse, mais là, elle restait silencieuse dans son coin. Cela étonna Claudia et Amanda.

— Stéphanie ! appela Claudia. La jeune femme ne réagit pas. Les deux jeunes femmes se regardèrent en se demandant ce qui lui arrivait. Elles vinrent vers Stéphanie et furent surprises de la voir en train de pleurer silencieusement.

— Stéphanie, qu'est-ce qui t'arrive ? Pourquoi tu pleures ? demanda Claudia d'une voix inquiète en s'asseyant à côté d'elle sur le canapé.

La jeune femme pleurait toujours sans dire un mot. De plus en plus inquiètes, les deux jeunes femmes la regardèrent sans savoir quoi faire. C'était la première fois qu'elles la voyaient dans cet état.

Amanda s'assit à son tour, sur le rebord de la table basse en face d'elle et lui prit la main.

— Stéphanie ! Je t'en prie, dis-nous quelque chose. Qu'est-ce qui te met dans cet état ?

— Je suis désolée de me laisser aller de la sorte, les filles. Mais jour après jour, je me rends compte que bientôt, je serai toute seule à Nantes parce que mes deux meilleures copines s'en vont vivre à New-York et qu'aucune d'elles ne pense à moi. Comme si je n'avais jamais compté pour elles. Aucune de vous ne s'est aperçue que j'étais triste, étant donné que vous ne pensez qu'à vous et à votre nouvelle vie. Bien sûr, pourquoi vous penseriez à moi ? Vous n'avez pas besoin de moi puisque vous allez encore vous retrouver toutes les deux ensemble. Quant à moi, je fais déjà partie de votre passé, comme toutes ces choses dont vous allez vous débarrasser. Je me demande en fin de compte pourquoi je me prends la tête pour si peu, puisque ça n'a pas d'importance. Après t'avoir donné un coup de main pour faire tes cartons, j'aiderai Amanda à son tour. Je pense que c'est dans l'ordre des choses, conclut-elle avec amertume.

Claudia et Amanda comprirent ce qu'elle voulait dire et s'en voulurent de s'être comportées comme de parfaites égoïstes. Dès le début, elles n'avaient pensé qu'à leurs petits problèmes personnels et ne s'étaient pas aperçues de ce que pouvait ressentir leur amie, alors même qu'elle vivait toutes leurs aventures, leurs émotions et leurs préparatifs, pas à pas, sans que personne ne s'intéresse à ce qu'elle pouvait ressentir.

Le ressentiment de la jeune femme était compréhensif si l'on pensait à tout ce qu'elles avaient partagé ensemble pendant de longues années. Depuis qu'elles se connaissaient, elles se disaient tout, partageant tout ce qui leur arrivait et se rendaient disponibles les unes pour les autres, spontanément. Une grande complicité les liait.

— Tu as raison, Stéphanie, dit Claudia. À ta place, je serais heureuse de me débarrasser de deux égoïstes comme nous. Je suis vraiment désolée que tu aies eu l'impression que le fait que nous allons nous séparer nous était égal. Ce n'est pas vrai, tu te trompes. Même si en ce moment je suis perturbée par tout ce changement qui est en train de se produire dans ma vie, j'ai toujours pensé à toi, mais je ne savais pas comment aborder le sujet. J'ai donc choisi de ne pas en parler, préférant me voiler la face en comptant sur ton éternelle bonne humeur, si contagieuse. Et aussi, je te connais. Je sais que si l'envie te prenait de nous rejoindre là-bas, rien ni personne ne pourrait t'en empêcher, et quelque chose me dit que bientôt, on sera de nouveau réunies.

— C'est également ce que je pense, dit Amanda. Je me demande bien pourquoi tu ne viendrais pas avec nous. Je suis certaine que tu sauras mieux que nous tirer ton épingle du jeu. Tu as une telle facilité dans le domaine de la communication et de l'expression corporelle que rien ni personne ne peut te résister. Finalement, tu as tous les atouts en ta possession pour réussir partout où tu iras.

— Alors là, ce n'est pas sympa, ça. Vous retournez la situation. C'est moi que vous êtes censées plaindre, et pas le contraire, même si quelque part, vous avez raison sur mes atouts. Vous savez quoi ? Je pense que vous avez raison sur toute la ligne. Qu'est-ce qui m'empêche d'aller tenter ma chance à New-York ? Peut-être que c'est là-bas que je finirai par trouver l'homme idéal, très riche, séduisant et fou de moi. Qu'est-ce que vous en pensez, les filles ? dit-elle avec un sourire radieux.

— On pense que tu t'emballes trop vite, Stéphanie, dit Amanda. Tu ne crois pas que tu devrais t'accorder un temps de réflexion, comme nous, avant de pouvoir prendre une décision mûrement réfléchie.

— Je sais. Sauf que réfléchir profondément ne me réussit pas toujours. Mais, je fais les choses à l'instinct, et ça me réussit mieux. Néanmoins, je vous promets d'y réfléchir et je vous annoncerai ma décision quand je viendrai pour ton mariage, cet été.

— Parfait. En attendant, au travail. Ensuite, au restaurant pour se requinquer. Les filles, c'est moi qui régale, annonça Claudia.

Puis, les jours s'égrenèrent au rythme des appels téléphoniques des personnes qui étaient intéressées par la vente des objets mis en ligne par la jeune femme. Elle put se transformer en vendeuse l'espace de quelques jours.

Ce système lui permit de rencontrer des gens venant de tous horizons sociaux à la recherche d'une nouvelle manière plus responsable et économique de consommer. Tous venaient récupérer les choses dont elle n'avait plus l'usage. Ces objets partaient avec d'autres personnes pour continuer une autre histoire.

Cet intermède lui permit de sortir un peu du stress qu'elle vivait depuis un moment. Régulièrement, Tom et Claudia s'appelaient pour discuter. Pour chacun d'eux, l'attente devenait de plus en plus longue. Ils avaient hâte de se retrouver enfin.

La jeune femme pouvait profiter de ces moments-là pour parler de tout ce qu'elle faisait. C'est ainsi que, lors d'un de ses coups de fil, Tom apprit à Claudia la visite de sa mère et de son séjour chez lui. Claudia sut avec joie que la mère de Tom était impatiente de la rencontrer. La jeune femme était contente de l'entendre parler de sa mère. Elle avait remarqué qu'il parlait très peu de sa famille, comme si le sujet lui était douloureux. Souvent, elle s'était demandée comment elle allait être reçue. La seule chose que Tom avait eue à lui dire sur sa famille, c'était qu'elle était moins chaleureuse et unie que la sienne. Claudia s'attendait donc au pire. À l'issue de cette nouvelle, elle put envisager la rencontre avec plus de sérénité.

La jeune femme eut un appel de Kelly lui annonçant qu'elle et Matthew s'étaient installés ensemble à Brooklyn après leurs fiançailles à Londres. Ils envisageaient également de se marier dans les mois à venir et ils avaient décidé de partir en voyage de noce en Thaïlande, une sorte de pèlerinage dans le pays où ils s'étaient rencontrés et où le destin avait décidé de leur donner une seconde chance en épargnant leur vie lorsqu'ils avaient eu à affronter le tsunami. Mais auparavant, cet été, les parents de Matthew leur rendraient visite et en profiteraient pour faire connaissance avec ses parents à elle. Le son de sa voix, plein d'enthousiasme, laissait percevoir son bonheur.

Kelly voulut savoir quand est-ce que Claudia et Amanda pourraient venir, et si elles avaient déjà fixé les dates de leur mariage. La jeune femme lui apprit qu'elle arriverait au début du mois de mai, et que c'est seulement après qu'ils fixeraient la date du mariage. Par contre, en ce qui concerne Amanda, elle ne les rejoindrait que pendant l'été. Pour son mariage, elle n'avait pas plus d'information.

Le coup de fil de la jeune femme la perturba une bonne partie de la journée. Elle resta longtemps songeuse lorsqu'elle raccrocha le téléphone, se demandant si elle aurait le courage de retourner un jour en Thaïlande, après ce qu'elle y avait vécu. Claudia s'était déjà posée la question. Cependant, elle en arrivait toujours à la même conclusion, à savoir qu'elle n'était pas encore prête à y retourner, même si, quelque part dans son cœur, une petite voix lui disait que, si elle voulait tourner définitivement la page, il fallait qu'elle affronte les fantômes du passé qui la hantaient encore certaines nuits.

Elle savait pertinemment que si elle voulait faire la paix avec elle-même, il serait préférable pour elle d'y retourner un jour. Elle se promit d'en parler à Tom quand le moment serait venu. La jeune femme voulait connaître son avis sur la question.

Tous les week-ends, Amanda et Stéphanie venaient donner un coup de main à Claudia et l'aider à vider plus rapidement son appartement. Amanda leur apprit qu'elle rejoindrait Nathan pendant l'été et qu'ils profiteraient de leurs vacances pour visiter un certain nombre de villes américaines ensemble.

Puis les jours s'écoulèrent, rapprochant Claudia de plus en plus du moment inévitable des séparations. Au début du mois, elle rendit visite à ses frères et à sa sœur, et à un certain nombre de personnes de sa famille.

La jeune femme confia son appartement à une agence immobilière lorsqu'elle eut fini de le vider. Soulagée enfin, et libre de toute responsabilité, elle put aller s'installer chez ses parents et profiter ainsi de ses dernières semaines avant le départ.

Ses parents lui apprirent qu'ils avaient organisé une fête d'au revoir pour elle la dernière semaine avant qu'elle ne les quitte. Toute la famille et un certain nombre de ses amis y étaient conviés. La jeune femme était très contente de pouvoir s'amuser avant de s'en aller. Elle espérait que cette fête allait être tout, sauf triste. Elle avait besoin de gaieté.

Dès le moment où elle s'installa chez ses parents, elle eut l'impression d'être revenue des années en arrière. La jeune femme passait ses journées plongée dans les souvenirs de son enfance. Elle montait souvent au grenier pour se perdre dans tous ces objets et albums qui la ramenaient sur les traces du passé.

Ces objets et albums du temps de l'innocence représentaient des petits trésors qui la replongeaient dans le monde merveilleux de l'enfance. Les photos de classe du primaire, du collège et du lycée, faisaient ressurgir des souvenirs très marquants se rattachant à certains visages qui s'étaient évanouis sur le chemin de la vie. Ils se rangent ainsi au fin fond de notre mémoire et ne réapparaissent à certains moments de notre vie, que pour nous rendre nostalgique du temps passé, que nos souvenirs ont pris le soin de sublimer.

Dès que le temps le permettait, Claudia allait se promener dans les bois et les sentiers de son enfance. Elle regrettait que ce ne soit pas l'été, elle aurait voulu profiter encore plus de la nature qui s'offrait à ses yeux en ce début de printemps. Bien que le soleil brillât, un léger vent froid venait lui rappeler que ce n'était pas encore la belle saison et qu'il fallait patienter encore un peu plus, le temps que la nature soit tout à fait prête pour se transformer complètement.

Un après-midi après le repas, elle prit sa voiture pour se rendre dans un endroit qui lui tenait plus particulièrement à cœur. Pendant des années, à la belle saison, elle y était venue souvent avec sa famille pour pique-niquer.

C'était un petit bois situé un peu en dehors de la ville, entouré de champs et de clairières où paissaient tranquillement des vaches.

Lorsqu'elle arriva au bord du petit sentier, elle stationna la voiture et descendit le sentier à pied jusqu'à la lisière du bois.

Sur tout le long du chemin, les deux côtés étaient bordés de grands arbres et de ronces. Les ronces poussaient en désordre sur les talus. L'été, elles se couvraient de magnifiques mûres sauvages pour le grand plaisir des promeneurs qui s'empressaient de les cueillir pour la fabrication de tartes, de confitures, ou qui les dégustaient tout simplement pour agrémenter leur promenade, comme le font aussi les oiseaux.

En automne, les châtaigniers qui bordaient le sentier laissaient tomber de belles châtaignes qui garnissaient à leur tour les paniers des promeneurs et les cachettes des écureuils.

Le chemin était assez pentu et accidenté jusqu'à la lisière du bois. Il faisait beau, malgré la faible chaleur du mois d'avril. Quelques nuages blancs, ressemblant à de grosses boules de coton, se laissaient emporter par le vent frais à travers le beau ciel bleu.

Les feuillages des hêtres, des bouleaux, des châtaigniers et des peupliers, chantaient avec le vent tandis que les oiseaux conversaient bruyamment. Un petit vent soufflait, qui obligea la jeune femme à boutonner le manteau qu'elle portait sur son grand pull à col roulé descendant à mi-cuisse sur son jean. Ses tennis lui permettaient de ne pas se tordre la cheville sur le chemin caillouteux.

Arrivée au bas du sentier, elle traversa une prairie. Au fur et à mesure qu'elle avançait en direction du petit pont en bois qui enjambe le ruisseau, la jeune femme entendait le doux murmure de l'eau qui s'écoulait. Lorsqu'elle arriva enfin devant le pont, elle s'arrêta quelques minutes pour admirer l'eau limpide. Elle se souvint y avoir rafraîchi souvent ses jambes en revenant d'une longue promenade à travers bois, en été. Mais, à cette époque de l'année, à la sortie de l'hiver, l'eau était plutôt glaciale. Claudia traversa le pont et se retrouva à l'orée du bois.

Le chemin qui traversait le sous-bois était très pentu. Le murmure du ruisseau qui poursuivait son chemin imperturbablement en contrebas la berçait tandis qu'elle grimpait la côte.

Au bout de quelques minutes de marche apparut devant elle, comme par magie, une clairière. La jeune femme quitta le chemin. Pour y accéder, Claudia dut descendre une soixantaine de marches et rejoindre une petite fontaine druidique qui se trouvait juste à l'extrémité de la clairière. La fontaine, qui datait du Moyen Âge, avait été christianisée aux environs du XVIIe siècle.

Elle était noircie par les blessures du temps et recouverte de lichen. Un certain nombre de pièces de monnaie, plus anciennes les unes que les autres, transparaissaient dans l'eau au fond du bassin. Une légende disait que d'y jeter des pièces exauçait les vœux.

Claudia s'assit au bord de la fontaine pour écouter et regarder l'eau qui jaillissait d'une source et qui se déversait de la gueule d'une gargouille en direction de la rivière. Tranquillement, l'eau limpide s'écoulait. De temps à autre, elle voyait des poissons nager et se laisser guider par les courbes du ruisseau qui serpentaient à travers le sous-bois.

La petite fontaine était agréable et bien entretenue grâce au travail de bénévoles qui avaient l'amour de la nature et du passé. C'était un endroit très calme, entouré de verdure. Les arbres dansaient au gré du vent, encouragés par les chants des oiseaux. Tous les éléments de ce cocon protégé par la nature donnaient envie à la jeune femme de se laisser emporter par les rêveries qui voilaient son regard. Tantôt son regard se perdait dans le bruissement des buissons, tantôt dans la danse des feuillages. Les arbres semblaient être les gardiens de ces lieux paisibles qui incitaient à la sérénité. Claudia se laissa pénétrer par l'énergie bienfaisante de la nature qui la ressourçait.

Assise la tête dans les nuages, elle avait l'esprit possédé par les souvenirs qui la ramenaient à ce sous-bois quelques années plus tôt, lorsqu'elle y venait étant enfant avec toute sa famille pour y passer les après-midi d'été.

Elle revoyait les bons moments qu'elle avait partagés avec ses frères et sœur, courant à travers la clairière, riant sans retenue des choses les plus simples et cherchant des trésors sous chaque pierre ou chaque souche d'arbre, en inventant mille et une histoires que permettait la magie des lieux et de l'enfance.

Plus tard, lorsque le soleil commença à décliner, laissant l'ombre recouvrir la nature de son long manteau sombre, frais et humide, Claudia comprit qu'il était temps de quitter cet endroit où elle s'était un moment échappé des réalités de la vie.

Tranquillement, elle commença à monter les marches qui la menèrent au petit chemin et la conduisirent hors du sous-bois ; elle repassa sur le petit pont en bois et elle put rejoindre le sentier bordé de talus et d'arbres. De même qu'il lui avait été très facile de descendre jusqu'au ruisseau, de même la remontée fut bien plus dure.

Claudia arriva en haut du sentier quelques minutes plus tard essoufflée, les cuisses et les mollets un peu douloureux, en se disant qu'il était temps qu'elle se remette au sport.

Quand elle arriva chez ses parents quelques instants plus tard, la nuit commençait à tomber. La maison était éclairée. La jeune femme eut envie de rester un moment dehors pour s'imprégner de l'ambiance nocturne de la maison de son enfance.

C'était une grande bâtisse à deux niveaux, de couleur crème. La toiture était en pente, recouverte d'ardoises, comme la plupart des maisons de la région. Les deux grandes portes-fenêtres donnaient sur une terrasse qui s'étendait d'un bout à l'autre de la maison. Elle était entourée d'un grand jardin.

Ce n'était pas la première fois qu'elle séjournait chez ses parents. Mais, cette fois-ci, l'imminence de son voyage qui l'emmènerait loin de chez elle donnait un sens différent à tout ce qui l'avait marquée dans le passé. Chaque chose revêtait un sens plus intense, comme pour fixer ses souvenirs au fond de son cœur pour toujours.

Lorsqu'elle se décida enfin à entrer dans la maison, une bonne odeur venait de la cuisine. Sa mère était en train de préparer le repas du soir en compagnie de son père. Elle entendait leurs voix. La bonne odeur du repas lui chatouilla les narines, lui rappelant que sa longue promenade à travers bois l'avait mise en appétit. Claudia hésita entre aller les rejoindre et prendre une douche chaude pour se réchauffer avant l'heure du repas. Elle opta pour la seconde solution. Lorsqu'elle redescendit un peu plus tard, le repas était prêt. Elle aida sa mère à mettre le couvert. Ils mangèrent avec appétit tout en parlant de la journée. Claudia leur raconta sa promenade dans le sous-bois, ce qui réveilla des souvenirs communs à chacun d'eux. Sa mère dit avec une certaine émotion dans la voix qu'elle aimerait pouvoir y retourner un jour avec Claudia, Tom et leurs enfants, quand le moment serait venu.

Après le repas, ils se mirent devant un bon film. À la fin du film, Claudia souhaita une bonne nuit à ses parents avant de monter se changer et se mettre au lit. Elle appela Tom. Elle aimait le faire après qu'il soit rentré du travail afin qu'ils puissent avoir un moment d'intimité pour discuter.

Lorsque Kath rentra à la maison après avoir quitté sa mère au restaurant de l'hôtel, elle se précipita dans sa chambre pour vider ses placards et son armoire aussi vite que possible, l'estomac noué par l'angoisse. Même si elle savait que son mari rentrerait très tard ce soir, elle préférait être aussi loin que possible de la maison.

La jeune femme était aux aguets, surveillant le moindre bruit venant de la rue, le cœur battant à tout rompre, les mains tremblantes. Elle n'arrivait plus à penser à quoi que ce soit. Pour se donner du courage, elle pensa à sa mère qui l'attendait non loin de là, et se répéta inlassablement qu'elle n'avait rien à craindre parce qu'Adams n'allait pas rentrer de sitôt.

Quand elle eut fini de boucler ses valises, Kath les descendit péniblement au salon, risquant à tout moment de perdre l'équilibre dans les escaliers. Elle prit le temps de souffler un court moment avant de se précipiter vers la porte avec ses deux valises qu'elle tirait lourdement derrière elle. Le bruit que fit la clef dans la serrure de la porte d'entrée la coupa net dans son élan.

Pétrifiée, complètement terrifiée, incapable de réfléchir, les valises en main, ne disposant plus d'assez de temps pour les remonter très vite, elle resta là à attendre ce qu'elle avait tant redouté.

La jeune femme lâcha les valises et essaya en une fraction de seconde de se donner une contenance. Elle se doutait que si elle laissait paraître sa peur devant lui, elle ne pourrait plus partir. Ce qui était inconcevable pour elle, maintenant. Elle avait décidé de s'en aller, quoiqu'il arrive. Au bout de quelques interminables secondes, la porte s'ouvrit et Adams fit son entrée dans la pièce. Les premières choses qu'il vit furent les valises aux pieds de Kath. Après leur avoir jeté un rapide coup d'œil, il sourit, mit ses mains dans les poches et baissa la tête sans dire un mot. Tout cela se passa en quelques secondes qui parurent une éternité aux yeux de la jeune femme. Elle l'observait en essayant de ne pas laisser la peur lui faire perdre tous ses moyens.

À l'issue de ce laps de temps, il s'avança vers elle, toujours la tête baissée. Arrivé à sa hauteur, il posa enfin sur elle son regard et, à travers un sourire narquois, elle put voir ses yeux étinceler de colère.

— Où tu avais l'intention d'aller, sans me prévenir, dit-il d'une voix dangereusement douce.

Elle s'efforça de lui répondre aussi naturellement que possible sans perdre la face pour une fois en sa présence. Elle se dit qu'elle n'avait plus rien à perdre désormais.

— Je m'en vais, tout simplement, dit-elle sans ciller.

Il éclata de rire d'une manière cynique et méprisante qui fit froid dans le dos de la jeune femme. Connaissant son cynisme, Kath s'attendait à tout de sa part.

— Tu t'en vas, tout simplement, répéta-t-il, et puis-je savoir où tu vas ?

— Je crois que cela ne te regarde plus, dit-elle toujours aussi stoïque.

— Dois-je comprendre que tu me quittes ?

— Oui, dit-elle sans rien ajouter de plus.

— Laisse-moi deviner, dit-il ironiquement, tu vas ensuite demander le divorce, n'est-ce pas ? Kath ne répondit pas. Il s'approcha encore plus près d'elle et lui hurla dans l'oreille :

— Je t'ai posé une question : tu as l'intention de demander le divorce, oui ou non ?

Elle trembla, ferma les yeux et répondit avec une voix étranglée :

— Oui !

— Oui ! s'exclama-t-il toujours en hurlant dans son oreille. Puis il se mit en face d'elle en la fixant dangereusement, est-ce qu'il t'est venu à l'idée que moi je ne souhaitais peut-être pas divorcer?

Kath comprit qu'il était préférable pour elle de ne plus rien dire afin d'éviter que la situation ne s'envenime davantage.

— Réponds-moi, cria-t-il le visage si près de celui de sa femme qu'elle ferma les yeux de nouveau pour ne pas voir la rage qui déformait son visage. Elle avait l'impression que son sang s'était refroidi dans ses veines.

— Tu vas remonter tes valises dans la chambre et redescendre me servir à manger. J'espère que la prochaine fois, tu réfléchiras par deux fois avant d'envisager un instant pouvoir me quitter, dit Adams en se dirigeant vers la cuisine. Kath resta interdite, se refusant, malgré sa peur, à obéir. Elle savait ce qui l'attendait si elle renonçait à partir. Elle ne voulait plus revivre toutes ces humiliations. Elle était prête à tout pour retrouver sa liberté et sa dignité. Sans hésiter, le courage prenant le pas sur la peur, elle empoigna ses valises et se dirigea d'un pas décidé vers la porte.

Avant qu'elle ne l'atteigne, Adams se précipita vers elle et lui empoigna le bras si violemment que ses valises lui échappèrent des mains. Il la traîna jusqu'au salon et la projeta avec violence sur l'un des fauteuils qui se trouvaient en face de lui. La jeune femme se releva aussitôt, se refusant à céder à la panique.

Hors de lui, il la gifla à toutes volées. Kath retomba à la renverse dans le fauteuil, complètement sonnée. Des larmes lui coulèrent sur les joues. Malgré tout, elle le fixa et dit dans un souffle :

— Quoi que tu fasses, je m'en irai. Je n'ai plus peur de toi, désormais. Tu ne peux pas m'obliger à rester. Je ne suis plus ta chose. Trouve-toi un autre jouet.

Il se pencha sur elle, posant ses deux mains sur chacun des accoudoirs du fauteuil. Les yeux exorbités de rage, il lui dit les dents serrées, la voix sifflant tel un serpent :

— C'est à moi de décider si tu dois rester ou partir. Si je le veux, tu ne sortiras jamais de cette maison. Tu m'appartiens, et j'ai le pouvoir de faire de toi ce que je veux. Si je dois te perdre, personne d'autre ne t'aura vivante.

Folle de colère, la jeune femme le repoussa violemment de toute la force dont disposait son corps en se projetant en avant. Surpris et déséquilibré, Adams tomba à la renverse. Kath en profita pour s'enfuir en direction de la porte. Malheureusement pour elle, il fut plus rapide. Il la rattrapa par les cheveux et la ramena au salon. Elle sanglotait désespérément en se tenant la tête de douleur. Elle se savait désormais complètement à sa merci. Elle essaya de lui retirer ses cheveux en lui griffant les mains. Il finit par lâcher prise et commença à la gifler à toute volée avec encore plus de violence. La jeune femme tenta vainement de se défendre. La seule chose qu'elle réussit à faire fut de le griffer sur le côté droit du visage.

Devenu comme un animal enragé, il se mit à lui donner des coups de poing, avec une telle force qu'elle perdit l'équilibre et tomba sur le tapis. Il commença alors à lui donner des coups de pieds d'une violence inouïe.

Pour se protéger, elle se recroquevilla les bras en croix devant le visage. Il était comme possédé. Tandis qu'elle était roulée en boule, les coups continuaient à pleuvoir sur elle. Kath hurlait à perdre haleine. Elle pensa à cet instant que sa dernière heure était arrivée. À ce stade, elle aurait donné n'importe quoi pour que les coups cessent. Elle souffrait tellement qu'elle avait de plus en plus de mal à respirer. Elle finit par perdre conscience.

Adams se rendit enfin compte qu'elle ne réagissait plus. Il arrêta de cogner et se laissa tomber sur l'une des chaises, essoufflé par toute cette énergie qu'il venait de dépenser pour accomplir tant de violence.

Kath était toujours recroquevillée, le corps détendu, le visage tuméfié et ensanglanté. Elle était méconnaissable. Adams se rendit alors compte de l'acte barbare qu'il venait d'accomplir. La panique commença à le gagner. Il se pencha sur sa femme pour vérifier sa respiration. Il crut un moment qu'elle était morte. Puis il sentit un léger souffle qui la maintenait encore en vie.

Il se demanda ce qu'il fallait faire. Il se doutait que s'il appelait les secours, la police serait mise immédiatement au courant dès que les pompiers verraient l'état de sa femme. Et si, par-dessus tout, elle venait à mourir à l'hôpital, il savait ce qui allait lui arriver, connaissant quel genre de personne était le père de Kath, un homme impitoyable qui ne reculait devant rien et qui obtenait tout ce qu'il voulait.

Pris de panique, ne sachant pas quoi faire, incapable de raisonner, Adams tournait en rond lorsque la sonnerie du téléphone vint l'arracher brutalement à sa léthargie. Il sursauta et fixa l'appareil comme s'il le voyait pour la première fois. Il ne répondit pas et laissa la sonnerie retentir dans toute la maison, jusqu'à ce qu'elle s'arrête. Quand la sonnerie s'interrompit enfin, il respira de soulagement. Cependant, son répit fut de courte durée. La sonnerie retentit de nouveau. Il ne bougea toujours pas. Quand elle s'arrêta, ce fut pour recommencer encore et encore.

À la fin du quatrième appel, il se décida à prendre sa femme dans ses bras et à la monter dans la chambre en attendant de trouver comment il allait se débarrasser du corps.

De toute façon, il ne pouvait plus revenir en arrière. Le mal était déjà fait. Il fallait absolument qu'il trouve une solution, et vite, s'il voulait s'en sortir. Pour l'instant, il voulait nettoyer tout le sang répendu sur le sol et le tapis avant que quelqu'un ne vienne le surprendre.

Arrivé dans la chambre, il l'allongea sur le lit et détourna le regard. Il se mit à la fenêtre pour ne plus voir l'horreur de son acte. Tout ce qu'il voulait, c'était se débarrasser de ce qui lui rappelait l'acte horrible qu'il venait de commettre. Il ne voulut même plus savoir si elle vivait encore, ou si elle était morte. Quelque part, au fond de lui, il regrettait d'être rentré plus tôt ce soir.

Dehors, les maisons voisines étaient éclairées. Adams pouvait voir des ombres à travers les vitres. Les gens vivaient leur vie tranquillement, comme d'habitude. Dans la rue, quelques retardataires se pressaient pour rentrer chez eux bien au chaud.

Il n'avait jamais prêté attention à la vie du quartier, parce qu'il détestait ses voisins, les trouvant bruyants, indiscrets et stupides. Il n'avait jamais voulu avoir quoique ce soit en commun avec eux, mais ce soir, il aurait voulu être à leur place et vivre leur vie banale et insignifiante, parce qu'il ne savait pas comment il allait pouvoir se sortir de cette terrible situation qui l'empêchait de reprendre le cours normal de sa vie.

Pourtant, quelques heures plus tôt, sa vie se déroulait normalement. Pourquoi fallait-il que sa belle-mère ait appelé ce matin ? pensa-t-il avec regret. Il se souvint alors du soulagement qu'il avait ressenti lorsqu'il reçut en fin d'après-midi le fax qui lui annonçait que la réunion prévue avait été annulée, parce qu'un certain nombre de choses avait changé et qu'il fallait attendre la semaine suivante pour que toutes les données soient réunies.

Il avait été content de pouvoir rentrer tôt ce soir-là parce qu'il avait eu une impression étrange après le coup de fil de sa belle-mère, le matin. Il avait trouvé quelque chose de différent dans sa manière de lui parler. Il s'était demandé pourquoi elle voulait que Kath la rejoigne au restaurant, cela ne lui ressemblait pas car elle était du genre très réservé et préférait plutôt venir lui rendre visite à la maison en temps normal.

Pendant une bonne partie de l'après-midi, ce coup de fil avait trotté dans un coin de sa tête, le poussant à se précipiter chez lui dès qu'il avait pu se libérer. Maintenant, il regrettait que la réunion n'ait pas eu lieu. Cela lui aurait évité de commettre l'irréparable, même en sachant que, si la réunion avait eu lieu comme prévu, il serait rentré pour trouver que sa femme l'avait quitté. Bien sûr, il aurait été hors de lui et se serait mis à la chercher partout jusqu'à ce qu'il la retrouve et la ramène à la maison malgré elle. Il aurait même eu l'appui de son beau-père, tandis que maintenant, rien n'était plus possible.

Sans perdre de temps, il se décida à descendre pour faire disparaître toute trace de sang avant qu'il ne soit trop tard. Il courut à la salle de bain, prit une grande serviette qu'il mouilla dans le lavabo avant de se précipiter dans le couloir et de commencer à nettoyer les gouttes de sang des escaliers au salon.

Il eut du mal à faire partir les taches de sang sur le tapis jaune paille. Il repartit en courant vers la cuisine pour se munir d'une éponge, de savon et d'une cuvette d'eau. Adams revint au salon et réessaya de faire disparaître les taches sur le tapis.

Au bout d'un moment, il entendit une sirène résonner et finir par s'arrêter non loin de là. Il se leva et se précipita à la fenêtre pour voir où la voiture s'était arrêtée. Lorsqu'il vit la voiture de police stationnée devant sa maison, il perdit tous ses moyens, se demandant pourquoi la police était stationnée là. Il ne pouvait pas croire qu'elle soit déjà au courant. C'était sûrement pour autre chose, pensa-t-il. Sans perdre un instant, il repartit se remettre avec hargne à sa tâche. L'instant d'après, la sonnerie de la porte d'entrée retentit et le stoppa net dans son élan. Il comprit que c'était la police qui sonnait chez lui. Il partit en courant vers la cuisine se débarrasser de ses ustensiles. Au moment où il se rendit compte qu'il avait des traces de sang sur lui, la sonnerie retentit une fois encore. Paniqué, il grimpa quatre à quatre les escaliers avec la serviette souillée en main en direction de la salle de bain afin de s'en débarrasser et de se nettoyer.

Puis, il se précipita dans la chambre et enfila un pyjama pour faire croire qu'il s'apprêtait à se mettre au lit. Il referma la porte derrière lui et descendit les escaliers, toujours en courant. Avant d'ouvrir, il se donna un semblant de contenance.

— Monsieur Adams Moor ? demanda l'un des agents dès que la porte s'ouvrit.

— Oui, répondit-il calmement.

— Bonsoir, Monsieur, excusez-nous pour le dérangement à cette heure de la nuit, mais nous voudrions parler à votre femme.

Adams encaissa le coup sans laisser paraître la moindre émotion.

— À ma femme ! s'étonna-il. De quoi s'agit-il ?

— Désolé, Monsieur, mais cette affaire ne concerne que votre femme. Pouvez-vous l'avertir de notre visite ?

— Je voudrais bien, Monsieur l'agent, mais je crains que ça ne soit pas possible. Ma femme vient de prendre un somnifère. À l'heure actuelle, elle doit sans doute dormir.

— Il ment ! cria Ellen qui venait de surgir de l'ombre. Ma fille devait me rejoindre à l'hôtel. J'ai essayé de la joindre en vain, et elle n'est jamais venue.

Surpris par cette apparition et déstabilisé par cette révélation, il essaya néanmoins de faire bonne figure, et au moment où il tourna la tête du côté d'Ellen, les policiers virent les griffures sur le côté droit de son visage.

Ils se regardèrent. Ils étaient certains maintenant que cet homme essayait de cacher quelque chose. Ils sortirent leur arme et la pointèrent sur Adams en lui criant de lever les mains de les poser sur la tête et de reculer.

— Où est votre femme ? hurla l'un des agents en pénétrant dans la maison. Répondez si vous ne voulez pas aggraver votre cas. Lorsqu'ils virent l'état du tapis, ils comprirent ce qu'Adams voulait leur cacher.

— Répondez ! Où est votre femme ? hurla-t-il de nouveau.

Adams comprit qu'il n'avait plus le choix et qu'il était préférable de répondre. Il se laissa tomber dans un fauteuil en se tenant la tête des deux mains. Il dit sans conviction, d'une voix résignée :

— Elle se trouve dans la chambre, là-haut, première porte à gauche.

L'un des agents monta les escaliers en courant. En ouvrant la porte, il découvrit la jeune femme étendue sur le lit, l'oreiller blanc couvert de sang. Il s'approcha d'elle et essaya de prendre son pouls. Il fut soulagé de le sentir, même s'il était presque imperceptible.

Au même moment, Ellen, qui l'avait suivi, entra dans la chambre. Elle se mit à pleurer dès qu'elle vit l'état dans lequel était sa fille. Ellen s'avança vers le lit, les deux mains recouvrant le bas de son visage, et les yeux empreints d'horreur en regardant le visage méconnaissable de son enfant.

Elle lui prit la main et s'assit auprès d'elle tout en pleurant. Le policier lui apprit qu'elle était vivante malgré les apparences. Puis, il sortit de la chambre avant d'appeler les secours. Il prévint également le central de ce qu'ils venaient de découvrir.

Quelques minutes plus tard, les secours arrivèrent, accompagnés de deux autres voitures de police. La pauvre Kath, toujours inconsciente, fut transportée dans l'ambulance. Pendant qu'Ellen montait dans l'ambulance avec sa fille, elle vit les policiers emmener Adams, les deux mains menottées.

Une fois à l'hôpital, la jeune femme fut immédiatement prise en charge. À l'accueil, Ellen s'occupa de la partie administrative. Puis vint le moment de l'attente, de l'angoisse et de la peur, en arpentant le long couloir froid et impersonnel des urgences.

Au bout de plusieurs heures d'attente, elle vit venir vers elle le médecin, avec l'impression que son cœur allait s'arrêter. Ellen essaya de lire l'ombre d'un espoir sur son visage, en vain. Aucune émotion ne pouvait y être déchiffrée, sans doute parce qu'il avait l'habitude de ce genre de situation.

Le médecin lui annonça que Kath était dans le coma et que la violence des coups portés sur la tête avait provoqué un traumatisme crânien, et qu'elle avait également un de ses poumons perforé par trois côtes brisées, ce qui avait provoqué une hémorragie interne.

Ellen voulut savoir si sa fille s'en sortirait. Le médecin ne préféra pas se prononcer, lui disant juste qu'elle était dans un état grave et que son pronostic vital était engagé. Il lui dit que, pour le moment, la seule chose à faire, c'était d'attendre et de voir comment son état allait évoluer dans les heures à venir.

Après le départ du médecin, Ellen s'effondra. Assise toute seule, le regard vide, elle avait l'impression que tout s'écroulait autour d'elle. Elle s'en voulait de ce qui venait d'arriver à sa fille. Ellen ressentit cette terrible épreuve comme une punition que Dieu lui envoyait pour lui faire payer toutes les années de lâcheté qui firent tant de mal à sa famille, et dont cette tragédie était l'une des conséquences. Elle resta un moment prostrée, accablée par sa peine et par ce sentiment de culpabilité qui remontait du fond de son cœur de mère, meurtrie et impuissante face à l'adversité qui frappait sa fille.

Quand elle put avoir la permission de voir sa fille, un peu plus tard, elle pleura un long moment, désespérée par ce qu'elle voyait. Ellen se mit à genoux et se mit à prier avec la force et l'intensité que seules peuvent avoir ceux qui traversent un désespoir extrême et qui sentent qu'ils sont en train de perdre pied face à la dure épreuve que le destin leur impose.

Il était environ trois heures du matin lorsque le téléphone se mit à sonner, réveillant Tom qui dormait profondément depuis longtemps. Il décrocha le combiné. Au son de la voix de sa mère, il comprit que quelque chose de grave était arrivé. Automatiquement, il se redressa.

À l'autre bout du fil, il entendit sa mère lui annoncer ce que venait de subir Kath, d'une voix déformée par l'émotion. Tom écouta silencieusement. Lorsqu'elle eut fini de parler, Tom lui dit qu'il prenait le premier vol disponible pour Washington. Elle lui répondit en disant qu'elle appellerait Phil pour le prévenir après avoir raccroché.

Après l'appel de sa mère, Tom resta un court moment assis au bord du lit, le cœur lourd. Il était un peu dans un état second. Il avait du mal à accepter ce qu'il venait d'entendre. Une immense tristesse l'envahit en pensant à sa jeune sœur qui ne méritait pas ce qui venait de lui arriver. Kath avait toujours été d'un naturel si fragile. Les tensions familiales l'avait plus marquée et l'avaient rendue très vulnérable.

Une impression de gâchis vint réveiller en lui un sentiment de révolte et de colère, et ce sentiment prit le dessus sur celui de la peine qu'il avait ressentie en apprenant la nouvelle. Il en voulait à Adams pour ce qu'il avait fait, à son père pour l'avoir poussée dans les bras de son bourreau et à sa mère de l'avoir laissé faire, même si le drame était arrivé parce qu'elle avait voulu réparer ses erreurs. Tom espéra du fond de son cœur que Kath allait s'en sortir sans séquelles pour enfin profiter de la vie. Il décrocha ensuite le téléphone et fit une réservation sur le premier vol en partance pour Washington.

Quelques heures plus tard, son taxi quittait l'hôtel et se dirigeait vers l'hôpital. Il espérait ne pas être reçu par la nouvelle que chacun redoutait. Il trouva sa mère avec un air hagard, les yeux dans le vide. Elle mit une fraction de seconde avant de reconnaître Tom. Lorsqu'elle le reconnut, elle se leva et vint vers lui, le visage complètement défait. Tom la prit dans ses bras tout doucement et la serra très fort.

Ce contact réconfortant la fit fondre en larme. Ellen pleura comme si elle espérait que sa souffrance s'écoulerait avec ses larmes. Lorsqu'elle finit par se ressaisir, Tom la reconduisit vers la chaise pour qu'elle puisse s'asseoir. Elle vacillait un peu. Elle était trop fatiguée physiquement et émotionnellement par ces longues heures d'attente et d'angoisse sans pouvoir dormir. Elle avait peur de se réveiller et de trouver sa fille morte pendant son sommeil.

Quelques minutes plus tard, Phil arriva à son tour. Ils écoutèrent leur mère leur raconter comment tout s'était déroulé. Elle leur exprima son sentiment de culpabilité. Elle regrettait de n'avoir pas plus insisté pour la raccompagner lorsqu'elle avait voulu repartir après leur discussion.

Tom et Phil la réconfortèrent avant de lui conseiller d'aller se reposer pour ne pas qu'elle tombe malade, si elle voulait vraiment être près de Kath et l'aider à son réveil. Ellen décida de les laisser veiller leur sœur et de prendre le temps d'aller prévenir leur père avant d'aller se reposer un peu. Lorsque les deux garçons entrèrent dans la chambre de Kath après le départ de leur mère, ils furent touchés de voir leur sœur allongée sur le lit, la tête entièrement recouverte de bandages. Des tuyaux la reliaient à des machines qui sonnaient de temps en temps.

Un peu plus tard, Ellen sonnait à l'entrée de la maison familiale. Le vieux majordome fut surpris de la voir.

— Bonjour, Madame, soyez la bienvenue chez vous. Vous nous avez manqué.

— Merci John. Mais ma venue ici n'a rien d'agréable. Je suis porteuse d'une mauvaise nouvelle. Kath est dans le coma depuis hier soir. Tom et Phil sont à son chevet. Je viens l'annoncer à Thomas.

— Oh ! Mon Dieu, s'exclama-t-il, atterré par ce qu'il venait d'apprendre. Je suis désolé, Madame.

— Je sais. C'est cette raison qui m'amène. Il faut que Thomas le sache. Pouvez-vous me dire où je peux le trouver ?

— Monsieur est dans son bureau. Voulez-vous que je l'avertisse de votre arrivée Madame ?

— Non, ce n'est pas la peine, je m'annoncerai moi-même. Merci John, dit-elle en se dirigeant vers le bureau.

Arrivée devant la porte, elle frappa et entra. Ellen le trouva assis à son bureau en train de travailler comme à son habitude. À son entrée, il leva la tête et la regarda. L'expression de surprise qui se peignit sur son visage n'échappa pas à Ellen. Elle éprouva une sensation étrange en le voyant.

Elle avait l'impression que quelque chose avait changé en lui. C'était peut-être parce qu'il paraissait plus vieux et fatigué, ou tout simplement, c'était parce qu'elle ne l'avait plus revu depuis plus d'un mois. Elle s'avança vers lui. Il ne la quittait pas des yeux, comme s'il la voyait pour la première fois.

— Bonjour, Thomas.

— Bonjour, Ellen.

— Excuse-moi de venir te déranger en plein travail, mais il fallait que je vienne t'annoncer une mauvaise nouvelle. Kath est dans le coma depuis la nuit dernière, dit-elle en contenant son émotion.

— Que s'est-il passé ? demanda-t-il en se levant de son siège le visage crispé.

Ellen lui raconta comment les choses s'étaient passées la veille. Elle s'attendait à ce qu'il la tienne pour responsable. Mais, à sa grande surprise, il ne dit rien. Il se contenta de marcher vers la fenêtre, le regard fermé. Pendant quelques secondes il resta silencieux. Durant ce laps de temps, Ellen se demanda ce qu'il pouvait ressentir en ce moment, lui qui n'avait jamais pu exprimer ses émotions. Puis il se retourna et la regarda de nouveau.

— Merci d'être venue me prévenir. Je vais passer quelques coups de fils avant de me rendre à l'hôpital. Es-tu venue en taxi ? demanda-t-il.

— Oui, répondit-elle.

— Si tu le souhaites, le chauffeur pourra te ramener. Tu dois être très fatiguée après la nuit que tu viens de passer, lui dit-il d'une voix posée. Il se pourrait qu'on se retrouve à l'hôpital, un peu plus tard.

— À tout à l'heure, dit-elle avant de s'en aller, complètement déroutée par l'attitude de son mari. Elle se fit déposer à son hôtel par le chauffeur.

Tom attendait devant la chambre de Kath depuis un moment lorsqu'il vit son père venir dans sa direction. Quand il arriva à sa hauteur, il fixa son fils de ses yeux gris clair aussi froids qu'un soir d'hiver. Cette fois-ci, ses yeux avaient quelque chose de différent. Au bout de quelques secondes, il salua son fils.

— Bonjour, Tom ! Ta mère vient de me raconter ce qui s'est passé. Y a-t-il du changement dans son état ? demanda-t-il sans montrer la moindre émotion.

— Non, aucun dit-il aussi froidement que son père.

— Je vais la voir un moment, dit Thomas en se dirigeant vers la chambre.

Phil était assis sur la chaise en face du lit, l'air absent. Il se retourna machinalement lorsque son père entra. Quand il le vit, il n'exprima aucun état d'âme. Il se leva et sortit de la pièce après avoir répondu au salut de son père. Phil rejoignit son frère à l'extérieur. Ils quittèrent l'hôpital pour aller prendre une collation et discuter ensemble dans un restaurant non loin de là.

— Je me doutais qu'un jour une tragédie allait arriver. Quelle ordure, ce type ! J'espère qu'il croupira au fond d'une prison jusqu'à ce qu'il apprenne pour la première fois de sa vie ce qu'est le respect des autres ! dit Phil avec colère.

— C'est ce que je lui souhaite également. Je savais comme tout le monde qu'il la traitait très mal en l'humiliant perpétuellement. Mais, de là à imaginer qu'il pouvait en arriver là. Cela me dépasse. J'espère qu'elle s'en sortira. Dans le cas contraire, je crains que maman ne s'en veuille toute sa vie.

— Quoi qu'il en soit, elle a sa part de responsabilité dans ce drame. Moins qu'Adams mais presqu'autant que papa. Tous les deux savent où se situe leur responsabilité dans cette histoire.

— Aucun d'eux ne peut l'ignorer. Kath a aussi sa part de responsabilité dans ce qui lui arrive. Elle était majeure lorsqu'elle a accepté de l'épouser, bien qu'elle n'éprouvât aucun sentiment à son égard. Pourquoi a-t-elle accepté qu'il la traite de la sorte sans jamais réagir ? Elle savait très bien qu'elle pouvait compter sur notre aide à tous les deux, si elle avait voulu. Quelle connerie ! s'exclama-t-il avec colère. Ce drame aurait pu être évité. Bon sang ! Les femmes, je me demande qu'est-ce qu'elles ont parfois dans la tête, conclut-il avec dépit.

Ils s'interrompirent lorsque le serveur arriva. Après son départ, ils reprirent leur conversation.

— Comme toi, je ressens de la colère, mais malheureusement il est trop tard, les choses sont faites. L'essentiel, c'est que les choses s'arrangent au mieux pour elle, dit Tom. Et ce que j'espère, c'est que ce drame fasse réfléchir papa sur les conséquences de sa conduite.

— Je doute qu'il soit capable de se remettre en question pour quoi que ce soit, répondit Phil amèrement. Maman m'a raconté comment s'était passée votre dernière entrevue. Je me suis demandé, connaissant papa, pourquoi tu es allé lui parler de ton projet de mariage.

— Je l'ai regretté après coup, bien sûr. Je ne l'ai pas fait pour moi. C'est pour ma fiancée que je l'ai fait. Tu sais, j'ai passé le soir de Noël avec elle et sa famille. C'était la première fois de ma vie que je passais un si beau Noël. Ils ont été tellement gentils et chaleureux que j'avais de la peine parce que je savais que je ne pourrais pas rendre la pareille à Claudia. Malgré tout, j'ai voulu quand même essayer d'aller parler à papa et maman, espérant que, pour la première fois, quelque chose de positif pourrait sortir de cette discussion. Même si ça s'est mal terminé, aujourd'hui je suis content de l'avoir fait. Grâce à ça, maman a eu le courage de mettre fin à sa vie d'esclave. Ainsi, Claudia aura le plaisir de la rencontrer. Malheureusement, pour Kath, ça s'est mal terminé. Mais une chose est certaine : lorsqu'elle se réveillera, elle pourra enfin vivre la vie qu'elle voudra, en toute liberté.

— Si elle s'en sort, répliqua cyniquement Phil. Moi, à ta place, je ne serais pas allé parler aux parents. Mais au fait, quand est-ce qu'elle arrive ?

— Au début du mois de mai. On souhaitait que notre mariage soit célébré cet été. Mais maintenant, ça va dépendre de l'état de Kath.

— Bien sûr. C'est préférable que Kath soit là. Mais quoiqu'il arrive, vous allez devoir vous marier un jour où l'autre. C'est ainsi. La vie doit continuer malgré tout.

— Phil, il y a des moments où je doute que tu aies un cœur comme les autres. T'arrive-t-il de ressentir de la compassion ou de la pitié pour qui que ce soit ? Ou t'arrive-t-il de penser à autre chose qu'à ta propre personne ? Parfois, je crains que tu ne deviennes un jour comme notre père à cause de ta froideur et de ton insensibilité.

Phil sourit avant de dire :

— Je ne pourrai jamais être comme lui, parce que j'ai des faiblesses, et tu le sais. Mais j'ai appris à relativiser les choses afin d'avoir le courage de continuer à vivre sans rien attendre de personne. À quoi ça servirait que je passe mon temps à pleurer sur mon sort, ou à être trop sentimental ? J'ai déjà essayé, et tu sais mieux que quiconque où ça a failli me mener. Aujourd'hui, j'en ai tiré une bonne leçon. Pour survivre, il vaut mieux ne compter que sur soi-même.

Combien de temps vas-tu pouvoir rester à Washington, Tom ? Moi je ne pourrai pas rester au-delà d'une semaine. Je serai obligé malheureusement de retourner travailler. J'espère que d'ici là, elle ira mieux.

Tom le regarda un moment et sourit tristement après avoir entendu les propos de son frère. Il était désolé que les épreuves de la vie l'aient rendu si cynique.

— Je ne pourrai pas non plus rester au-delà d'une semaine, mais je ferai des allées et venues, s'il le faut, pour ne pas laisser maman seule face à cette situation. J'espère que papa ne manquera pas à ses obligations, dit Tom sans que Phil ne fasse la moindre remarque, sans doute parce qu'il n'espérait plus rien venant de sa part.

— Il va falloir qu'on y retourne, papa a dû partir, à l'heure qu'il est, dit Phil en se levant.

— C'est fort probable, répondit Tom en regardant sa montre. Avant, je vais passer un coup de fil à Claudia pour lui dire que je ne serai pas à New-York avant une semaine. Vas-y, Phil, je te rejoins.

Pendant que son frère regagnait l'hôpital, Tom essaya de joindre Claudia.

— Allô !

— Bonjour, Claudia.

— Bonjour, Tom. Tout va bien ? demanda-t-elle, surprise de recevoir son appel à cette heure de la journée.

— Oui, si on veut. Je n'ai pas de bonnes nouvelles à t'annoncer. Je suis à Washington depuis la nuit dernière parce que Kath est dans le coma.

— Oh ! Mon Dieu, s'exclama-t-elle. Que s'est-il passé ?

Tom lui raconta comment les choses s'étaient passées.

— C'est horrible, dit-elle, j'espère qu'elle va s'en remettre très vite. Je prends le premier vol disponible et je te rejoins.

— Non, ce n'est pas la peine, ma chérie. Je sais que tu dois avoir pas mal de choses à régler avant ton départ, et puis, il n'y a rien d'autre qu'on puisse faire en ce moment, à part attendre. Ne t'inquiète pas pour moi, je tiens le coup. Je te préviendrai, quoi qu'il arrive.

— Je sais tout ça, mais je tiens à être à tes côtés dans un moment si dur. De toute façon, je suis déjà prête pour le départ. J'appelle la compagnie pour faire la réservation, et je te rappelle pour te donner toutes les informations concernant mon vol.

— Ça me fait plaisir que tu puisses venir maintenant, même si j'aurais préféré que tu rencontres ma famille dans d'autres circonstances.

— Ne t'en fait pas pour ça. Nous aurons tout le temps pour apprendre à mieux nous connaître. J'appelle la compagnie, et je te rappelle.

— À tout à l'heure, ma chérie.

— À tout à l'heure, Tom.

Après avoir annulé son vol initial, elle put avoir une autre place sur un autre vol de la même compagnie. Elle ne pouvait partir que dans deux jours. Claudia était déçue. Elle aurait voulu pouvoir partir plus tôt. Elle s'en accommoda malgré elle. Puis elle rappela Tom afin de lui donner ces informations.

CHAPITRE X

Après avoir raccroché le téléphone, Claudia resta un moment pensive, encore sous le choc de ce qu'elle venait d'apprendre. Elle était loin d'imaginer une chose pareille venant d'une famille de la haute société américaine. Même si elle ne savait pas grand-chose de la famille de Tom, elle savait que c'était une riche famille qui avait acquis une certaine respectabilité.

Elle n'avait jamais compris pourquoi il en parlait si peu. Il évitait chaque fois de parler de sa famille. Même quand il lui arrivait de l'évoquer, c'était uniquement d'un ton cynique et triste, comme s'il voulait cacher une profonde blessure, ou des regrets.

Claudia n'avait jamais voulu insister sur le sujet. Elle voyait très bien que beaucoup de souffrance et de colère s'y cachait. Elle préférait attendre, en se disant qu'il lui en parlerait quand le moment serait venu. Quelque chose lui disait que ce drame avait un rapport avec son mal-être.

Pour le moment, elle se dirigea vers le salon pour annoncer la nouvelle à ses parents afin qu'ils comprennent pourquoi elle était obligée de partir deux semaines plus tôt. Claudia savait qu'ils seraient déçus parce qu'ils avaient prévu d'organiser une fête pour elle la dernière semaine avant son départ. Ils discutaient tranquillement lorsque la jeune femme arriva.

— Qu'est ce qui se passe, Claudia? Tu en fais une tête, dit Marie sa mère.

— Tom vient de m'annoncer une mauvaise nouvelle au téléphone m'obligeant à partir deux semaines en avance, dit-elle en venant s'asseoir dans l'un des fauteuils.

— Qu'est-ce que tu racontes? Qu'est-ce qui a pu arriver de si grave pour que tu sois obligée de partir aussi vite? demanda encore Marie, avec une pointe d'exaspération.

— Je dois absolument rejoindre Tom et lui apporter mon soutien. Lui et sa famille traversent des moments très difficiles. Kath, sa jeune sœur est dans le coma depuis plusieurs heures. Leur mère l'a retrouvée presque morte chez elle après qu'elle ait été battue par son époux. Son état est si grave que les médecins n'ont pas voulu se prononcer. La seule chose qu'ils puissent faire désormais, c'est d'attendre.

— C'est terrible ! s'exclama sa mère.

— Il ne t'a pas donné plus d'informations ?

— Non, il m'a seulement dit que le mari de Kath n'a pas supporté le fait qu'elle ait voulu le quitter.

— Je ne crois pas que ce soit uniquement parce qu'elle voulait le quitter qu'il est devenu subitement aussi violent au point de vouloir la tuer. En général, avant d'en arriver à de telles extrêmités, il a fallu d'abord qu'elle subisse d'autres violences qu'elle aura malheureusement banalisées. Généralement, c'est cette erreur que font les femmes qui ont un conjoint avec des tendances à la violence. Elles ne se rendent pas compte qu'en banalisant certains actes violents, leur conjoint en profite pour asseoir leur domination sur elles. Ces violences peuvent se traduire par des agressions physiques, psychologiques, sexuelles, ou encore économiques. Dans tous les cas de figure, ça finit presque toujours par des drames semblables.

— Mais quand même, j'étais loin d'imaginer que même dans des familles comme celle-là, une chose pareille était possible.

— Que veux-tu dire, par une famille comme celle-là ?

— Tu le sais, papa !

— Tu crois que ça arrive seulement chez les pauvres ? Détrompetoi, ma fille. Quand j'exerçais encore, j'ai eu à m'occuper souvent, trop souvent même malheureusement, je dois le dire, de cas de violence et d'homicide conjugaux. Je peux te dire que ça ne concernait pas uniquement les milieux populaires ou pauvres, comme peuvent le croire la plupart des gens. Ça concerne toutes les couches socioculturelles. En général, beaucoup de femmes subissent des violences au sein de leur couple, sans s'en rendre compte.

— Je me suis toujours demandé ce qui pouvait pousser un homme à se comporter d'une manière aussi abjecte et irresponsable, dit Marie.

— Surtout, pourquoi elles acceptent de vivre avec un homme violent, ce n'est pas possible que ce soit par amour.

— Ce qui en sort souvent, c'est que ce sont des hommes immatures, égocentriques ou présentant de graves troubles de la personnalité, rendant leurs réactions imprévisibles. C'est l'une des raisons qui font que les femmes subissant cette violence n'osent pas dénoncer leur mari, par peur des représailles. Une autre raison est qu'elles pensent généralement être responsables de l'échec de leur couple, leur conjoint ayant réussi à le leur faire croire. Ce genre d'homme est doué pour manipuler son monde psychologiquement et sentimentalement.

— C'est surprenant de voir comment ces femmes arrivent à se laisser convaincre qu'elles sont seules responsables de l'échec de leur couple et mettent tout en œuvre pour cacher la violence qu'elles subissent. En parlant de ça, je me souviens qu'à une certaine époque une de mes collègues de travail vivait une situation similaire dans son foyer.

Elle était si gaie, s'amusant de tout. Il était impossible de penser qu'elle vivait un tel drame une fois rentrée chez elle. Je me souviens qu'elle avait des bleus à répétition et recevait des coups de fil de son mari de manière intempestive. On aurait dit qu'il la surveillait.

Pour expliquer comment elle se faisait ses bleus, ou comment elle s'était foulé la cheville, elle ne manquait jamais d'imagination. Pour expliquer un bleu à la tempe, elle racontait qu'elle s'était pris le coin d'une table en se baissant trop vite sans faire attention, et pour expliquer une cheville foulée, qu'elle était tombée d'un tabouret en voulant attraper quelque chose au-dessus d'une armoire. Mais un jour, heureusement pour elle, je suis revenue précipitamment à la maternité à une heure assez tardive dans la nuit pour récupérer des papiers importants dont j'avais besoin. Je me suis donc précipitée dans la salle de repos. L'ambiance était très calme cette nuit-là, parce qu'il n'y avait pas d'accouchement en cours ou prévu.

C'était une des nuits très calmes qui n'arrivaient pas souvent. Mais, quand ça arrivait, on en profitait. Sans frapper, je suis rentrée, comme on avait l'habitude de le faire. Je suis tombée sur ma collègue qui était en train de se changer.

J'ai pu donc voir son dos couvert de d'ecchymoses. J'étais surprise par ce que je venais de découvrir, autant qu'elle était surprise de me voir. De même que j'étais horrifiée, de même elle était gênée que j'aie pu voir ce qu'elle cachait. Elle s'est rhabillée très vite sans oser me regarder. J'ai refermé la porte et suis allée vers elle. J'étais tellement choquée et gênée que je ne savais pas quoi dire. On est resté toutes les deux silencieuses un bref moment et je lui ai enfin demandé si c'était lui qui lui avait fait ça. Elle a baissé yeux et est restée silencieuse.

Je lui ai demandé pourquoi elle acceptait de subir cette violence en silence et si elle se rendait compte que si elle le laissait faire, elle risquait de se faire tuer un jour. Elle ne me répondait toujours pas et restait silencieuse.

Alors je me suis mise en colère et je l'ai empoignée par le bras et l'ai secouée, comme pour la réveiller. Elle a enfin réagi et s'est mise à pleurer dans mes bras. Elle a pleuré un moment avant de se calmer.

Je l'ai fait s'asseoir puis, après avoir fermé la porte à clé pour ne pas être dérangées, j'ai pris une autre chaise, et je suis allée m'asseoir face à elle. Elle s'est sentie en confiance et m'a raconté son calvaire, qui durait depuis trois ans.

Elle m'a raconté qu'au début il n'était pas comme ça. Mais, peu après leur mariage, il avait commencé à l'appeler plusieurs fois dans la journée parce qu'il voulait savoir tout ce qu'elle faisait. Elle devait lui rendre compte de tous ses faits et gestes chaque fois qu'elle rentrait du travail. S'il n'était pas satisfait, il se mettait dans une telle colère qu'il lui arrivait de projeter des objets contre les murs ou par terre. Et, l'instant d'après, il regrettait de s'être comporté de la sorte. Il lui demandait alors pardon et, le lendemain, il lui offrait des cadeaux ou des fleurs, pour se faire pardonner.

Avec le temps, il se mettait de plus en plus souvent en colère. Puis, un jour, la première gifle était arrivée, puis une autre. Ensuite les coups de poing ou de pied avaient pris le relais, à n'importe quel endroit de son corps, accompagnés d'insultes de tout genre. Chaque fois, il lui reprochait de l'avoir poussé à être violent. Il lui disait que tout était de sa faute. Il menaçait souvent de se suicider si elle en parlait à qui que ce soit, ou si elle essayait de le quitter. C'est comme ça qu'elle était devenue sa chose, complètement à sa merci. Elle avait de plus en plus peur de lui. Il était devenu si cruel qu'il était capable de tout. Il le lui démontrait aussi souvent qu'il le jugeait nécessaire.

Elle s'est remise de nouveau à pleurer de désespoir. Je lui ai fait comprendre qu'il fallait qu'elle fasse quelque chose si elle ne voulait pas qu'il finisse par la tuer un jour. Je lui ai parlé alors des centres d'écoute et d'accueil spécialisés qui sont là pour écouter et conseiller les femmes victimes de violence conjugale, parce que j'avais lu une brochure à ce sujet. Je lui ai proposé de revenir la chercher le lendemain matin pour l'y conduire.

Grâce à cette écoute et à cet accompagnement spécialisé dans l'un de ces centres qui permettaient aux femmes d'avoir un espace de parole et un hébergement, elle ne s'est plus sentie seule devant son bourreau de mari. Elle a pu enfin reprendre confiance en elle et retrouver le respect d'elle-même, ce qui lui donna le courage et la force de reprendre le pouvoir sur sa vie en divorçant.

Malheureusement, un certain nombre de femmes ignorent qu'elles peuvent être aidées et continuent donc à vivre dans la terreur et la souffrance, d'une manière discrète, jusqu'au jour où on les retrouve mortes sous les coups de leur conjoint. C'est là que les voisins et les amis découvrent, stupéfaits, l'enfer qu'elles vivaient en silence sous leurs yeux.

— Je n'ose imaginer dans quel état d'esprit doivent être les parents de cette pauvre malheureuse. J'espère qu'elle s'en sortira et que son mari sera puni comme il se doit, dit Marie.

— Oui, je l'espère aussi. J'aurais préféré rencontrer sa famille dans des conditions plus joyeuses. Malheureusement, c'est ainsi, dit Claudia tristement.

— Cela eut été préférable, évidemment. N'oublie pas que c'est dans l'adversité qu'on reconnaît ses vrais amis et que les liens deviennent plus solides. Ne t'inquiète donc pas, tu leur apporteras un peu de courage, dit de nouveau Marie. Ton départ est prévu pour quand ?

— Dans deux jours.

— Es-tu sûre de pouvoir être prête en si peu de temps ?

— Oui, maman ! Je vais d'ailleurs passer un coup de fil à Amanda et Stéphanie pour les informer. J'irai leur rendre visite demain matin. D'ailleurs, je vais monter me coucher très tôt ce soir. Demain, j'ai un certain nombre de choses à faire avant mon départ.

Le lendemain, les trois jeunes femmes se retrouvèrent au restaurant à l'heure du déjeuner. Elles se désolèrent du drame que vivaient Tom et sa famille. Cependant, elles regrettèrent que cet événement oblige Claudia à partir deux semaines à l'avance, les privant de la fête qu'elles prévoyaient de s'offrir avant son départ.

Après le déjeuner, les deux jeunes femmes retournèrent à leur travail en promettant à Claudia de la rejoindre à l'aéroport la nuit de son départ. Claudia retourna chez ses parents afin de terminer ses préparatifs. Deux jours plus tard, lorsque l'heure du départ arriva, ses parents la conduisirent à l'aéroport où l'attendaient Amanda et Stéphanie. Ils se séparèrent tristement et en larmes, le cœur lourd. Claudia embrassa très fort son père qui la serra lui aussi très fort dans ses bras en luttant désespérément contre l'émotion qui le submergeait. Puis, elle embrassa sa mère en larmes et essaya de la consoler du mieux qu'elle pouvait. Ensuite, elle la confia à son père avant de dire au revoir à ses deux copines. Les deux jeunes femmes lui souhaitèrent un bon voyage et lui dirent qu'elles étaient impatientes de se retrouver cet été à son mariage. Les yeux pleins de larmes, la gorge nouée et le cœur lourd, Claudia s'en alla vers sa nouvelle vie.

Cette nuit-là, deux jours plus tôt, après être rentré de l'hôpital où était hospitalisée Kath, Thomas resta longtemps éveillé, l'esprit troublé par les bouleversements qui étaient survenus dans sa vie depuis un peu plus d'un mois.

Il se souvint encore de ce qu'il éprouva après le départ d'Ellen. Au début, il était en colère après elle. Il lui en voulait d'avoir défié son autorité et de s'être mêlée de ce qui ne la concernait pas. Puis, jour après jour, il constata avec regret qu'il avait du mal à supporter l'absence de sa femme. Cette faiblesse le faisait rager.

Pendant une semaine, il attendit un signe de la part d'Ellen, espérant la voir revenir lui demander pardon d'avoir agi sans réfléchir en lui promettant de ne plus recommencer. Il s'était persuadé qu'elle était incapable de vivre seule. Mais, les images et les informations que son détective lui ramena finirent de le convaincre qu'il avait sous-estimé sa femme depuis toujours.

Il constata amèrement qu'Ellen savait ce qu'elle voulait, qu'elle était sûre d'elle et heureuse de vivre sans lui, contrairement à lui. Il avait du mal à reprendre le cours de sa vie normalement. Il pensait constamment à elle, comme si elle avait emprisonné son esprit. Il en souffrait d'autant plus qu'il refusait cet état de faiblesse qu'il avait toujours méprisé chez les autres.

Il avait l'impression que la maison n'avait plus d'âme. Au bout de la troisième semaine, il ne supportait plus l'état dans lequel il se morfondait. Un soir, en fouillant dans sa bibliothèque, une vieille photo un peu jaunie oubliée depuis des années tomba d'un livre, comme si elle avait été déposée là par la main du destin, attendant ce moment précis de sa vie où il était en train de perdre pied.

Thomas prit la photo qui datait du temps de son enfance et la regarda un long moment. Elle fit remonter en lui une foule de souvenirs longtemps oubliés et le rendit encore plus vulnérable à cause de l'état de faiblesse émotionnelle qui l'habitait depuis un moment.

Sans plus réfléchir, il prit le téléphone et appela Peter, son frère aîné, dont il n'avait pas eu de nouvelles depuis dix ans. L'appel surprit son frère. Peter ne fit aucun effort pour cacher sa surprise.

C'était l'aîné de la famille Maxwell. À la mort de leur père, il refusa de prendre la succession à la tête des entreprises familiales, préférant sa liberté. Il avait toujours été quelqu'un de très gai, aimant les voyages. C'est d'ailleurs pourquoi, lui et sa femme avaient travaillé dans la photographie. Il ressemblait en tout point à son grand-père, ce qui le rendait complètement différent de Thomas.

À la mort de sa femme, il y a dix ans, il s'était retiré dans le Montana où il s'était fait construire une maison en bois des années auparavant. Lui et sa femme, lorsqu'elle vivait, aimaient aller s'y réfugier un court moment pour échapper aux mondanités.

Il y vivait désormais seul, retiré de tout, et ne revenait que très rarement en ville. Il y venait uniquement pour rendre visite à ses enfants et à ses petits-enfants. Le reste du temps, il vivait seul dans les montagnes rocheuses et ne redescendait que lorsqu'il avait besoin de choses très importantes et nécessaires à sa survie.

Il redescendait alors dans la vallée, à bord de sa camionnette, par la petite route qui conduisait à la petite ville la plus proche qui se trouvait à des kilomètres.

Deux jours après le coup de fil de son frère, Peter vit arriver Thomas chez lui à bord d'un pick-up qu'il avait loué plus bas dans la vallée. Il le regarda venir vers lui, se demandant pourquoi diable cet ours mal léché, à l'allure de bourgeois bien élevé qui n'avait jamais su ce que le mot amabilité signifiait, venait troubler sa tranquillité.

Les mains dans les poches, il l'attendait debout devant la maison. Thomas descendit de voiture, portant à bout de bras son sac de voyage. Il se dirigea vers son frère qui l'observait avec méfiance. Arrivé à sa hauteur, Thomas dit à Peter :

— Même si ma visite ne te fait pas plaisir, tu pourrais quand même faire semblant, comme l'exigent les convenances. Je comprends pourquoi tu vis dans la montagne comme un sauvage, parce que tu es incapable de cacher tes sentiments.

— Toujours aussi aimable, Thomas ! Le mot « convenances » sonne faux dans la bouche de quelqu'un comme toi. Je vois que les années qui passent n'ont pas pu te rendre plus humain et sociable. Si mon accueil ne te convient pas, tu ferais mieux de remonter dans ta voiture et de repartir par où tu es venu avant que le moteur ne refroidisse. Ça nous évitera à tous les deux de perdre notre temps, et, surtout, ça évitera que tu foutes en l'air les quelques jours que tu comptes me pourrir en restant, dit-il d'un air bourru.

— N'y compte même pas. Je ne te ferai pas ce plaisir pour tout l'or du monde. Tu vas devoir me supporter, que tu le veuilles ou non, aussi longtemps qu'il me plaira de rester, dit Thomas avec un sourire narquois.

— Avec le temps et te connaissant, j'aurais dû savoir que tu es comme les rats. Tu ne pars que lorsque tu as obtenu ce que tu convoites, quoi qu'il arrive, et pas avant, dit-il en éclatant de rire et en tendant la main à son frère.

— Enfin, tu t'en es rendu compte, dit-il en lui, rendant sa poignée de main avec un sourire un peu moins froid.

— Allez, entre ! Je te montre ta chambre. Ensuite, tu me diras ce qui t'amène dans les montagnes rustiques chez le sauvage que je suis. Je te préviens, tu n'as pas intérêt à faire l'exigeant, parce que si tu ne supportes pas la rusticité de ma vie, tu sais où trouver les hôtels haut de gamme dont tu as l'habitude.

— Tu pourrais bien être surpris par ma capacité d'adaptation. Tu oublies que les rats s'adaptent à tous les environnements, mon cher frère, dit Thomas avec un rire moqueur.

Peter se retourna pour lui jeter un regard amusé, et ajouta :

— Je vois que tu n'as pas perdu non plus ton sens de la repartie. Voici ta chambre. Si tu as envie de te reposer un moment, ne te gêne pas, fais comme chez toi. Dans une heure, on passe à table, dit-il avant de partir.

Lorsqu'ils se retrouvèrent un peu plus tard à la cuisine pour le repas du soir, la nuit était déjà tombée sur les rocheuses et un vent glacial soufflait lugubrement sur toute la montagne.

— Alors, pourquoi es-tu là ? Tu ne me feras pas croire que c'est parce que tu as brusquement eu envie de revoir ton vieux frère, ça ne te ressemble pas. Tout le monde sait que tu n'es pas du genre sentimental.

Thomas ne répondit pas tout de suite, se demandant comment il allait pouvoir expliquer sa présence. Il aurait préféré se faire arracher toutes ses dents une à une sans anesthésie plutôt que de reconnaître devant son frère qu'il était venu chercher auprès de lui un peu de réconfort. D'un ton banal, il dit :

— J'avais des affaires à régler dans la région et j'ai donc profité pour venir voir ce que devenait mon sauvage de frère depuis tout ce temps. Moi qui croyais te faire plaisir en venant te rendre visite. Je crois finalement que j'aurais dû m'abstenir, vu la manière dont je suis accueilli. J'ai l'impression d'être un intrus.

— Même si je ne te le dis pas, tu sais très bien que tu seras toujours un intrus chez moi. Si je ne t'avais pas connu aussi bien, ta visite m'aurait fait plaisir.

Comment va Ellen, si on peut poser une question pareille, sachant avec qui elle vit ?

— Je vois que tu as décidé d'être désagréable chaque fois que tu ouvres la bouche, Peter.

— Comment va Ellen ? Tu ne m'as pas encore répondu, dit-il en ignorant ce que venait de dire Thomas.

— Elle m'a quitté, dit-il avec désinvolture comme pour banaliser le sujet.

Peter éclata d'un rire tonitruant qui lui provoqua une quinte de toux. Son attitude commençait sérieusement à exaspérer Thomas.

— Je me demande ce qu'il peut y avoir de drôle dans ce que je viens de dire, Peter.

— Tu n'as pas idée, s'exclama-t-il tout en riant.

Il finit par reprendre son sérieux au bout d'un moment.

— Depuis combien de temps est-elle partie ?

— Il y a un peu plus de trois semaines.

Peter éclata d'un rire moqueur.

— Voilà pourquoi tu es là. Je me doutais bien que ta venue cachait quelque chose. Tu te laisserais brûler vif plutôt que de reconnaître que ta femme te manque et que tu n'arrives pas à vivre sans elle. N'est-ce pas, Thomas ?

Qu'est-ce que ça fait de se rendre finalement compte, au bout de tant d'années, que tu n'es pas différent de ceux que tu avais toujours méprisés.

Irrité par ce que Peter lui jetait à la figure, il dut ravaler sa fierté en silence.

— J'espère que maintenant que tu es tout seul, tu prendras le temps pour penser à tout ce que tu lui as fait endurer durant toutes ces années. Dommage qu'elle ne t'ait pas quitté plus tôt. Elle aurait pu refaire sa vie avec un homme qui lui aurait donné tout l'amour et l'estime qu'elle méritait.

De colère, Thomas se leva et repoussa violemment sa chaise en disant :

— Je crois que j'en ai assez entendu. Qui te donne le droit de juger ma vie ? Pour qui te prends-tu ?

— Pour celui chez qui tu es venu chercher du réconfort, après que tu aies foutu en l'air la vie de ta famille, répondit-il calmement en se levant à son tour.

— Je vais chercher mon sac et je m'en vais, dit Thomas en tournant les talons.

Pour la première fois de sa vie, il se sentait seul et désemparé.

— Ah oui ? Et où comptes-tu aller à cette heure de la nuit dans cette tempête ? Si tu tiens à te suicider, attends d'être chez toi à Washington, parce que je ne veux pas avoir ta mort sur la conscience le reste ma vie.

Si tu veux vraiment partir, je te conseille d'attendre le lever du jour après le passage de la tempête. Mais si tu veux rester, tu es le bienvenu chez moi. Ça me fait plaisir que tu sois venu me voir, quelles qu'en soient les raisons, Thomas.

Viens t'asseoir, si tu veux qu'on discute. Mais si tu as envie d'aller te reposer et de remettre cette discussion à plus tard, libre à toi, ou si tout simplement tu ne veux plus en parler, on n'en reparlera plus, c'est selon ce que tu voudras.

Qu'est-ce que tu dirais d'aller faire une longue promenade demain dans la montagne, si le temps est calme ?

— En effet, je crois que c'est une bonne idée. Bonne nuit, Peter, dit-il avant de se diriger vers sa chambre.

Aucun des deux frères ne ferma l'œil cette nuit-là.

Les trois semaines que passèrent ensemble Thomas et Peter leur apprirent à mieux se connaître et à s'apprécier, devenant ainsi plus proches, comme jamais ils ne l'avaient été auparavant.

Peter apprit à son frère à connaître la vie tranquille et solitaire qu'il vivait depuis dix ans en symbiose avec la nature, apprenant ainsi à Thomas à vivre autrement que ce qu'il avait toujours connu.

Les magnifiques paysages qu'offrait le Montana poussaient à la méditation les cœurs tourmentés, perdus sur les chemins de la vie mais à la recherche maintenant d'espoir et de réconfort.

Les montagnes espacées par de larges vallées permettaient au ciel lumineux de déployer toute sa grandeur, donnant ainsi tout son sens au nom donné à la région : le pays du grand ciel.

Presque tous les jours, les deux hommes faisaient de longues randonnées. Ces longues marches leur faisaient admirer les magnifiques plaines recouvertes d'herbes d'un blond roux qui contrastaient avec la masse sombre des montagnes rocheuses sculptées en vastes plateaux carrés dont les sommets pointus semblaient se perdre dans le ciel. La légèreté et la douceur de l'air dans ce merveilleux paysage ensorcelant caressaient la peau et transportaient l'esprit au-delà des vertes prairies aux couleurs vives et par-dessus les cimes des forêts de sapins, de pins et d'épicéas. Les montagnes recouvertes de magnifiques forêts surplombaient des lacs aussi bleus et lumineux que le ciel.

Certains jours, ils allaient à la pêche et ramenaient des poissons qu'ils faisaient griller dehors au feu de bois. Les soirs où il faisait assez beau, ils passaient des heures à la belle étoile, à la chaleur d'un feu, parlant de leur vie ou restant tout simplement silencieux à apprécier les bruits de la nuit sauvage.

Cette nature sauvage était le paradis des ours, des pumas, des caribous, des élans, des cerfs, des bisons, des moutons, des chèvres de montagne et de l'aigle chauve. Le Montana émerveillait par la beauté de ses immenses horizons et de sa nature sauvage.

Peter ne lui reparla plus d'Ellen, le laissant libre de lui en parler quand il le souhaiterait. Au fur et à mesure que le temps passait, Peter voyait son frère se transformer. Il savait que Thomas saurait tirer des leçons de ses erreurs passées en le voyant devenir quelqu'un d'autre, jour après jour.

À la fin de son séjour, beaucoup de choses avaient changé en lui. Il avait compris qu'il ne pouvait pas changer les gens malgré eux, selon sa vision, et que, plus il rendait les autres malheureux, plus il s'isolait de leur amour et de leur estime. Il avait enfin compris que tout allait mal dans sa vie, uniquement parce qu'il avait toujours refusé d'affronter ses erreurs pour ne pas être obligé de se remettre en cause, ce qui l'aurait mis en position de faiblesse.

Aujourd'hui, il se sentait prêt à essayer de réparer certaines de ses erreurs. S'il n'est pas trop tard, pensait-il. Thomas était heureux de son séjour qui lui avait permis de retrouver son chemin en contemplant la majesté de la nature sauvage et grandiose du Montana. Pour la première fois de sa vie, il s'était contenté de laisser la vie venir à lui, sans vouloir imposer ou prouver quoi que ce soit à qui que ce soit.

C'était un endroit merveilleux et authentique qui ignorait ce qu'étaient les faux-semblants et le superflu. Chaque chose avait sa place et un sens profond qui incitaient l'esprit tourmenté errant sans but à redonner un sens à sa vie en acceptant de se regarder en face.

Malheureusement, ce matin, Ellen était venue lui apprendre que Kath était dans le coma, au moment où il s'apprêtait à mettre de l'ordre dans sa vie.

Cependant, lorsqu'il l'avait vue entrer dans son bureau, son cœur s'était rempli de joie, parce qu'elle lui avait manqué, et qu'il avait beaucoup de choses à lui dire. Malheureusement, ce n'était pas le moment car elle venait de lui annoncer une mauvaise nouvelle qui résultait de l'une de ses erreurs du passé.

Malgré la dureté de l'annonce, il ne s'était pas laissé abattre. La première des choses qu'il fit après le départ de sa femme fut d'appeler ses avocats pour leur exposer la situation et leur faire comprendre qu'il voulait que tout soit mis en œuvre pour qu'Adams en prenne le maximum et que, quoi qu'il arrive, il ne voulait aucune pitié pour lui.

Ensuite, il appela le père d'Adams. Il était déjà au courant de ce que son fils avait fait. Thomas le prévint qu'il ferait tout ce qui était en son pouvoir pour qu'Adams paye très cher ce qu'il venait de faire vivre à sa fille. Thomas ne voulut pas écouter les mots d'excuses et de regrets de la part du père d'Adams.

Après ces coups de fil, il se rendit enfin à l'hôpital pour voir sa fille. Il fut content de voir ses deux fils au chevet de leur sœur, mais, malheureusement, il y avait tant de choses en suspend entre eux qu'il ne sut quoi leur dire. Il en était désolé.

Lorsqu'il entra dans la chambre et qu'il vit Kath couchée, branchée de partout et reliée à toutes ces machines, il eut tellement mal qu'il s'effondra en larmes sur la chaise que venait de quitter Phil un peu plus tôt. Quand il se ressaisit un moment plus tard, il fut soulagé d'être seul sans personne pour voir dans quel état il était.

Il resta un long moment auprès de sa fille en lui parlant mentalement et en guettant le moindre mouvement qui aurait permis de dire qu'elle était sortie du coma. En vain. En début d'après-midi, après s'être entretenu avec le docteur qui s'occupait du cas de Kath, il s'était rendu à son travail pour essayer de penser à autre chose. Puis, en début de soirée, il était revenu à l'hôpital où il avait trouvé Ellen.

Ils restèrent ensemble dans la chambre un long moment auprès de leur fille. Ensuite, il repartit chez lui en laissant Ellen veiller sur kath, lui disant qu'il repasserait le lendemain matin et que, quoi qu'il arrive, il voulait être mis au courant, quelle que soit l'heure.

Depuis qu'il était rentré, il n'arrivait pas à penser à autre chose. L'image de sa fille dans le coma l'obsédait, ainsi que le visage pâle et fatigué de sa femme qui ne quittait presque plus le chevet de leur fille.

Très tard dans la nuit, n'en pouvant plus, il traversa la ville pour aller la rejoindre. Lorsqu'il ouvrit la porte de la chambre, il vit Ellen assise sur la chaise, le buste penché en avant et la tête reposant sur le bord du lit. Épuisée par de longues heures d'attente et de tension, elle s'était assoupie à côté de sa fille.

Thomas fut touché par cette image qu'elles offraient involontairement. Il les regarda un moment avant d'aller s'asseoir sur la chaise qui se trouvait à l'extrémité de la chambre, près de la fenêtre. Le silence de la pièce était rythmé par le bruit que faisaient les machines reliées à kath. Elle était toujours inconsciente. Rien dans son état ne montrait qu'il y avait le moindre changement.

Durant une heure, il resta là à les regarder, puis il se leva et se mit devant la fenêtre, les mains dans les poches et le regard perdu dans la nuit. Il repensa à ce que le docteur lui avait dit dans la journée et cela l'angoissait, d'autant plus qu'il n'avait jamais été quelqu'un qui comptait sur le hasard ou sur la chance pour voir évoluer une situation. Voilà qu'aujourd'hui, il était obligé d'attendre patiemment et de remettre la vie de sa fille à la bienveillance du hasard ou du destin. Cela était pour lui une véritable épreuve, qu'il avait du mal à surmonter.

Pendant qu'il était absorbé par ses pensées, Ellen ouvrit les yeux et fut étonnée de le voir là alors qu'il était parti quelques heures plus tôt en lui disant qu'il reviendrait le lendemain matin. Elle se redressa.

— Thomas, appela-t-elle.

Surpris, il se retourna.

— Oui, tu es déjà réveillée ?

— Oui. Pourquoi es-tu là ? Je croyais que tu ne devais revenir qu'au matin.

— Je sais, mais je me sens plus à ma place ici qu'à la maison. Si tu as envie d'aller t'allonger un peu, tu peux y aller, je resterai là toute la nuit. Tu devrais en profiter pour te reposer. Il ne faudrait pas que tu tombes malade.

— Merci de t'inquiéter pour moi, dit-elle, émue de l'entendre pour la première fois s'inquiéter pour elle. Mais, comme toi, je n'arriverai pas à trouver le repos loin d'elle. J'ai l'impression que, si je m'éloigne, je vais la perdre. C'est idiot, mais c'est ce que je ressens. J'ai dû renvoyer les garçons de force, parce qu'ils tenaient à passer la nuit ici à ma place.

Thomas resta un moment silencieux avant de se rasseoir. Sans se le dire, chacun réconfortait l'autre par sa présence. Puis, une infirmière vint prendre quelques relevés et repartit.

— Ellen, je suis désolé pour ce qui est arrivé. Je suis conscient que c'est par ma faute que nous vivons ce drame. Je ne me cherche même pas d'excuses. Je sais que je n'en ai pas. Tout ce que j'espère, c'est que notre fille tienne bien le coup pour pouvoir s'en sortir et reconstruire sa vie. J'espère qu'elle parviendra un jour à me pardonner pour tout.

Ellen le regardait en silence, incapable de dire quoi que ce soit. Elle avait du mal à croire ce qu'elle venait d'entendre. Elle avait peur, en disant quelque chose, de revenir à la dure réalité de ce qu'il était vraiment. Ils restèrent encore un moment silencieux. Ellen ne le quittait pas des yeux. Elle s'était rendue compte que quelque chose avait changé en lui quand elle l'avait revu ce matin, et ce, bien avant qu'elle ne lui annonce ce qui était arrivé à Kath la nuit précédente.

— Lorsque tu es partie, reprit-il, au début, je t'en ai voulu. Je ne pouvais pas accepter que tu puisses avoir une vie sans moi, parce que je souffrais de ton absence. Au fur et à mesure que le temps passait, j'étais de plus en plus mal. Je m'en voulais d'être aussi faible en ne parvenant pas à surmonter ton absence, alors que toi tu semblais plus heureuse sans moi.

Au bout de la troisième semaine, je n'en pouvais plus de cette solitude. La maison semblait sans vie. Je décidai donc d'aller chez Peter dans le Montana pour chercher du réconfort. Comme tu peux l'imaginer, il me reçut comme je le méritais. Il fut heureux de savoir que tu m'avais quitté. Bref, il me renvoya en pleine figure tous mes défauts et toutes mes erreurs.

Ce fut dur pour moi d'entendre toutes les vérités que je m'étais évertué à ignorer tout au long de ma vie, car c'était cela qui m'avait permis d'avancer sans jamais regarder le mal que je faisais.

Cela a été pour moi une grande expérience et une vraie leçon de vivre trois semaines dans cette nature sauvage, tranquille, grandiose, et en même temps si puissante, qui vous remet à votre vraie place d'élément infime dont la nature peut se passer sans que l'ordre des choses ne soit jamais bouleversé. Cela m'a poussé à la méditation au milieu de cette nature paisible et en même temps effrayante, m'obligeant à faire face à ma conscience. J'ai revu, comme dans un film, qui j'avais été depuis toujours, en commençant par le petit garçon prétentieux qui croyait que toute sa famille était faite de gens faibles et sans ambition. Puis, j'ai revu également le jeune homme arrogant, méprisant et ambitieux, qui croyait que le monde lui appartenait. Et, pour finir, j'ai vu le mari et le père tyran incapable du moindre sentiment, ni de la moindre pitié, ne cherchant qu'une chose : tout contrôler et en faire ce qui me plaisait.

Pendant des années, j'ai vécu dans le scintillement, dans le bruit et le mouvement permanent des villes qui me donnaient l'illusion que rien n'était lié au hasard et que je pouvais posséder tout ce dont j'avais envie en me battant envers et contre tous ceux qui avaient le malheur de se mettre en travers de ma route.

Je ne vivais que pour l'ambition et le pouvoir qui m'enivraient, comme si rien n'était plus important. Cette sensation grisante d'être au-dessus de tout me semblait le plus important.

Dans cette folie, j'ai fait du mal à toute ma famille, consciemment et inconsciemment, et, aujourd'hui, j'ai perdu l'amour et l'estime de ma femme, de mes fils, et de ma fille qui est en train de lutter contre la mort sans que je puisse faire quoi que ce soit pour l'aider, à part attendre et espérer que le hasard lui accorde une seconde chance pour que je puisse essayer de réparer mes erreurs.

Thomas se tut un moment et retourna se placer devant la fenêtre, l'esprit de nouveau perdu dans les lumières de la nuit. Ellen était restée silencieuse pendant tout ce temps, ne sachant que dire, dépassée par ce qu'elle venait d'entendre. Pas un instant elle n'aurait pensé que son départ aurait tant affecté Thomas. Elle était émue aux larmes. Elle aurait voulu se lever et aller vers lui pour le prendre dans ses bras et le réconforter, mais c'était au-delà de ses forces. Elle ne pouvait plus voir en lui, après toutes ces années d'humiliation, que l'image qu'il lui avait toujours montrée, celle de l'homme insensible, puissant et sans pitié.

Ellen aurait souhaité ne plus lui en vouloir qu'il lui ait gâché la vie. Mais c'était trop lui en demander, maintenant que sa fille luttait contre la mort par leur faute. Elle avait envie de partir en courant pour aller cacher sa douleur. Mais elle ne pouvait pas partir en laissant sa fille seule. Les larmes continuèrent à couler le long de ses joues.

Au bout d'un moment, Thomas se retourna et la vit en train de pleurer silencieusement comme elle l'avait toujours fait, semblable à un enfant qui cherchait à cacher son chagrin par pudeur.

— Je suis désolé de te faire pleurer une fois de plus. Je suis conscient que ça va être très difficile pour toi de me pardonner un jour le mal que je t'ai fait endurer, mais j'espère que tu auras la force de le faire.

Ils restèrent un moment dans le silence.

— Quand est-ce que la fiancée de Tom arrive ? s'enquit-il au bout d'un moment.

— Dans deux jours, répondit-elle sans lever les yeux.

— Je voudrais qu'il sache que je serais très heureux s'il acceptait de me la présenter. Pourrais-tu lui en parler dès que tu le verras demain matin ? Si je te demande cela, c'est parce que je ne veux pas qu'il se braque contre moi, ce qui serait tout à fait normal, compte tenu de la manière dont je l'ai traité la dernière fois.

Je comptais lui parler, mais si tu lui parles avant, cela l'adoucira un peu. J'espère sincèrement que vous viendrez tous à la maison, le temps que tout s'arrange, car cette maison est autant la vôtre que la mienne. Je serai fier d'entendre mes fils parler de ce qu'ils font dans leur vie, quand ils le souhaiteront.

— Je leur parlerai dès demain, lui dit-elle en le regardant.

— Merci Ellen, dit Thomas avec beaucoup de reconnaissance dans les yeux.

Puis, il se retourna se poster encore devant la fenêtre, emmuré dans le silence pendant un long moment. Au bout d'un certain temps, il se rassit, l'esprit ailleurs, et ferma les yeux. Au petit matin, Ellen finit par s'assoupir à son tour, et, lorsqu'elle se réveilla beaucoup plus tard, Thomas n'était plus là.

Elle resta là à regarder la chaise vide, comme si elle s'attendait à le voir réapparaître par enchantement. Pendant un bref moment, elle se demanda si elle n'avait pas rêvé tout ce qui s'était passé durant la nuit, mais elle sentit l'odeur de son parfum si familier qui flottait encore dans l'air, indiquant qu'il venait de partir.

Lorsque Tom et Phil arrivèrent, elle les fit asseoir et leur parla de ce que leur père lui avait confié pendant la nuit. Leur première réaction fut la surprise. Ensuite, ils ressentirent de la colère, parce qu'ils lui en voulaient pour tout le mal qu'il leur avait fait endurer pendant des années sans jamais ressentir le moindre regret ou remord. Tout d'un coup, aujourd'hui, il leur demandait de faire table rase du passé.

Les deux garçons avaient trop d'orgueil pour l'accepter, surtout en ce moment où kath était en train de se battre contre la mort par sa faute. Ils estimaient que c'était trop leur en demander et qu'ils reconsidéreraient la question lorsque lui-même viendrait leur parler face à face.

Ellen les comprit mais elle ne voulait plus voir sa famille se déchirer. Elle estimait qu'il était temps que cela cesse enfin. Elle en avait trop souffert pour vouloir que ses futurs petits-enfants revivent un jour cette situation. C'était également cette déchirure au sein de leur famille qui avait été la cause de ce drame qui risquait de leur faire perdre leur fille.

— Je vous comprends, les enfants, leur dit-elle, mais il est temps que notre famille devienne une véritable famille qui s'aime et se serre les coudes. N'avez-vous pas assez souffert de cette situation qui dure depuis que vous êtes petits ? demanda-t-elle. Il est temps qu'on pense maintenant à l'avenir, même si on ne peut pas oublier les souffrances passées qui feront partie de nous pour toujours. Il faut qu'elles nous servent à avancer et à ne plus commettre les mêmes erreurs.

Votre père n'a pas dit qu'il n'en parlera pas avec vous. Il souhaitait simplement que je vous apaise avant de s'entretenir avec vous. Il sait mieux que quiconque tout ce qu'il y a en suspend entre vous, et qu'il va falloir régler pour qu'une nouvelle relation puisse naître.

Cependant, je vais vous demander de ne jamais oublier lorsque vous serez devant lui que vous êtes face à votre père, quoi qu'il ait fait. Il n'est jamais facile pour un parent d'admettre devant ses enfants qu'il a tort. Votre père, aujourd'hui, n'est plus le même homme, arrogant et méprisant, que vous avez toujours connu. Donnez-lui la chance de se rapprocher de vous et de commencer enfin à apprendre à vous connaître.

Tom, donne la chance à ta fiancée d'être accueillie dans une famille. C'était ton souhait quand tu es venu nous annoncer ton mariage, même si ça ne s'est pas passé comme tu l'aurais souhaité. Claudia va faire un sacrifice en acceptant de tout quitter par amour pour toi.

Alors, offre-lui le cadeau d'être reçue dans une vraie famille. Et cela vaudra aussi pour toi, Phil, quand tu te décideras à te marier.

Je vous laisse réfléchir à tout ce que je viens de dire, en espérant que vous saurez voir ce qui compte vraiment pour vous. Votre père vous parlera ce soir quand il viendra.

Je tenais à vous parler avant de partir me reposer à l'hôtel. Je quitterai l'hôtel ensuite pour retourner à la maison, mais cela ne veut pas dire que votre père et moi reprendrons la vie comme avant. Trop de choses se sont passées entre nous pour qu'on puisse reprendre la vie commune du jour au lendemain.

Il me faut du temps pour pouvoir voir votre père autrement que ce qu'il m'a toujours montré de lui, même si je sais qu'il a beaucoup changé. J'ai besoin avant tout de me reconstruire avant de penser à quoi que ce soit d'autre. Cependant, je prends la main qu'il me tend, parce que la guerre n'engendre rien de bon.

Mais pour vous, c'est différent, parce que les liens qui lient un père et ses enfants, c'est pour la vie, quoi qu'il arrive. Il aura toujours besoin de vous, comme vous vous aurez toujours besoin de lui. Surtout, ne l'oubliez jamais. À tout à l'heure, dit-elle.

Avant de partir, elle embrassa la main de sa fille. C'était le seul endroit visible de son corps à n'avoir pas été recouvert de pansements.

Après son départ, les garçons restèrent silencieux un bon moment, puis ils discutèrent de ce que leur mère venait de dire. Même s'ils éprouvaient de la rancune à l'égard de leur père, ils admirent qu'il était temps d'avoir d'autres rapports avec lui que ceux d'être perpétuellement en conflit.

Lorsque Thomas entra dans la chambre de Kath cet après-midi-là, il trouva Phil assis en face de sa sœur et Tom debout juste au pied du lit. Il les salua. Pendant quelques secondes, il resta silencieux ne sachant pas par où commencer. Puis il se tourna vers eux et leur demanda si leur mère leur avait dit qu'il souhaitait leur parler.

Tom lui répondit par l'affirmative. Thomas commença par leur parler de ce qu'il avait ressenti lorsque leur mère l'avait quitté. Ensuite, il leur parla longuement de sa vie. Il reconnut ses erreurs, leur parlant de son enfance et de sa jeunesse durant laquelle il n'avait pas su profiter de la simplicité de la vie, comme les autres membres de sa famille, parce qu'il avait passé son temps à courir après le pouvoir. Il déplora que cette soif de pouvoir ait pu faire naître en lui ce qu'il y avait de plus mauvais.

Il s'excusa de leur avoir fait vivre la vie qu'il leur avait imposée, à eux et à leur mère, pendant des années. Il leur dit qu'il savait qu'il faudrait du temps pour tisser de nouvelles relations, et qu'il espérait qu'ils pourraient lui pardonner un jour.

Il leur proposa de venir habiter à la maison afin qu'ils soient tous plus forts pour surmonter cette dure épreuve que la vie leur imposait. Il souligna que c'était aussi leur maison et qu'il serait très content s'ils acceptaient de venir y habiter aussi longtemps qu'ils resteraient à Washington. Pour finir, il dit à Tom qu'il serait très heureux de faire la connaissance de sa fiancée.

Pendant tout le temps qu'il parla, les deux hommes écoutèrent sans rien dire. Ils n'avaient jamais eu ce genre de rapport avec leur père. Ils ressentirent une sorte de gêne vis-à-vis de lui. Ils avaient l'impression qu'il y avait quelque chose d'anormal à le voir descendre de son piédestal et à devenir juste un père avec, pour la première fois, un peu de sensibilité.

Tom et Phil furent touchés par ce que leur père disait. Il émanait de lui une certaine fragilité et une sincérité qui venaient de son for intérieur, mais ils ne purent pas montrer leur émotion, ce qui était normal. Chacun d'eux avait cette force de caractère qui leur venait de leur père et de toutes les épreuves qu'ils avaient dû surmonter à cause de lui.

Thomas s'y attendait, puisqu'il les connaissait. Depuis toujours, ils étaient les seuls à lui avoir tenu tête en refusant son ingérence dans leur vie. Aujourd'hui, il était fier de voir ce qu'ils étaient devenus.

Avant de partir, il les regarda tout à tour attentivement et leur souhaita un bon après-midi, sans savoir ce que ses fils pensaient de ce qu'il venait de leur dire.

Après son départ, Tom et Phil ne firent aucun commentaire. Tom annonça à son frère qu'il réglerait sa note d'hôtel le lendemain pour s'installer à la maison avant d'aller chercher Claudia à l'aéroport dans la soirée. Phil resta silencieux, les yeux mi-clos, donnant l'impression d'être ailleurs et empêchant Tom de savoir ce qu'il pensait.

Quelques heures plus tard, après l'arrivée de leur mère à la tombée de la nuit, Tom lui annonça sa décision. Puis il s'en alla, laissant son frère en compagnie de leur mère. Il espérait qu'elle arriverait à le faire sortir du mutisme dans lequel il s'était enfermé depuis des heures.

Chapitre XI

Lorsque l'avion en provenance de Paris atterrit à Washington, Tom attendait déjà depuis un moment à l'aéroport. Après les formalités d'usage, Claudia put rejoindre Tom à la sortie du terminal.

Quand il la vit, il vint vers elle et la prit dans ses bras. Il la tint serrée tout contre lui pendant un moment en lui disant qu'elle lui avait manqué et qu'il était très heureux de pouvoir la prendre de nouveau dans ses bras et de sentir son parfum qui lui faisait tant d'effet.

La jeune femme était heureuse de l'entendre lui murmurer ces mots, tout doucement au creux de l'oreille. Elle se pressa tout contre lui. En un clin d'œil, toute la fatigue et la tension accumulées durant ces derniers temps s'évanouirent. Très heureux d'être enfin réunis, ils rejoignirent la voiture. La circulation était fluide à cette heure de la nuit. Elle le regarda et vit ses traits tirés. Cela se voyait que les longues heures d'angoisses qu'il vivait, depuis que sa sœur était dans le coma, l'avaient marqué. Il sentit son regard posé sur lui. Il se retourna pour lui faire un sourire afin de la rassurer. Il savait ce qu'elle pensait.

— Ne t'inquiète pas pour moi, je vais bien, même si je suis un peu fatigué.

— Comment va Kath ? demanda-t-elle.

— Son état est stable. Malheureusement, il n'y a toujours rien de nouveau. Malgré tout, nous gardons l'espoir.

— Et tes parents, ils tiennent le coup ?

— Oui. De toute façon, ils n'ont pas le choix. Je te conduis dans la demeure familiale. Tu pourras t'y reposer après avoir pris un repas.

— Je n'ai pas faim pour le moment, j'ai déjà pris une collation dans l'avion.

Lorsqu'ils arrivèrent à la maison, Tom fut agréablement surpris de voir que Phil y était. Il venait de finir de dîner et s'apprêtait à monter se coucher. Quand ils entrèrent dans la pièce, Phil les vit et vint vers eux avec un sourire énigmatique sur les lèvres, les yeux brillants de malice, tout en tapant dans les mains.

— Je comprends pourquoi mon cher frère a perdu la tête par amour pour vous. Lui, d'ordinaire si sérieux, était prêt à toutes sortes de folies pour vous. À sa place, j'aurais fait pareil et même davantage, rien que pour voir pétiller ces magnifiques yeux verts aussi brillants que des émeraudes.

Bonjour, belle Française, dit-il en s'inclinant légèrement devant la jeune femme rouge de confusion. Elle ne savait plus où se mettre, flattée par tant de compliments qui venaient de cet étrange et fascinant bel homme. Tom vit sa confusion et éclata de rire.

— Ma chérie, ne te laisse pas impressionner par lui. Il a l'art et la manière de mettre les femmes mal à l'aise. Il adore les avoir toutes à ses pieds. Malheureusement pour lui, j'occupe le devant de la scène et il n'a pas la moindre chance !

— Ne sois pas si sûr de toi, cher frère, j'ai beaucoup plus d'atouts en ma possession que tu ne peux l'imaginer, dit-il. Soyez la bienvenue chez nous, j'espère que vous vous y plairez. Nos parents sont déjà partis pour l'hôpital, ils auraient aimé être là pour accueillir. Ce n'est que partie remise. Demain matin, vous aurez l'occasion de les rencontrer quand ils seront de retour.

— Merci pour votre accueil. Ça m'a fait plaisir de faire votre connaissance. J'aurais préféré vous rencontrer à un tout autre moment. J'espère que tout va s'arranger pour Kath. Je serai très contente de faire la connaissance de vos parents demain.

— Je vous laisse prendre possession des lieux en vous souhaitant une bonne nuit.

— Merci, je vous souhaite également une bonne nuit. Il s'inclina de nouveau devant elle et sourit à son frère avant de monter les escaliers.

Tom conduisit Claudia dans leur chambre. Cette nuit-là, ils firent l'amour avec tendresse et douceur, comme s'ils réservaient pour d'autres moments plus propices l'amour passionnel qui les consumait.

Ce matin-là, lorsque Kath ouvrit les yeux, elle mit un certain temps à réaliser où elle se trouvait et ce qui lui était arrivé. Au fur et à mesure qu'elle reprenait possession de la réalité, ses souvenirs lui revinrent petit à petit comme des flashs. Elle sentit l'angoisse qui commençait à monter en elle. Son cœur se mit à battre beaucoup plus vite et elle commença à s'agiter dans son lit. Ce qui fit résonner les appareils auxquels elle était reliée.

Ce changement réveilla ses parents qui s'étaient assoupis. Ils se précipitèrent auprès d'elle. Lorsqu'ils virent qu'elle était enfin revenue à elle, ils laissèrent éclater leur joie, juste au moment où l'équipe soignante arriva pour l'emmener subir quelques examens avant de la ramener auprès d'eux. Ellen et Thomas furent mis au courant de son état.

Le docteur leur apprit que Kath était sortie d'affaire, qu'il n'y avait plus rien à craindre maintenant, et que ce qui lui restait à faire désormais, c'était de se remettre de ses blessures. Rassurés et soulagés, Ellen et Thomas se jetèrent dans les bras l'un de l'autre. Ellen pleura un moment, laissant ainsi toute la tension accumulée depuis des jours s'évacuer.

Quand elle put se calmer au bout d'un moment, Thomas l'emmena rejoindre leur fille dans sa chambre. Kath était étonnée de voir son père et sa mère qui avaient l'air de s'entendre et d'être de nouveau ensemble. Elle percevait quelque chose de nouveau dans leurs rapports. La seule chose qui lui importait, c'était qu'ils étaient tous les deux à ses côtés.

Lorsque Tom et Claudia descendirent ce matin-là, ils croisèrent Ellen et Thomas qui rentraient de l'hôpital. En les voyant, Tom commença à s'inquiéter. En principe, Ellen n'acceptait de quitter le chevet de sa fille que lorsque Phil et lui arrivaient pour la relayer. Puis, il vit le grand sourire qui était affiché sur le visage de sa mère. L'espoir emplit son cœur. Il prit la main de Claudia et s'avança vers eux.

— Kath est enfin sortie du coma. Désormais, il n'y a plus rien à craindre, s'exclama Ellen. Puis, elle s'avança vers Claudia les bras ouverts en disant :

Venez là que je vous embrasse, jeune fille. Vous nous avez apporté l'espoir dans vos valises.

Elle prit Claudia dans ses bras. La jeune femme était toute émue et heureuse d'être arrivée au bon moment. Puis, Ellen se recula tout en lui tenant les mains.

— Je suis heureuse de vous rencontrer, Claudia. Depuis le temps que Tom me parle de vous. Soyez la bienvenue chez nous. J'espère que vous serez heureuse parmi nous. Puis elle se tourna vers son fils en disant : je comprends aisément pourquoi tu es tombé amoureux d'elle. C'est un magnifique bijou que tu nous amènes là.

Claudia rosit de plaisir.

— Bonjour, Madame, je suis ravie de faire votre connaissance, et également très contente et soulagée de savoir que Kath va beaucoup mieux.

— Si vous voulez me faire plaisir, appelez-moi Ellen, dit-elle en souriant.

— D'accord, avec plaisir, Ellen.

— Votre anglais est parfait, Claudia, j'avais craint de devoir retourner sur les bancs de l'école à mon âge pour apprendre le français, dit-elle en riant.

La jeune femme était fière d'avoir obtenu ce résultat après plusieurs mois d'anglais intensif. À son tour, Thomas vint lui faire la bise.

— Bonjour, Claudia. Je suis également ravi de faire votre connaissance. J'espère que vous vous plairez parmi nous.

— Je suis très heureuse de faire votre connaissance, Monsieur Maxwell.

— Faites-moi plaisir, appelez-moi Thomas. Venez, nous allons tous prendre le petit-déjeuner dans la salle à manger.

Phil fut mis au courant lorsqu'il vint les rejoindre. Pendant le repas, Ellen et Thomas leur racontèrent comment les choses s'étaient déroulées lorsque Kath était revenue à elle.

Après le petit-déjeuner, Tom fit visiter la maison à Claudia et lui présenta John, le vieux majordome qu'il appréciait beaucoup. Celui-ci les félicita et leur souhaita plein de bonnes choses pour l'avenir. Cela se voyait qu'il était heureux de voir toute la famille enfin réunie.

Plus tard, ils allèrent rendre visite à Kath, en début d'après-midi, parce que les visites avaient été interdites ce matin-là pour permettre à la jeune femme de se reposer. Les machines avaient été retirées. Elle avait le visage enflé et portait un pansement assez impressionnant sur une partie du visage. Ses mouvements étaient limités à cause de ses fractures au niveau des côtes et d'un de ses bras immobilisé.

Elle avait l'air éreintée. Malgré tout, elle esquissa un léger sourire en les voyant entrer. Ses lèvres enflées l'empêchaient de bien s'exprimer. Tom et Claudia ne restèrent pas longtemps pour ne pas trop la fatiguer et lui promirent de repasser un autre jour.

Les jours qui suivirent, l'état de Kath continua de s'améliorer, puis, à la fin de la semaine, Tom, Claudia et Phil repartirent pour New-York, rassurés sur l'état de la jeune femme qui se remettait peu à peu de ses blessures.

Claudia fut heureuse de retrouver le décor familier de l'appartement de Tom, qui était désormais le sien. Rien n'avait changé depuis l'été dernier. Elle se souvint des bons moments qu'ils y avaient passés.

Tom prit quelques jours pour être avec Claudia. Ils sortirent beaucoup et furent invités souvent à manger chez leurs amis.

Quand Tom reprit son travail, Claudia passa son temps à explorer la ville. Il lui arrivait de retrouver Kelly au restaurant pour discuter et parler de leurs projets, avant que la jeune femme ne retourne travailler après la pause déjeuner.

Au cours d'un de ces déjeuners Kelly lui demanda comment elle voyait son avenir professionnel.

— Pour le moment, je profite de mon temps pour m'habituer à la vie ici, répondit Claudia. Mon pays ne me manque pas. Je donne souvent de mes nouvelles à ma famille et eux aussi m'appellent régulièrement. Après le mariage en août, je vais me donner le temps de faire un enfant avant de songer à trouver du travail.

Je n'ai pas envie de commencer à travailler et de m'arrêter au bout de quelques mois pour m'occuper d'un bébé. Je préfère faire l'inverse. Et vous deux, qu'est-ce que vous avez décidé ?

— S'il ne tenait qu'à moi, je ferais le bébé avant le mariage, mais Matthew, lui, préfère que les choses se passent selon les règles. On va donc d'abord se marier en décembre. Ensuite on fera le bébé. Il se pourrait qu'il soit conçu lors de notre voyage de noce en Thaïlande, où on s'est rencontré et où le destin nous a permis d'échapper à la mort en nous sauvant la vie.

Pour lui, ce retour est très important. On a tous été marqués par cette tragédie, évidemment. Personne ne peut traverser une telle épreuve sans être marqué pour toujours, mais lui, le tsunami l'a changé en modifiant sa manière d'être et de voir la vie. Après ce drame, il est devenu quelqu'un d'autre.

— Je le comprends. Un jour, Tom et moi y retournerons. Je pense que c'est très important, pour que cette histoire ne vienne plus nous hanter.

— Pourquoi ne viendriez-vous pas dîner chez nous le week-end prochain ?

— C'est une bonne idée. J'en parlerai à Tom ce soir, lorsqu'il rentrera.

Ce week-end-là, ils allèrent dîner chez Kelly et Matthew, et le week-end suivant, ce fut à leur tour de les inviter.

À la fin du mois de mai, Kath put enfin rentrer à la maison, chez ses parents. Elle recommença à prendre goût à la vie, petit à petit. De temps en temps, Tom et Claudia allaient leur rendre visite et y passer le week-end.

Tom était content de voir que son père et sa mère avaient développé une nouvelle relation basée sur le respect et l'écoute, ce qui leur avait manqué pendant des années.

En juin, les préparatifs du mariage commencèrent. Les bans furent publiés. Claudia et Tom s'inscrivirent à un cours de danse parce qu'ils souhaitaient danser les pas d'une valse viennoise à l'ouverture du bal. Pour leur lune de miel, ils décidèrent d'embarquer pour une croisière de deux semaines sur le Queen Mary II, le mythique et emblématique paquebot qui faisait tant rêver.

Stéphanie et Amanda arrivèrent au début du mois d'août. Stéphanie préféra descendre à l'hôtel parce qu'elle voulait profiter de toutes les distractions le temps qu'elle passerait à New-York. Elle comptait même rester quelques jours après le mariage.

Les parents de Claudia devaient arriver quelques jours avant la cérémonie. Il était convenu qu'ils résideraient chez les parents de Tom, puisque le banquet aurait lieu chez eux.

Quelques jours avant, les trois jeunes femmes accompagnèrent Claudia pour l'achat de sa robe de mariée, ainsi que pour l'achat de leur robe de demoiselles d'honneur. Elles se retrouvèrent chez Claudia avant de se rendre à la boutique en taxi. Les quatre jeunes femmes passèrent un agréable moment lors des séances d'essayage. Chacune y allait de son commentaire chaque fois que Claudia apparaissait, habillée d'une des magnifiques robes de mariée.

Finalement, elles choisirent à l'unanimité une magnifique robe demi-sirène de couleur blanche. Le bustier à armature était blanc, entièrement brodé à la main et agrémenté de perles brillantes qui épousait élégamment et harmonieusement le haut de son corps. À mi-cuisses, la jupe en mousseline s'évasait en une majestueuse traîne chapelle, rehaussée de broderies couleur champagne et de perles brillantes rappelant le bustier. Les gants remontaient jusqu'aux coudes. Ils étaient élégamment brodés et parsemés de perles.

Dès que les filles la virent apparaître dans cette sublime robe, elles lui dirent qu'elle avait été faite uniquement pour elle et que, le jour du mariage, elle éblouirait tout le monde. Claudia en était contente parce que c'était la robe qu'elle avait le plus aimée.

Puis, ce fut autour des trois filles de passer aux essayages. Elles s'y plièrent avec joie. Elles optèrent pour des robes longues en mousseline couleur champagne, très féminines par leur poitrine drapée, soulignée de broderies et de perles, plus une étole aux bordures perlées.

Le reste de la journée fut consacré à tous les achats concernant le jour de la cérémonie. À midi, elles déjeunèrent dans un restaurant en discutant de la coiffure et des bijoux adéquats pour leur tenue, même si elles savaient qu'elles seraient prises en charge par des professionnels pour le maquillage et pour la coiffure.

Les jours s'écoulèrent dans une atmosphère assez euphorique et également stressante concernant le déroulement de la cérémonie. Une semaine avant le jour du mariage, le couple quitta New-York pour Washington, un jour avant l'arrivée des parents de Claudia.

Tom et Claudia étaient satisfaits de la manière dont Ellen s'était occupée de l'organisation de la cérémonie. Un mois à l'avance, elle leur avait soumis la liste des invités, puis, pour que cette journée soit à jamais gravée dans leur mémoire et pour qu'ils puissent s'approprier leur mariage, elle avait pris rendez-vous pour eux dans une agence très renommée spécialisée dans l'événementiel.

Ils purent donc discuter un mois à l'avance des couleurs du mariage, de l'ambiance de la soirée, de la décoration florale, de la pièce montée, de leurs goûts culinaires, bref, de ce qu'ils souhaitaient pour rendre cette journée inoubliable.

Tout se passait bien. Tom était très heureux de voir toute sa famille réunie autour de leur mariage, ce qu'il n'aurait jamais imaginé il y avait à peine quelques mois. Il avait enfin l'impression de vivre dans une famille pour la première fois de sa vie. D'ailleurs, lorsque Phil arriva, tous les trois discutèrent du changement spectaculaire qui s'était effectué dans leur famille, grâce à leur père qui avait changé en si peu de temps.

En effet, comme à son habitude, Thomas était peu bavard, mais il prenait le temps d'écouter, de discuter, et surtout, l'expression de ses yeux avait changé. Il avait une autre manière de les regarder. Kath était très heureuse de voir son père s'intéresser à elle et l'écouter.

Durant toute son hospitalisation et à son retour à la maison, son père s'était rapproché d'elle. Elle avait aimé découvrir ce nouveau père, comme si la vie lui avait vraiment offert une seconde chance après avoir frôlé la mort. Elle voyait son père et sa mère avoir des échanges comme des gens normaux, sans agressivité ni tension, et, surtout, elle voyait pour la première fois son père avoir des égards pour sa mère. Elle en était très heureuse pour eux. Mais, un soupçon de tristesse s'égarait par moments dans ses yeux lorsque les souvenirs douloureux du passé refaisaient surface. Tout comme ses frères, elle s'était fait une raison en essayant de vivre sans trop ressasser les souffrances du passé afin de mieux profiter de ce nouveau bonheur familial qui s'offrait à eux, puisque, de toute façon, on ne pouvait pas refaire le passé.

Les frères et la sœur de Claudia arrivèrent deux jours avant la cérémonie avec leur conjoint et leurs enfants, tout comme leurs amis, Nathan et Amanda, Stéphanie, Neil, Matthew et Kelly. Ils s'installèrent tous à l'hôtel.

Le jour de la cérémonie arriva enfin. Le matin même, la mariée et ses demoiselles d'honneur furent prises en charge par une équipe de coiffeurs, de maquilleuses, et d'esthéticiennes envoyés par l'agence. Ceci arrangeait Claudia, qui n'avait pas pu fermer l'œil de la nuit, trop tendue par le déroulement imminent de la cérémonie, d'autant qu'elle n'avait pas Tom à ses côtés.

Deux mois avant le mariage, Tom et Claudia avaient décidé de ne plus faire l'amour jusqu'à la nuit de noce, pour rendre l'instant encore plus magique et intense. Depuis deux mois, ils faisaient donc chambre à part. Le plus dur, c'était quand ils vivaient ensemble dans leur appartement de New-York. La tentation était grande, leur corps s'attirant comme de l'aimant face à du fer lorsqu'ils se retrouvaient dans la même pièce.

Aujourd'hui, ils étaient très fiers d'avoir résisté à la tentation. Depuis le lever, ils ne s'étaient pas encore revus et ils ne devaient pas se revoir avant l'entrée à l'église devant toute leur famille et leurs amis réunis.

Lorsqu'elles furent prêtes, la mariée et ses filles d'honneur furent conduites à l'église par le chauffeur dans la voiture magnifiquement décorée à leurs couleurs. Les filles d'honneur étaient presque aussi tendues que la mariée.

Assise au premier rang avec Peter et la mère de Claudia, Ellen resplendissait de bonheur, heureuse que les choses jusque-là se passent comme elle le souhaitait. Les deux mères étaient toutes élégamment habillées. Le peu de temps passé ensemble leur avait permis de se découvrir et de s'apprécier.

Devant l'autel se tenait le pasteur, ainsi que le marié, son père, Phil et Nathan, ses deux témoins, et ses garçons d'honneur Neil et Matthew, tous vêtus d'élégants costumes sombres. Puis, lorsque la musique retentit, tout le monde se mit debout pour saluer l'entrée de la mariée accompagnée de ses quatre demoiselles d'honneurs Amanda, Stéphanie, Kelly et Kath. Amanda et Stéphanie étaient également ses témoins.

Claudia était magnifique dans sa robe de mariée, les cheveux relevés avec quelques mèches qui lui retombaient sur les tempes en ondulant jusqu'aux épaules. Un magnifique diadème scintillait dans sa sublime chevelure auburn savamment coiffée et parsemée de perles. Trois rangées de petites perles embellissaient son long cou gracile. Elle tenait de ses mains gantées un joli bouquet de fleurs couleur rose saumon et crème. La longue traîne chapelle de sa robe rendait sa démarche majestueuse. La tête droite, telle une reine en représentation, elle avançait au rythme de la musique, sous les yeux émerveillés de son fiancé et du regard admiratif de l'assemblée, au bras de son père, fier de conduire sa fille à l'homme qu'elle avait choisi pour la vie.

Arrivés devant l'autel, il la remit à son fiancé qui la dévorait littéralement des yeux, fasciné par la beauté presque irréelle de Claudia. Émus à l'extrême, les deux jeunes gens se regardaient, le cœur battant la chamade. La main dans la main, ils se tournèrent vers l'autel et la cérémonie put commencer.

À la fin de la cérémonie, ils se retrouvèrent tous dans la grande maison familiale pour le banquet et le bal.

Après avoir passé une magnifique soirée et ébloui toute l'assemblée en dansant avec élégance et légèreté au son d'une valse viennoise, Claudia et Tom s'envolèrent pour New-York où les attendait le *Queen Mary II*. La fête battait toujours son plein après leur départ.

Tout le monde s'amusait. Phil et Stéphanie avaient passé presque toute la soirée ensemble. Visiblement, ces deux-là avaient eu l'air de se plaire, comme avaient pu le remarquer ses copines, depuis qu'ils s'étaient rencontrés la veille au soir. La jeune femme était tombée littéralement sous le charme, ce qui d'ailleurs avait amusé ses copines parce que trop souvent, elles l'avaient vue s'emballer pour des hommes pour finalement trouver qu'ils n'en valaient pas la peine.

Il se pourrait que cette fois-ci, à la recherche de l'amour véritable, de la gaieté et de la sécurité, elle trouve enfin auprès de cet homme blessé par la vie, l'amour et la fantaisie qu'elle cherchait depuis toujours sans se l'avouer, se cachant sous le manteau de la légèreté pour mieux surmonter ses échecs.

Au petit matin, lorsque les invités furent partis, couchée dans son lit, épuisée par ces derniers jours de préparatifs, Ellen repensa à la soirée. Elle revoyait son mari dansant avec elle, puis avec Claudia. Il avait l'air si heureux, complètement transformé. En lui ne restait plus de trace de l'ignoble personnage qu'il avait été pendant si longtemps.

Elle avait passé une merveilleuse soirée en sa compagnie. Cependant, elle ne pouvait s'empêcher de penser à tout ce qu'il lui avait fait subir pendant si longtemps. C'était pour ça, d'ailleurs, qu'elle ne parvenait pas encore à s'imaginer reprendre la vie conjugale avec lui. Il lui fallait du temps pour atténuer, ne serait-ce qu'un peu, la souffrance accumulée.

Ils en avaient parlé pendant la convalescence de Kath. Elle lui avait dit qu'elle restait uniquement pour s'occuper de leur fille qui était encore vulnérable, et pour l'organisation du mariage, mais qu'elle s'en irait vivre chez elle à Los Angeles après la cérémonie. Thomas lui avait dit qu'il la comprenait, et qu'il espérait qu'un jour elle parviendrait à lui pardonner et à le voir autrement que comme le monstre qu'il avait été.

Ce soir, elle était heureuse. Tout allait bien enfin dans sa vie. Sa famille s'était reconstituée. Il était temps pour elle de penser à elle maintenant et à ce qu'elle allait faire de sa vie en attendant d'être grand-mère. Le bonheur avait enfin frappé à sa porte parce qu'elle avait réagi, rejetant la résignation pour retrouver sa dignité. Elle comptait profiter pleinement du bonheur retrouvé et mérité. Peut-être qu'un jour, Thomas et elle revivraient ensemble, mais pour le moment, elle avait envie de vivre sa vie comme elle l'entendait.

L'impressionnant *Queen Mary II* s'éloignait majestueusement de New-York, telle une ville flottante illuminée de mille feux, éclipsant ainsi les étoiles comme un rêve merveilleux qui s'évanouissait dans le bleu profond de la nuit, laissant derrière lui l'impression d'un mirage.

À bord, Claudia et Tom regardaient New-York s'éloigner, le cœur léger, heureux d'avoir surmonté tous les obstacles qui s'étaient dressés sur leur chemin dès l'instant de leur rencontre.

Ils savaient qu'ils auraient à affronter d'autres difficultés, qui surviendraient inévitablement dans leur vie de couple. Mais ils savaient également que tant qu'ils n'oublieraient pas ce qui les avait uni sur le chemin de la vie, ils pourraient réussir leur vie de famille et de couple, quoi qu'il arrive, même si cela ne serait pas toujours évident.

Pendant que l'impressionnant navire glissait sur les flots tranquilles, Claudia et Tom échangèrent un long regard dans lequel se reflétait l'espoir d'un avenir merveilleux. Ils s'embrassèrent longuement et langoureusement, ce qui présageait une longue et torride nuit de noce, tant attendue, pleine de sensualité, de passion et d'amour.

Imprimé en France
ISBN 978-2-35508-793-6
Dépôt légal : 3e trimestre 2011